JN272039

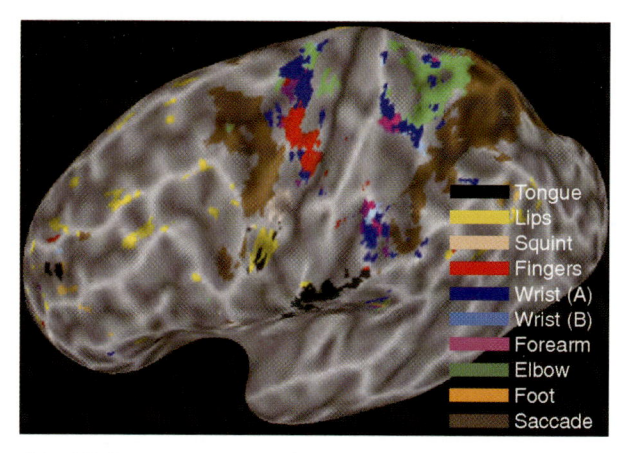

図1.3 神経映像化法で実際に運動している時の運動野地図 ［本文7頁参照］

図5.2 JPクッション：大波小波 ［本文75頁参照］

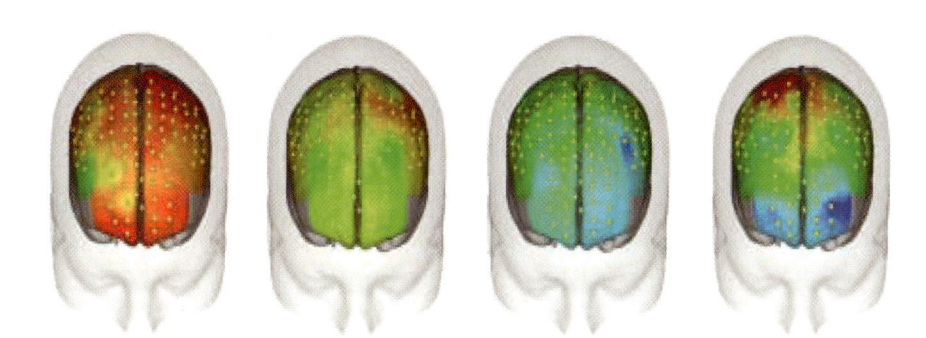

JP-slow　　　JP-fast　　　Floor-slow　　　Floor-fast

図5.4 NIRS測定による血流の変化 ［本文79頁参照］

図 7.2 ［本文 122 頁参照］

図 7.3 ［本文 124 頁参照］

図 7.4 ［本文 126 頁参照］

図 7.5 ［本文 128 頁参照］

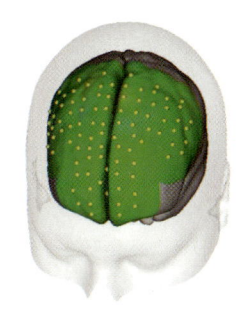

静止時　　　　　　タオルを握る　　　　　　グリップを握る

図 8.5　脳血流変化（NIRS による測定）［本文 145 頁参照］

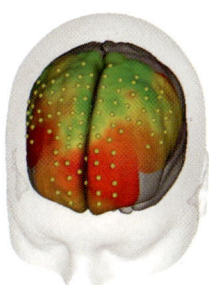

情動学シリーズ 5
小野武年 監修

# 情動と運動
## スポーツとこころ

Emotion and Exercise

西野仁雄
中込四郎 編集

朝倉書店

# 情動学シリーズ　刊行の言葉

　情動学（Emotionology）とは「こころ」の中核をなす基本情動（喜怒哀楽の感情）の仕組みと働きを科学的に解明し，人間の崇高または残虐な「こころ」，「人間とは何か」を理解する学問であると考えられています．これを基礎として家庭や社会における人間関係や仕事の内容など様々な局面で起こる情動の適切な表出を行うための心構えや振舞いの規範を考究することを目的としています．これにより，子育て，人材育成および学校や社会への適応の仕方などについて方策を立てることが可能となります．さらに最も進化した情動をもつ人間の社会における暴力，差別，戦争，テロなどの悲惨な事件や出来事などの諸問題を回避し，共感，自制，思いやり，愛に満たされた幸福で平和な人類社会の構築に貢献するものであります．このように情動学は自然科学だけでなく，人文科学，社会科学および自然学のすべての分野を包括する統合科学です．

　現在，子育てにまつわる問題が種々指摘されています．子育ては両親をはじめとする家族の責任であると同時に，様々な社会的背景が今日の子育てに影響を与えています．現代社会では，家庭や職場におけるいじめや虐待が急激に増加しており，心的外傷後ストレス症候群などの深刻な社会問題となっています．また，環境ホルモンや周産期障害にともなう脳の発達障害や小児の心理的発達障害（自閉症や学習障害児などの種々の精神疾患），統合失調症患者の精神・行動の障害，さらには青年・老年期のストレス性神経症やうつ病患者の増加も大きな社会問題となっています．これら情動障害や行動障害のある人々は，人間らしい日常生活を続けるうえで重大な支障をきたしており，本人にとって非常に大きな苦痛をともなうだけでなく，深刻な社会問題になっています．

　本「情動学シリーズ」では，最近の飛躍的に進歩した「情動」の科学的研究成果を踏まえて，研究，行政，現場など様々な立場から解説します．各巻とも研究や現場に詳しい編集者が担当し，1）現場で何が問題になっているか，2）行政・教育などがその問題にいかに対応しているか，3）心理学，教育学，医学・薬学，脳科学などの諸科学がその問題にいかに対処するか（何がわかり，何がわかって

いないかを含めて）という観点からまとめることにより，現代の深刻な社会問題となっている「情動」や「こころ」の問題の科学的解決への糸口を提供するものです．

なお本シリーズの各巻の間には重複があります．しかし，取り上げる側の立場にかなりの違いがあり，情動学研究の現状を反映するように，あえて整理してありません．読者の方々に現在の情動学に関する研究，行政，現場を広く知っていただくために，シリーズとしてまとめることを試みたものであります．

2015 年 4 月

小野武年

# ●序

　喜び，怒り，悲しみ，楽しみなどの「情動」は，動物が生きていく上においてたいへん重要な生命現象であり，私たちの生活に多彩な影響を与えます．すごく楽しかったことやたいへん恐ろしかったことは一生にわたり忘れません．それだけ脳を活性化し記憶機能を高めるからです．一方，事務的な文書は文法的・論理的に正しくても，読む人に何の情感も引き起こさず，こころを揺すりません．

　こころは深遠でたいへん定義しにくい概念ですが，大まかには，①理性的・論理的なこころ(主に大脳皮質が関与)，②情緒的なこころ(主に大脳辺縁系が関与)，③倫理的なこころ（前頭葉とくに前頭前野が関与）に分けることができ，私たちの生活を修飾し駆動しています．なかでも情緒的なこころは，動物が外界にいろいろ働きかけていく際に，その行為の強弱や得られる成果に大きな影響を与えます．行為や行動にアクセントをつけ，より積極的な，たくましい，また逆に消極的な対応をもたらします．

　運動（身体を動かすこと，スポーツ，レクリエーション，日常の基本的動作など）は，情動の発生に大きな影響を与えると同時に，情動が運動の出来栄えにも影響を与えています．たった30分の散歩やジョギングまたスポーツでも，爽快感，充実感や適度の疲労感をもたらし，気持ちが高揚し開放されることはよく経験されることです．一方，気の乗らない事務的な作業を始めるときなどは，いきなり机に向かって始めるより，まず机の上を整頓しきれいに雑巾がけ（一見関係のない運動）をしてから始める方が，「よしこれから仕事をするぞ」と，こころが前向きになり効率が高まるものです．このように身体を動かすことは，心臓・血管機能を高め，呼吸を深くし，内分泌・免疫機能を高め，情動を高めるのです．

　今日，運動やスポーツは多様な文脈の中で行われています．①学校教育における体育・運動，②競技スポーツ，③レクリエーションとしてのスポーツ，④健康・医療・介護・福祉領域でのスポーツ，⑤日常生活での私たちの基本的動作，⑥観戦する（見る）スポーツ，などです．これらは運動・スポーツの応用的展開と位置づけられ，それらを深く理解しより有効な関わりをしていくためには，基礎と

応用の両面から研究成果を積み上げることが必要となります．

　本巻の編集にあたっては，上述のような運動・スポーツの多様な文脈を考慮し，4編構成としました．

　Ⅰ編：運動と情動が生じるとき（1〜3章），Ⅱ編：運動を楽しく行う（4〜6章），Ⅲ編：運動はこころを拓く（7〜9章），Ⅳ編：快適な運動遂行（10〜11章）．

　本書は，運動・スポーツと情動の関係について，はじめて一書として刊行されるものであり，その意義はたいへん大きいと考えます．今後この方面への関心がさらに高まり，また研究成果がますますあがっていくことを期待いたします．

2016年2月

西 野 仁 雄<br>
中 込 四 郎

● **編集者**

| | |
|---|---|
| 西野 仁雄 | NPO法人 健康な脳づくり |
| 中込 四郎 | 筑波大学体育系 |

● **執筆者** (五十音順)

| | |
|---|---|
| 荒井 弘和 | 法政大学文学部 |
| 荒木 雅信 | 大阪体育大学大学院スポーツ科学研究科 |
| 上向 貫志 | 武蔵大学人文学部 |
| 浦川　将 | 富山大学大学院医学薬学研究部神経・整復学講座 |
| 奥田 愛子 | びわこ学院大学教育福祉学部こども学科 |
| 川人 光男 | (株)国際電気通信基礎技術研究所 脳情報通信総合研究所 |
| 久保田 競 | 国際医学技術専門学校 |
| 坂本 昭裕 | 筑波大学体育系 |
| 白木 基之 | 株式会社 ホワイトサンズ |
| 恒川 秀紀 | 株式会社 トレーニングルーム光ヶ丘 |
| 内藤 栄一 | 情報通信研究機構脳情報通信融合研究センター |
| 中込 四郎 | 筑波大学体育系 |
| 西野 仁雄 | NPO法人 健康な脳づくり |
| 水口 暢章 | 早稲田大学スポーツ科学学術院 |
| 谷木 龍男 | 清和大学法学部 |
| 山内 将照 | 有限会社 CCRC ジャパン |
| 山下 則之 | 一般社団法人 日独スポーツアカデミー協会 |

# ● 目 次

## I編　運動と情動が生ずるとき

1. 運動発現の神経機構 ……………………………………［久保田　競］…2
   1.1 運動が起こるまで脳のどこが働くか－前頭前野から運動野へ，運動野から脊髄を経て筋肉へ ……………………………………………………2
   1.2 運動野の体部位局在－運動野指令と運動野地図 ……………………4
   1.3 新運動野と旧運動野 ……………………………………………………7
   1.4 アインシュタインの運動野とヴァイオリン …………………………9
   おわりに ………………………………………………………………………10

2. 情動行動の神経機構 ………………………………………［浦川　将］…11
   2.1 情動からみた運動・行動の制御 …………………………………………11
      a. 情動とはどのようなものか …………………………………………11
      b. 情動が運動・行動へ及ぼす影響 ……………………………………12
   2.2 情動行動に関わる神経系 …………………………………………………13
      a. 大脳辺縁系とは ………………………………………………………14
      b. モノアミン神経系－セロトニン ……………………………………16
      c. モノアミン神経系－ドパミン ………………………………………19
   2.3 側坐核が関わる制御機構 …………………………………………………22
      a. 側坐核が関与する多様な行動 ………………………………………23
      b. 側坐核-社会行動 ……………………………………………………25
   2.4 扁桃体が関わる制御機構：生物学的価値判断に基づく行動 …………28
      a. 扁桃体損傷 ……………………………………………………………28
      b. 扁桃体の神経回路 ……………………………………………………30
      c. 扁桃体が関与する恐怖関連行動 ……………………………………31

おわりに ……………………………………………………………………… 37

3. ブレインマシンインターフェース …[川人光男・内藤栄一・水口暢章]… 40
  3.1 BMI 技術 …………………………………………………………… 41
    a. 脳活動の計測法 ……………………………………………… 43
    b. 動物における BMI 研究 …………………………………… 44
    c. ヒトにおける BMI 研究 …………………………………… 45
  3.2 ニューロフィードバック ………………………………………… 46
    a. 運動機能のトレーニング ………………………………… 47
    b. 知覚，認知，情動機能のトレーニング ………………… 50
  3.3 BMI 技術のスポーツ現場における将来展望 ………………… 52
  おわりに …………………………………………………………… 53

## II編　運動を楽しく行う

4. 運動遊びと情動体験 ……………………………………[奥田愛子・中込四郎]… 56
  4.1 運動遊びと肯定的情動 …………………………………………… 57
  4.2 伝承遊びに潜むチカラ …………………………………………… 58
  4.3 子どもの遊び調査より …………………………………………… 60
  4.4 原体験とスポーツ ………………………………………………… 62
  4.5 トップアスリートの原風景 ……………………………………… 66
  おわりに …………………………………………………………… 70

5. 飛び跳ねる快感 ……………………………[白木基之・山下則之・恒川秀紀]… 73
  5.1 JP クッションとは ……………………………………………… 73
  5.2 JP クッションの誕生 …………………………………………… 74
  5.3 今なぜ JP クッションが期待されるのか? ………………… 75
    a. 子どもたちと JP クッション …………………………… 75
    b. シニアと JP クッション ………………………………… 78
    c. 人間らしさを取り戻そう! ……………………………… 80
  5.4 幼児期の空き地遊びを補完する JP クッション …………… 81

- a. JPクッションの特徴 …………………………………………… 81
- b. JPクッションで多様な動きづくりが可能になった―サッカーの場合のボールを扱わない動きの技術 ……………………………… 81
- c. 多くのスーパースターはストリートサッカー（空き地）から生まれた …………………………………………………………………… 82

5.5 足の構造と働きを知ろう―より楽しく運動ができるために ………… 83
- a. アラインメント（骨配列） ………………………………………… 84
- b. 荷重時の骨移動 ……………………………………………………… 86
- c. 静止アラインメントの破綻（マルアラインメント） ……………… 86
- d. 動的アラインメント ………………………………………………… 87
- e. 機械受容器 …………………………………………………………… 88
- f. LHAの中立を保つエクササイズ …………………………………… 89
- g. 発育発達時期での基本動作の獲得 ………………………………… 90
- h. 足と基本動作獲得のマネージメント ……………………………… 91
- i. JPクッションを用いたバランス能力の向上 ……………………… 91
- j. 固有受容器を働かせよう …………………………………………… 92

おわりに …………………………………………………………………… 93

## 6. スポーツファンのこころ ……………………………………[上向貫志]… 95
6.1 スポーツの楽しみ方―多様なスポーツとの関わり ………………… 95
6.2 「みる」スポーツ ……………………………………………………… 96
6.3 スポーツファンの観戦行動に影響を及ぼす要因 …………………… 99
- a. スポーツファンとは ………………………………………………… 99
- b. スポーツ観戦に影響を与える要因とは ………………………… 100
- c. 観戦動機 …………………………………………………………… 103
- d. ファンの同一視 …………………………………………………… 106

6.4 フーリガンの心理 …………………………………………………… 108
- a. フーリガンとは …………………………………………………… 108
- b. フーリガンの心理とその背景 …………………………………… 109

おわりに ………………………………………………………………… 111

## III編　運動はこころを拓く

**7. 情緒面の課題を抱える子どもへのキャンプセラピー** ……［坂本昭裕］… 116
- 7.1 キャンプセラピー …………………………………………………… 117
- 7.2 キャンプセラピーの事例から ……………………………………… 120
  - a. キャンプの概要 ………………………………………………… 120
  - b. 事例の紹介 ……………………………………………………… 121
- 7.3 情緒的課題に対するキャンプの治療的要素 ……………………… 129
  - a. 受容的なキャンプの環境 ……………………………………… 129
  - b. 情緒的な課題を抱えるキャンプの器 ………………………… 130
  - c. クライエントに対峙する「自然」…………………………… 131
  - d. 治療的な媒体としての冒険プログラム ……………………… 132
- おわりに ………………………………………………………………… 133

**8. 手指の運動はこころを拓く** ………［山内将照・白木基之・西野仁雄］… 135
- 8.1 手と口と脳 …………………………………………………………… 136
  - a. 手は口腔に次いで感覚・運動神経が豊富である …………… 136
  - b. 手を使うとなぜ前頭葉が活性化されるのか ………………… 136
- 8.2 高反発力クッショングリップ ……………………………………… 139
  - a. 高反発力クッショングリップの開発 ………………………… 140
  - b. 高反発力クッショングリップを着用すると，脳卒中後の手指の拘縮が短期間に改善される ……………………………………… 140
  - c. こころが拓かれるとは ………………………………………… 141
  - d. どうして拘縮が改善されるのか ……………………………… 142
  - e. 拘縮のメカニズム ……………………………………………… 143
  - f. 拘縮の治療法 …………………………………………………… 143
  - g. 筋電図変化 ……………………………………………………… 143
  - h. 脳血流変化 ……………………………………………………… 144
- 8.3 手の運動と表情，言葉の連動 ……………………………………… 146
  - a. 手の運動はこころを拓く ……………………………………… 146

b. こころが拓かれるメカニズム ………………………………… 146
　　　c. 感覚情報は運動に影響を与える ……………………………… 147
　8.4 高反発力クッショングリップのもたらす効果 …………………… 148
　8.5 今後の課題 …………………………………………………………… 149

## 9. メンタルヘルスとスポーツ ………………………［荒井弘和］… 151
　9.1 一過性の運動の実施が感情にもたらす効果 ……………………… 153
　　　a. 一過性の運動の実施は，感情にどのような影響をもたらすか？ … 153
　　　b. 何を使って，一過性運動に伴う感情を測るのか？ ………… 154
　9.2 運動によるメンタルヘルスの改善：現場での実践 ……………… 158
　　　a. 障害者の家族介護者に対する支援 …………………………… 158
　　　b. 東日本大震災の被災地での活動 ……………………………… 159
　9.3 運動の参加・継続を促す感情要因 ………………………………… 160
　　　a. 運動の参加・継続に，感情は貢献するか？ ………………… 160
　9.4 メンタルヘルスに効果的な運動とは？ …………………………… 162
　　　a. 運動中に認知的な方略を用いる ……………………………… 162
　　　b. 運動の負荷を自己選択する …………………………………… 163
　9.5 今後の課題 …………………………………………………………… 164

## Ⅳ編　快適な運動遂行

## 10. 情動・覚醒とパフォーマンス ………………………［荒木雅信］… 168
　10.1 情動・覚醒とパフォーマンスのつながり ………………………… 168
　　　a. 運動にみる「情動」と「覚醒」 ……………………………… 169
　　　b. 覚醒水準とパフォーマンスの間の逆Ｕ字関係について ……… 170
　10.2 情動理論と覚醒，パフォーマンスに関する諸理論 ……………… 170
　　　a. 情動理論の遷り変わり（末梢から中枢へ，そして相互関係へ）…… 170
　　　b. 覚醒とパフォーマンス ………………………………………… 171
　　　c. 注意（意識）とパフォーマンス ……………………………… 173
　10.3 情動・覚醒とパフォーマンスにみられる相互関係 ……………… 177
　　　a. 情動と覚醒の相互関係の問題 ………………………………… 177

  b. 「情動-パフォーマンス研究」における実験パラダイムの変換 ……… 178
 10.4 スポーツ現場で用いられる情動のコントロール ………………… 180
  a. 不安とうまく付き合うためのメンタルトレーニング ……………… 180
  b. マインドフルネス-アクセプタンス技法を用いたメンタルトレーニング ……………………………………………………………………… 181
 おわりに …………………………………………………………………… 182

## 11. スポーツとフロー …………………………………[谷木龍男]… 184
 11.1 フローについて ………………………………………………… 184
  a. フローとは ……………………………………………………… 184
  b. フローの要素：条件と特徴 ……………………………………… 185
  c. フローモデル …………………………………………………… 186
  d. フローの研究方法 ……………………………………………… 188
 11.2 スポーツにおけるフロー ………………………………………… 189
  a. ピーク・パフォーマンス時の心理状態としてのフロー …………… 190
  b. 楽しさとしてのフロー …………………………………………… 192
  c. スポーツにおけるフローの特徴 ………………………………… 193
  d. スポーツにおけるフローを促進，抑制，中断させる要因 ………… 195
  e. スポーツにおけるフローに対する介入 ………………………… 195
 11.3 今後の方向性 …………………………………………………… 198

索  引 ……………………………………………………………………… 203

# I 編

## 運動と情動が生ずるとき

# 1 運動発現の神経機構

## 1.1 運動が起こるまで脳のどこが働くか―前頭前野から運動野へ, 運動野から脊髄を経て筋肉へ

まず最初に, 前頭前野が働いて運動の意思が生まれ, 運動野が働いて筋収縮, つまり運動が起こる. 運動とは, 自分の意思で骨格筋を動かすことである. 骨格筋は, 関節をまたいで骨についている (起始と終末部がある) から, 骨格筋が収縮すると骨が動き, 関節が曲がり (または, 伸び), 運動が起こる. たとえば, 掌 (手のひら) の上にボールがあるとする. 手の指を曲げよう (または, 握ろう) と思って, つまり自分の意思で曲げるとボールが握れる. 手の指の骨に前腕の骨と手の指の骨についている手指屈筋群が収縮するから, ボールが握れるのである. 私たちが運動をする時, どの筋肉をどのように動かすかを考えて運動しているわけではない. ボールを握ろうと考えて握っているにすぎない.

ボールを握ろうと考えた時, まず働き出すのが, 大脳の前頭前野なのである. ここの神経細胞がある程度の数, 働き出すと, 握ろうという意思が発生してくる. 意思が発生している時には, 身体のどの部分をいつから, どのように動かすかは, prefrontal area または prefrontal cotex の神経細胞が働いて (つまり考えて) 決められているが, その運動情報は前頭前野に, ワーキングメモリー (working memory, 作業記憶とも言われている) として保存される. そして, 前補足運動野という領域を経由して運動野 (motor cortex または motor area) の手の領域 (手の運動野) に送られる. 手の運動野が働くと, どの筋肉をどう動かすかという「運動指令 (motor command)」が脊髄の運動神経細胞へ送られる. 脊髄の運動神経細胞が働くと, 筋細胞が働いて, ボールが握られることになる.

前頭前野に蓄えられている運動の記憶であるワーキングメモリーは, 運動が完

## 1.1 運動が起こるまで脳のどこが働くか—前頭前野から運動野へ,運動野から脊髄を経て筋肉へ

了するまで保存されていればよく,完了すれば必要でなくなるので,忘れてしまうのが普通である.しかし,運動が終わったらすぐに忘れた方が,運動をうまく行うのに好都合である.

前頭前野-前補足運動野-運動野-脊髄運動神経細胞-筋肉細胞が,運動を起こす主要回路をつくっている.前頭前野が働いて,運動が実現するまでの径路を図1.1に示す.図1.1(a)は左の大脳半球の表面,つまり左大脳皮質を示している.前(左)のほうが前頭葉と呼ばれる領域で,その中心部分が前頭前野①である.この部分が働いて,運動をする意思が発生すると前補足運動野②が働き,ついで運動野③(一次運動野, M1)が働く.図1.1(b)は運動野から筋肉までの径路を示したもので,運動野③の皮質運動細胞が皮質下を通って脊髄の運動神経細胞④につながる.運動神経細胞は脊髄を出て筋肉⑤につながる.運動野から脊髄の運動神経細胞までの皮質・脊髄径路は錐体路と呼ばれている.

ここまでをまとめると,掌の上のボールを握る場合,前頭前野の神経細胞がまず働いて,「握ろう」という意思が発生し,「ボールを握る」ということをワーキングメモリーとして前頭前野で覚えてから,手の運動野の皮質・運動神経細胞が働き,その活動が錐体路を通って脊髄の運動神経細胞を働かせ,この運動神経細胞が手の指についている手指屈筋の筋細胞を収縮させることになる.

私たちは,外の世界から刺激を受け入れて,刺激が何であるかを理解し,外の

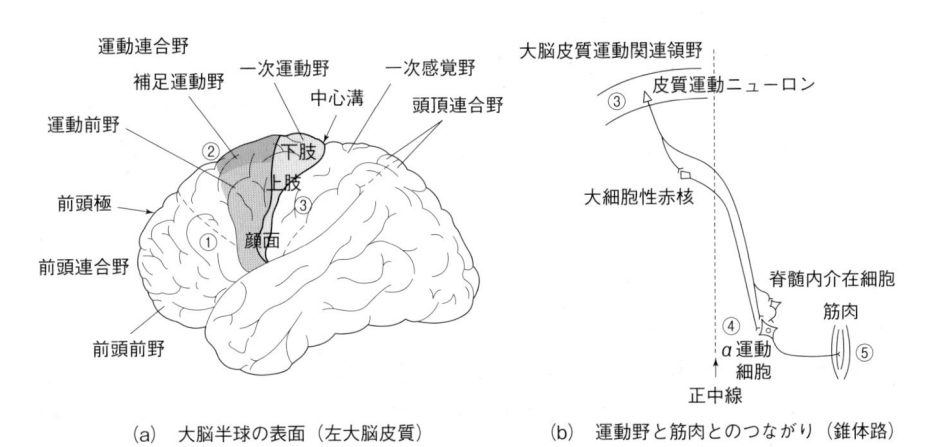

(a) 大脳半球の表面(左大脳皮質)　　(b) 運動野と筋肉とのつながり(錐体路)

**図 1.1** 意思発生から運動発現まで
前頭前野が働いて運動野③が働き,筋肉⑤が収縮する.

世界へ反応している．この反応は，1個の筋肉の収縮で起こる簡単な運動であったり複雑な行動であったりする．行動とは，目的がはっきりとあって，いろいろな運動が時間的にも空間的にも組み合わさって起こっている．運動も行動も筋収縮であり，前頭前野から始まる．始める前に前頭前野にワーキングメモリーとして保存される．外からの感覚刺激を処理する感覚系は，大脳皮質の側頭葉，後頭葉，頭頂葉や島葉にあり，運動や行動を起こす運動系は前頭葉の後部（運動前野と運動野）にある．前頭前野は，感覚系と運動系の間にあって，外の世界に働きかける運動や行動を選んで執行（実行，execution）する働きをしている．この時選んだ運動・行動をワーキングメモリーとして保存してから執行している．

前頭前野の研究は，行動をどう実現しているかという側面から，神経生理学，神経解剖学，心理学の分野で1848年から行われている．また，運動野の研究は，神経生理学，神経解剖学の分野で1870年から行われている．1980年頃からは，脳の局所の血液の流れと脳の機能・形態の研究が行われるようになって（神経映像化法，ニューロイメージングと呼ばれる），ヒトの脳も実験動物の脳も，総合的に理解するべく努力が払われている．

## 1.2　運動野の体部位局在—運動野指令と運動野地図

運動野の表面に電気を流して刺激すると，脳と反対側の筋肉が収縮する．このことをイヌの脳で見つけたのが，フリッチュ（G. E. Fritsch）とヒッチヒ（J. E. Hitzig）で1870年のことであった．刺激された運動野の場所に応じて働く筋肉が違っていたが，身体にあるすべての筋肉が刺激され，脳の刺激点と働く筋肉とに一定の関係があった．このことを，運動野には体部位局在（somatotopy）があると表現する．この研究は，脳の生理学にとってはきわめて重要な研究で，17世紀末頃から，「脳は場所によって働きが違うのではないか」という考え（大脳皮質局在論）が生まれてきて，脳の刺激（主に電気刺激）や破壊（外科手術して，一部を取り除く）が行われた．そして，電気刺激で運動を起こすことに，フリッチュとヒッチヒが初めて成功したのである．彼らの論文のタイトルは，"Uber die Elektrische Erregbarkeit des Grosshirns（大脳皮質の電気的興奮性について）"で，その頃の研究の状態を的確に表すものになっている．その後この研究を追試する研究が行われ，「大脳生理学」という研究分野が誕生したのである．

ヒトで運動野を調べたのが，カナダの脳外科医のペンフィールド（W.

1.2 運動野の体部位局在―運動野指令と運動野地図　　　5

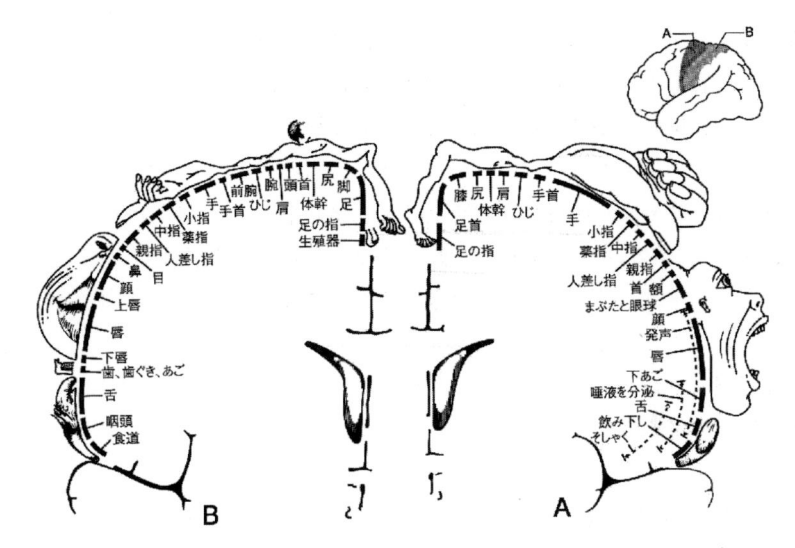

図1.2　ペンフィールドが描いた運動野／体性感覚野の地図（1950年）[2]

Penfield）とラスマッセン（T. Russmussen）で1950年に図1.2のような運動野の地図を発表している．これは局所麻酔の状態で，意識のある患者の脳を電気刺激して，どの筋肉が動くかを観察してつくったものである．運動野に小人間（ホムンクルス）が横たわっているように見える，といっている．左脳の表面の電気刺激で，動いた筋肉を覆っている右側の身体が，脳の前額断面の中心溝の上に描かれている．脳の内側面に小さな下肢があり，続いて，上脳表面内側に大きな手首が描かれて（4指が末節部で屈曲，親指は伸びていて大きい），脳の上外側に顔があり，その外側に舌がある．

　ホムンクルスの身体の大きさは，刺激で動いた脳の領域の面積に比例するように描かれている．つまり，手の指を動かす運動野（手の運動野）や口唇部を動かす筋肉を支配する運動野が広いことを意味している．運動野の領域の面積が広いことは，その部体を支配する皮質運動神経細胞（cortico-motoneuronal cell）は多数あり，細かく動かせることを意味すると考えられている．

　運動野の地図をみると，運動野の特定の刺激点が特定の筋肉に対応し，これらの配列が，反対側の皮膚面にあることがわかる．哺乳類動物の運動野には，種特有の運動野地図があることが報告されている．単に刺激するだけでなく，運動野にダメージを与えて局所を壊すと筋肉麻痺が起こること，運動している神経細胞

の活動を調べてどの筋肉が働くかを見ることなどで，地図が作られる．また，多くの哺乳類動物に運動野のあることが報告されている．

運動野から脊髄へ活動を送っている神経細胞（皮質脊髄運動細胞）は，つながっている筋に運動指令を出して，一定の力を出していると考えられている．出す力の大きさは，神経細胞の発射頻度に比例している．

運動野のことを言う時，運動野地図があるというのは便利だから使われているにすぎない．生理学の教科書には運動再現野（motor representation area）とか運動野と書かれていて，運動野は運動を再現していると書かれている．『生理学用語集』をみると，「再現（サイゲン）｛represent, representation｝とは大脳皮質の感覚野や運動野において，身体や網膜などの各部位が再現されている事象（＝復元）」とある[1]．ウィキペディアで「第一次運動野（primary motor cortex）」を調べると次のようにある．

At the primary motor cortex, motor representation is orderly arranged (in an inverted fashion) from the toe (at the top of the cerebral hemisphere) to mouth (at the bottom) along a fold in the cortex called the central sulcus.
（第一次運動野では，運動再現が，中心溝という凹みに沿って，足の指（大脳皮質の最上部）から口（大脳皮質の底部）まで，（逆向きではあるが）規則的に配列されている．）

最近になって，ペンフィールドのホムンクルス運動野地図がどこまで正しいか調べる脳科学者が現れた．マイケル・グラチアノ（Michael Gratiano）で2008年に発表している．被験者に軽い随意運動をさせて，運動野のどこが働くかを調べた．図1.3に舌，口唇，顔しかめ，手，手首A，手首B，前腕，肘，下肢，サッカード（後述）をさせて働いた運動野内での場所を示している．ある一被験者のもので，中心溝の前壁と後壁は拡げてあり，底部が見える．舌では，口唇，顎は動かさず，口の中で舌を前後に動かし，口唇では，口をすぼめ，歯の方に戻し，顔しかめでは，右眼に周りの筋，眼輪筋を収縮させ，手では，右手の指の屈曲と伸展させ（指はお互い接触しない），手首Aでは，手首の屈曲・伸展をし，手首Bでは手首の外転と内転をし，前腕では，前腕の回内・回外をし，肘では，肘を145度から120度まで曲げ，下肢では，右足の指の曲げ伸ばしをし，サッカードでは，0.5秒に1回，ディスプレーの注視点を見ている時に視覚5度離れたところに別の点が現れると，目玉を動かす（注視点はアットランダムに出る）．グラチアノは，

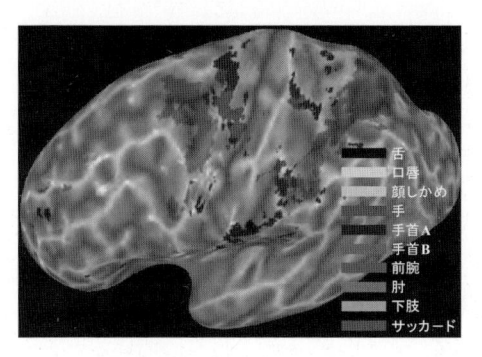

**図 1.3** 神経映像化法で実際に運動している時の
運動野地図

ペンフィールドらが運動の出方について主張したことはほぼ正しかったといっている．つまり，ヒトの運動野の対部位局在が確認されたのである．

図 1.1(a) で，前頭葉の後ろの部分は一次感覚野（体性感覚野）で頭頂葉の前の部分になる．この領域は皮膚の触覚を受容しており，運動や行動をすると皮膚に物体が触れ，触覚刺激を受け入れる．図 1.2 では，皮膚情報が入力しないようにされているので，運動した時の活動は，中心溝の後ろになる前頭葉の後壁にも見られることがわかる．一次感覚野の体性感覚情報は，すぐ後ろの頭頂連合野に，さらに前頭葉の運動連合野に，それから運動野に送られる．一次感覚野-頭頂連合野-運動連合野-運動野の径路が，運動を起こす主要径路（前頭前野-前補足運動野-運動野-脊髄運動神経細胞-筋肉細胞）を助ける運動の副径路になっている（本章では紙面の関係で説明は省略する）．

## 1.3 新運動野と旧運動野

手でボールを握る場合，ピンポン球のようにボールが小さいと掌にボールを載せて握ることができる．指先は，親指も他の 4 本の指もボールに密着することになる．しかし，バスケットボールのように大きいと掌には載せきれず，指先だけで握ることになる．親指も他の 4 本の指もボールには密着しない．前者の握り方は握力把握（power grip），後者の把握は精密把握（precision grip）と呼ばれている．手と手の指を使って握る運動は，この 2 種類であることが報告されている．

握力把握を行う時には，大脳皮質の表面に出ている運動野が働いており，精密把握を行う時には，表面に出ていない運動野，つまり，中心溝で隠されている部

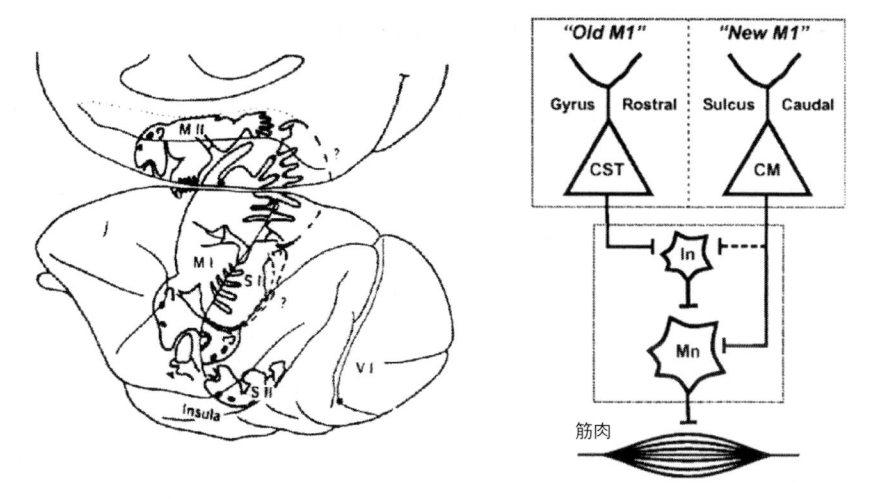

**図 1.4** 左：アカゲザルの新運動野と旧運動野．右：運動野と筋肉との結合図

分（前頭葉の後壁）が働いていることが，アカゲザルで報告されている．

図1.4の左はアカゲザルの運動野(M1)と体性感覚野(S1)を示している．図1.4右に運動野と筋肉との結合の解剖図を示すが，これは図1.1(b)の模式図となっている．運動野の表面から，錐体路を下降する神経線維は脊髄で介在細胞（In）につながり，前頭葉の後壁の運動野から下降する神経線維は脊髄運動神経細胞（Mn）につながっている．このような解剖学的関係になっていることが2009年に報告された．

運動野から，二つのシナプスで脊髄運動神経細胞につながる径路は下等なサルに見られ，一つのシナプスでつながる径路はオマキザル，アカゲザルなどの高等サル，類人猿とヒトにみられる．下等なサルが手を使う時，握力把握しかできない．高等サルになると握力把握と精密把握の両方ができるようになる．ヒトでは巧く指で握れるようになる．そこで，運動野を進化の観点から二つに分け，表面に出ている運動野を系統発生的に古い運動野，つまり旧運動野（old motor area），中心溝の溝に隠れている運動野を新運動野（new motor area）と，2009年にジーン・アルバン・ラテロータ（Jean-Alban Rathelota）とピーター・ストリック（Peter L. Strick）が名づけたのである．

ヒトで手の指の使い方の発達を調べた研究では，握力把握は生まれた時にできるが，精密把握は1歳を過ぎた頃にでき始め，2歳ではほとんどできるようになる．

精密把握は，系統発生の面でも，個体発生の面でも新しいものである．ピアニストと音楽の素人とで，手の新運動野の大きさを比べた研究が2010年に報告されたが，ピアニストの方が左右の新運動野が大きかった．手の旧運動野が，力を出す働きをするのに対して，手の新運動野は，道具を使う働きをしている．

手の新運動野の脳容量が大きいということは，手のスキル（巧緻性）が高いことを意味している．手を使ってモノを創造することはヒトにのみできる能力であり，新運動野だけでなく前頭前野もよく働かないとできない．

神経解剖学の研究で，運動野から運動神経細胞への単シナプス結合が報告されているのは，手の運動神経細胞のほかに，顔面筋の運動神経細胞がある．おそらく顔面筋の運動神経細胞は，顔の新運動野が働いて起こしていると思われる．我々人間に微妙な表情が出せるのは，顔の新運動野が発達しているからだと考えられる．

足の運動神経細胞に単シナプス結合があるかどうかは，まだ報告がないが，おそらく足の指を動かすのに発達していると思われる．足の指を動かして，デコボコのある困難な山道を走り回ってできるようになったのではないだろうか．

## 1.4 アインシュタインの運動野とヴァイオリン

アルベルト・アインシュタイン（Albert Einstein）は，1921年のノーベル物理学賞を，「数理物理学への功績，とくに光電効果法則の発見に対して」受賞している．彼の死後脳が取り出され，彼の脳について本が書かれている．最近彼の脳についての論文が，Brainという脳の学術雑誌から2013年に出ている．その中に彼の脳の運動野の記載があるので紹介する．図1.5の左に，彼の脳を上から

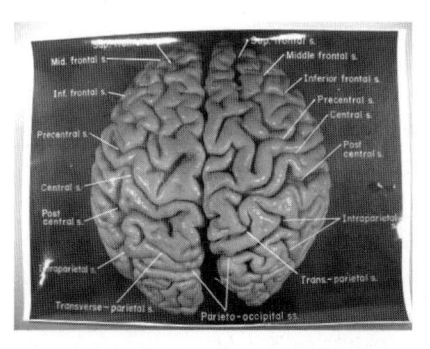

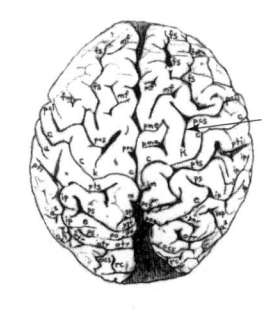

図1.5 アインシュタインの脳を上から見たもの[3]

見たもの，右にそれを模式的に描いたものを示す．彼の前頭葉は，普通のヒトに比べて異常に大きいのが特徴である．図1.5右の中心溝で矢印で示した瘤が「逆転オメガ曲線」といわれている構造であり，手の運動野に相当する．彼の右手の運動野が左に比べて大きく，特別な構造をしているのである．なぜそうなのかを考えてみる．彼は6歳からヴァイオリンを弾き始め，一生，よく弾いていたという記録がある．これと関係があると思われる．逆転オメガ曲線の部分を刺激したという記録はないし，外科手術で除去した記録はあるが，特別なことがあったという報告もない．また，この曲線が音楽家によくみられるので，物理的，数学的才能と関係すると考えている音楽家はいるが，脳科学者にはいない．アインシュタインのヴァイオリン演奏が，彼の科学的才能を高めるのにどれぐらい影響したかは，推測の域を出ない．

## おわりに

運動が起こるまでの神経機構について概説した．運動の発現には，○○しようという意思の発生と，どの筋をどのように動かそうというワーキングメモリーが必要になる．これらは前頭前野で形成される．次いでこれらの情報は前補足運動野-運動野-脊髄の運動神経を経て筋に伝えられる（運動の主径路）．一方，一次感覚野-頭頂連合野-運動連合野-運動野は，感覚情報をフィードバックし運動を調節している（運動の副径路）．

運動野には機能局在があることが明らかになっている（ホムンクルス）が，最近の研究では，手全体で掴むような握力把握には表在の運動野が関与し，指先だけで握る精密把握には新運動野（中心溝前壁に位置する深い運動野）が関与すること，そして常に指先を使うピアニストやバイオリニストでは，この新運動野がよく発達していることが報告されている．このように，我々の脳は強い可塑性をもっている．

[久保田　競]

## 文献

1) 日本生理学会編：生理学用語集 改訂第5版，南江堂，1998.
2) 久保田競：バカはなおせる，角川ソフィア文庫，角川学芸出版，2012.
3) Dean Falk et al：*Brain a Journal of Neurology*, **136**：1304-1327, 2013.

# 2 情動行動の神経機構

## 2.1 情動からみた運動・行動の制御

　私たちは，情動をもとにあらゆる行動の選択肢の中から自分のとるべき行動を選び出し，日常の生活を営んでいる．情動がうまく機能していなければ，ありふれた日常の行動でさえ実行することは困難である．本章では，情動と運動・行動との関連性をみていく．

### a. 情動とはどのようなものか

　情動はひとつの概念を指し示す言葉であり，広く万国共通に認識されるものでありながら，一元的に説明するのは困難である．比較的理解しやすいのは，人間のもつ感情であり，日本では「喜怒哀楽」の四文字（喜び・怒り・悲しみ・楽しみ）をもってさまざまな感情を込めて表現する．この「喜怒哀楽」はもともと中国の儒学に見られる言葉で，孔子の孫である子思によってまとめられた『中庸』の初めの章に出てくる[1]．「喜怒哀楽の未だ発せざる，これを中（ちゅう）と謂う．発して皆節にあたる，これを和（か）と謂う．中は天下の大本（たいほん：根本の意味）なり．和は天下の達道（たつどう：天下広く行われるべき道徳）なり．中和（ちゅうか）を致して天地位し，万物育つ．」とある．中国の古より，喜怒哀楽とどのように接していくかが重要視されていたことがわかる．「感情」は情動を説明するうえで欠くことのできない概念ではあるが，「情動」と等価な言葉ではない．「感情」が，物事の変化に感じて起こる心の働き・心の動きだとすると，「情動」で扱われる概念では，行動による反応や内分泌系・自律神経の変化をも含む場合がある．小野らによると，情動（emotion）の語源は動くことを意味するラテン語の motion を含んでおり，入力された刺激に対する心の変化のみならず，身体内外のダイナミックな動き・変化（感情変化に伴う行動，表情の変化，

心拍数の増減,体温の変化など)を伴うとしている[2]．「情動」の定義は著者によって異なるが，広く一致した見解を有するのは，①外界からの刺激あるいは変化に応じて示す個体の反応（情動反応）があり，②生物が進化の過程で獲得し，生存競争に有利となるように発達させてきた仕組みであるとの考え方である．

## b. 情動が運動・行動へ及ぼす影響

情動を特に意識しなければ，日常生活においてこれによる制御を受けていると自覚することはない．自覚するのは，自らの意思でもって行動を起こし，外界からのあらゆる情報（視覚，聴覚，嗅覚その他の感覚情報）を受け取り，それに応じた行動をしていることである．しかしながら，意識するかしないかにかかわらず，情動システムは我々の行動に多大な影響を及ぼし，運動を制御している．近年の脳科学分野の情動研究は，情動が運動出力へ直接影響を与えている証拠を示している．情動反応を惹起する視覚刺激として，ミケランジェロの「原罪と楽園追放」を取り上げて運動出力を調べた研究報告がある（図2.1）[3]．運動出力の興奮性を調べる方法は，磁気刺激を大脳皮質一次運動野に与え，それにより誘発される運動誘発電位（motor evoked potential：MEP）を指標に評価を行っている．右手関節の伸筋に筋電図測定電極を貼付けMEPを測定したところ，ミケランジェロの絵画を見ている時には大きなMEP振幅が得られ，一次運動野から筋へ

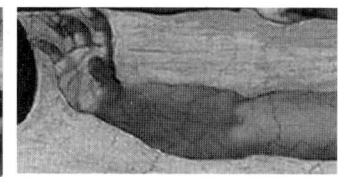

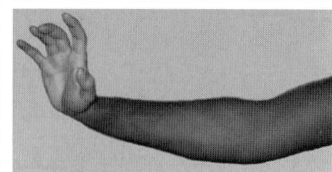

**図2.1 情動と運動出力**[3]
ミケランジェロの「原罪と楽園追放」（左）を被験者が見ている際には，大脳皮質一次運動野の磁気刺激によって誘発される筋の出力が増大する．アダムの伸ばした手（右上）を見ている場合にも筋出力の増大が得られるが，同じ肢位をとった腕の写真（右下）では活動亢進は見られない．

の出力が活動亢進することが示された．興味深いことに，絵画の腕を想像しただけで運動出力の興奮性は上昇するが，絵画ではなく同じポーズをとった写真ではこのような筋出力の上昇は得られない．すなわち，ミケランジェロの絵画に描かれた文脈によって，いわば感情移入することによって手の筋出力が上昇したことを示している．このような外部からの刺激による運動出力の変化は，情動を惹起させるような音楽や写真によっても引き起こされることがわかっており，特に不安を感じさせるような情動刺激によって運動出力の大きな変化が観察される[4]．

このように，我々の運動系は情動システムによって変調されており，行動のための機能を調整されていると言える．著名な情動研究者であるルドゥー（J. E. LeDoux）によると，情動に伴う反応は，①対象物からやってくる感覚刺激の受容，②感覚刺激の生物学的もしくは情動的価値判断，③情動表出と情動の主観的体験の3段階の過程から構成される[5]．このようなシステムが機能するためには，過去の経験と照らし合わせるため記憶に関する脳機能が必要であり，自律神経を制御する脳領域との連携も関わる．生きていくために必要なすべての生物機能が情動に関わっているとも言える．それら情動を担うシステムは，小動物を含む哺乳類に共通する基本的な機能であると考えられており，齧歯類やサルなどの実験動物を用いた研究からも多くの示唆を得ることができる．

## 2.2 情動行動に関わる神経系

我々の身体は，大きく分けると二つの生理系システムによって調節されている．神経系による素早い調節系と，内分泌系による血液を介した調節系の二つである．情動行動においても，この両方の調節系によって制御がなされている．情動に伴う反応を調節しているシステムを考える時には，どのような情動（喜びなのか恐れなのか等）に着目するかによって，制御システムが全く異なることが特徴的である．情動反応過程でどのような価値判断が下されるのかによって，それを支える調節系が異なるのである．これは，比較的単純な（調節経路が限局した）運動調節機能と比較するとわかりやすい．机の上のペンを拾い上げる時も，消しゴムを手にする時とそれほど大差ない神経経路がこの動作を担う．対象が何かには大きな影響を受けないのである．ところが，情動の場合は対象が何か，どのような感覚刺激が入力されるかでその後の神経経路が全く異なる．ある個体にとって，対象がどのような利害関係にあるのか，危険な敵であるのかによって，その後の

情動表出（喜んで近づいていくのか，恐怖で逃げていくのか）が異なり，的確な行動表出を間違いなく遂行しなければ個体の生命維持に関わる．似たような神経メカニズムで情動の過程を処理するわけではなく，情動の誘因となる刺激に応じて，全く異なる調節系を駆動しているのである．本章で取り上げる情動に関わるシステムは，ある特定の神経機能や内分泌機能，もしくは個別の情動に焦点を当てて取り上げる．

### a. 大脳辺縁系とは

情動に関わる脳の領域として，広く知られているのが大脳辺縁系（limbic system）である．この言葉が示す脳領域は，複数の神経核を含む広い範囲を意味しており，機能的な同一性からまとめられた領域ではない．初めに大脳辺縁系を記載したのは，運動性言語野で有名なピエール・ポール・ブローカ[6]（Pierre Paul Broca）である．彼は左右の大脳を線維連絡している脳梁と，これを取り囲む脳領域である帯状回と海馬傍回，海馬をまとめて大脳辺縁葉（le grand lobe limbique）と表した．当初はその領域の解剖学的位置関係を区別する意味で名前が付けられたが，さらに後世になって，ポール・マクリーン（Paul MacLean）が，脳の構造を三層に分けて考える「三位一体脳」を提唱する中で大脳辺縁系（図2.2）が記述されたのである[7]．三層の中間に位置する大脳辺縁系は，種々の情動に関わっており，危険や脅威から逃避し自己防衛をすることや，種の保存のため快・不快をもたらす情動表出，出産や子育て行動，母性などの機能にとって重要な脳部位である．

さらに大脳辺縁系には，二つの提唱された神経回路が含まれる（図2.3）．一

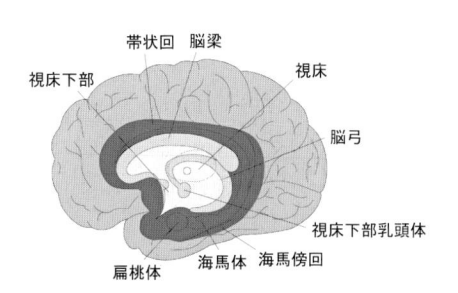

**図2.2　大脳辺縁系**
左右の大脳を繋ぐ脳梁を囲むように配置する大脳辺縁系の神経核群．

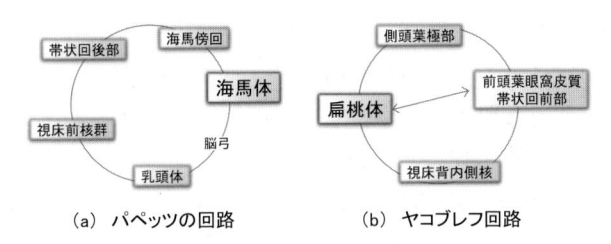

**図 2.3　大脳辺縁系の二つの神経回路**
大脳辺縁系に属する神経回路：海馬を中心とするパペッツの回路 (a) と扁桃体を中心とするヤコブレフ回路 (b).

つは，1937 年にパペッツ (J. Papez) が発表した「パペッツの回路（Papez circuit）」である[8]．この神経回路には，海馬体-脳弓-乳頭体-視床前核群-帯状回後部-海馬傍回-海馬体という大脳辺縁系に属する脳部位が含まれる．海馬 (hippocampus) という特徴的な構造体を含むこの神経回路は当初情動との関係が提唱されたが，その後の研究により陳述記憶（動作など身体が覚えているものとは違い，言葉に表すことのできる記憶）に重要な経路であることがわかっている．もう一つは，ヤコブレフ (P. Yakovlev) が解剖学的な神経回路をもとに提唱した「ヤコブレフ回路（Yakovlev circuit）」である[9]．アーモンドのような形をした扁桃体(amygdala)を中心とし，扁桃体-視床背内側核-帯状回前部-扁桃体，もしくは扁桃体-側頭葉極部-前頭葉眼窩皮質の双方向性連絡を含む経路である．こちらの経路は一般的に情動回路とされているが，情動の中のある一側面との関係が深い神経回路とみるべきである（扁桃体の機能に関する詳細は後述）．あく

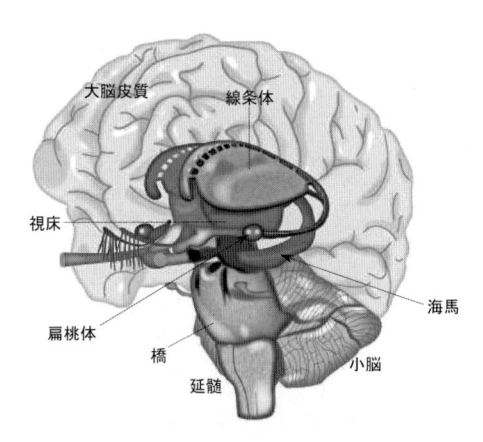

**図 2.4　海馬と扁桃体**

まで，すべての情動を担う唯一の神経回路は存在しないのである．この二つの神経回路の中心的役割を担う海馬と扁桃体は，我々の脳の中で比較的近い場所に存在しているが（図2.4），それぞれの神経が発達していく過程をみても，また成熟した神経となってから発揮される機能面からも，大きく性質が異なる．しかしこのような独立性がありながら，組織学的研究によると海馬と扁桃体の間には相互に直接神経線維連絡があることが明らかになっている．さらにこの二つの独立回路には，大脳皮質連合野，基底核，間脳を介して相互に線維連絡があり，密接に関連して働くと考えられている[10]．いずれにせよ，この大脳辺縁系に属する二つの神経回路を中心とした，もしくはこれらの回路との連携が深い脳領域が，種々の情動とそれに伴う行動や反応を制御しているのである．

### b. モノアミン神経系－セロトニン

情動に関する脳内神経系を理解する上で，少し違う角度から脳の神経システムを捉えると，ある特定の神経伝達物質（neurotransmitter）を有する神経群が，情動の一側面に深く関わっていることが見えてくる．神経伝達物質の分子構造の中にアミノ基を一つだけ有するモノアミン神経系と言われる神経には，セロトニン神経系，ノルアドレナリン神経系，アドレナリン神経系，ヒスタミン神経系，ドパミン神経系などが含まれる．ここでは特にセロトニン神経系とドパミン神経系を取り上げることにする．

セロトニン（5-hydroxytryptamine, 5-HT）は，必須アミノ酸であるトリプトファンから合成される．脳内に位置するほとんどのセロトニン神経細胞体は，脳幹の縫線核群（raphe nucleus）に位置する（図2.5）．縫線核は上行性に投射する吻側縫線核群と，下降性に投射する尾側縫線核群とに分けられる．脳の広い範囲に投射する吻側縫線核のセロトニン神経は，さらに背側縫線核と正中縫線核に分類され，ここから大脳皮質，前頭前野，側坐核，扁桃体，海馬，視床下部，視交叉上核，小脳など様々な領域に投射しており，セロトニンを放出する．セロトニン受容体は，$5\text{-}HT_1$から$5\text{-}HT_7$の七つのグループに分けられ，特に$5\text{-}HT_{1A}$受容体は，セロトニン分泌により自身の活動を抑制する機構に働いており（オートレセプターによるネガティブフィードバック機構），セロトニン神経活動を強力に調節する．セロトニン神経の働きは，どの投射先でセロトニンが放出されるか，あるいは結合する受容体のサブタイプにより生理学的機能が異なる．このこ

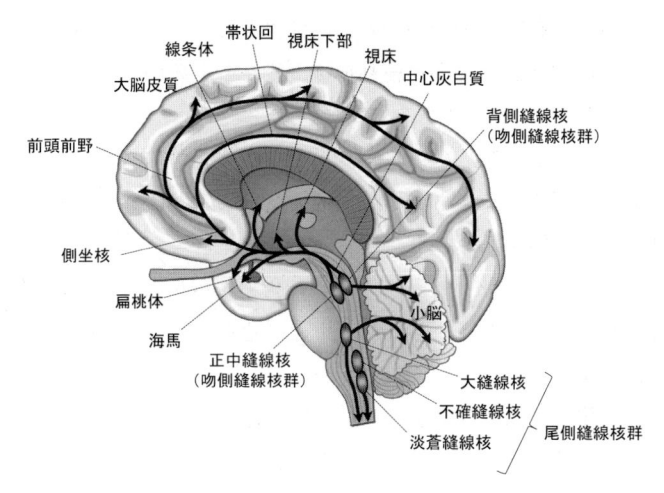

**図 2.5** セロトニン神経系

脳内へ投射する上行系の吻側縫線核群は背側・正中縫線核に分けられ，下行するセロトニン神経は尾側縫線核群に位置する．吻側縫線核群のセロトニン神経は，海馬・扁桃体はもとより側坐核，前頭前野，大脳皮質など広範な領域へ投射する．

とによりセロトニン神経系が関与する機能は，下降性のものも含めて消化管運動，睡眠・覚醒，概日リズム，痛覚，認知・学習，情動，運動調節など多岐にわたる[11]．

セロトニン神経活動を上昇させる変化の一つが，歩行運動，咀嚼運動，規則正しい呼吸運動などの周期性をもった運動がもたらす脳内パターン形成機構である．上行性のセロトニン神経活動の変調は運動系の調節へ関与し，下行性のセロトニン神経の軸索は，骨格筋を支配している脊髄前角の$\alpha$運動ニューロンへ直接シナプス結合している．特に歩行の際に必要となる体幹筋群である抗重力筋や姿勢調節に関わる筋，あるいは呼吸，咀嚼のための筋を調節する．すなわち，覚醒時に行う規則正しいリズム性運動は，セロトニン神経活動を上昇させ，食事（咀嚼），呼吸，移動（歩行）をはじめとする日常的な生命活動を行う筋群の興奮性を高めている．

セロトニン神経が関わる機能には，情動と関連するものがある．特にうつ病とセロトニンは，抗うつ薬の薬理作用を解明する目的で集中的に研究されてきた．うつ病患者では，血漿トリプトファン濃度低下やセロトニン代謝産物である

5-HIAA濃度の低下，さらに自殺者の死後脳の解析により海馬での$5-HT_{1A}$受容体のセロトニン結合低下，背側縫線核での$5-HT_{1A}$受容体の増加などが報告されている．SSRI（selective serotonin reuptake inhibitors，選択的セロトニン再取り込み阻害薬）などの抗うつ薬は，シナプス間隙のセロトニン再取り込みを阻害してセロトニン神経のシナプス伝達を持続させる．現在では，抗うつ薬を持続して使用し続けることによって生じる変化が，抗うつ効果をもたらすと考えられている．この薬理作用は，長期間に渡るセロトニン濃度が上昇することにより縫線核にあるセロトニン神経細胞体樹状突起の$5-HT_{1A}$受容体発現量が低下し，この受容体のオートレセプターによるネガティブフィードバック機能が脱感作され（セロトニン神経自身を抑制する機構が弱まることにより神経活動が上昇），また投射先でのセロトニン受容体の機能は亢進することで，結果的に投射先でのセロトニン作用が増強するとされている．

　このSSRIが及ぼす影響には，抗うつ効果以外に運動機能を亢進させる機能のあることが明らかにされている．SSRI服薬後の大脳皮質一次運動野の磁気刺激によるMEPを測定した研究では，事前に行った脳の可塑的な変化が，SSRI服薬によって増強されることが示されている[12]．また，興味深いことにSSRIを服用し運動課題を行わせると，その運動依存性の一次運動野興奮性が促進され，運動課題に関連する一次運動野上のマップが拡大するとの報告がある[13]．このようなセロトニンによる運動機能亢進は，健常被験者のみならず脳血管障害の後遺症をもつ患者でも効果があるとの研究報告があり，セロトニンは情動への関与と同時に運動出力系への亢進をもたらすことが示唆されている．

　また，セロトニンにはストレス反応調節機能があることが知られている．多くの動物に共通に見られるストレス反応機構として，視床下部-下垂体-副腎（HPA軸，hypothalamic-pituitary-adrenal axis）がある（図2.6）．不安を誘導するようなタイプのストレスが生体に加えられると，視床下部の室傍核の神経細胞が活動亢進し，CRH（corticotropin-releasing hormone，副腎皮質刺激ホルモン放出ホルモン）を分泌する．これが血流に乗って下垂体前葉に作用し，ACTH（adrenocorticotropic hormone，副腎皮質刺激ホルモン）が放出される．さらにこれが副腎皮質に作用し，糖質コルチコイド（グルココルチコイドともいう）を分泌する．この一連のHPA軸による反応は，二つの上行性セロトニン神経系によって調節されていることがわかっている．背側縫線核に位置するセロトニン神

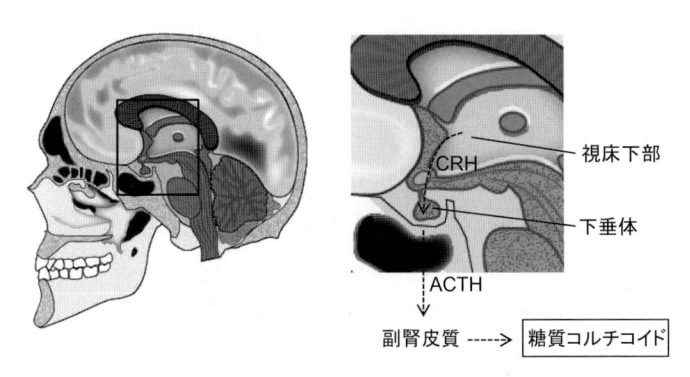

**図 2.6　ストレス反応機構：HPA 軸**
視床下部（hypothalamic），下垂体（pituitary），副腎皮質（adrenal cortex）の三つの領域を連携する HPA 軸．ストレス反応により，上位のホルモンから下位へ情報が伝わっていく．

経は，投射先である扁桃体，分界条床核，視床下部背内側核，視床下部外側野などの神経核を介して間接的に室傍核の CRH 神経細胞を調節しており，不安に関連したストレス反応を感作（起こりやすく）するように機能する．一方，正中縫線核のセロトニン神経は，分界条床核，内側視索前野，視床背内側核に投射し，そこから抑制性の神経伝達物質 GABA（$\gamma$-aminobutanoic acid）作動性神経が室傍核 CRH 神経細胞を抑制し，HPA 軸による糖質コルチコイド分泌を低下させる．こちらの系の場合はストレスに対するゲート機能であり，ストレスへの適応を表しているとされている．このように二つの縫線核セロトニン神経系は，ストレスにより相反する調節系を有しており，HPA 軸によるストレス反応を賦活したり抑制したりすることで，個体の生存にとって有利な対処方法を選択する．このセロトニン神経系によるストレス反応の調節がうまく機能しないと，うつ病や不安障害を惹起すると言われている．

　セロトニン神経系が関わる機能として，この他に広汎性発達障害や下行性疼痛抑制系，衝動性・攻撃性など多数あるが，これら詳細は他書にゆずる．

#### c.　モノアミン神経系－ドパミン

　ドパミン（ドーパミンとも言う，dopamine）は，L-チロシンから合成される．代謝酵素であるチロシンヒドロキシラーゼによって L-ドーパが合成され，ドーパ脱炭酸酵素によりドパミンが産生される．ドパミン受容体はすべて G タンパ

ク共役型であり，ドパミン含有神経の軸索末端から放出されたドパミンは比較的離れた場所に存在する受容体と結合し，標的細胞の機能修飾を担う．ドパミン細胞体は，脳内の視床下部視索前野や弓状核，嗅球など九つの領域に点在しているが，このうち特にドパミン含有量が多く重要な経路として二つの局在部位があげられる．一つは，運動調節系として重要な機能を担う黒質（substantia nigra, SN）であり，もう一つは黒質に近接し情動との関係が深い脳領域である腹側被蓋野（ventral tegmental area, VTA）である（図2.7）．

黒質を起始核とするドパミン神経の多くは内側前脳束（medial forebrain bundle：MFB）という白質を通り線条体（striatum，尾状核と被殻を含む）に投射しており，黒質-線条体路（nigrostriatal pathway）といわれる（図2.7）．この経路は運動出力調整に関与しており，同経路の障害により振戦・筋固縮・無動・姿勢異常などの運動障害を訴えるパーキンソン病が起こることからも，運動機能調節に重要であることがわかる．この黒質と線条体を含み，淡蒼球，視床下核の四つの領域を合わせて大脳基底核（basal ganglia）と呼ぶ．この大脳基底核は，大脳皮質および視床との間で閉じた神経回路を形成しており，大脳皮質-大脳基底核ループとして知られた回路が運動の制御を担っている．大脳皮質-大脳基底核ループは一次運動野からの①運動系ループ（motor loop）の他に，②前頭前野系ループ（prefrontal loop），③辺縁系ループ（limbic loop），④眼球運動ループ

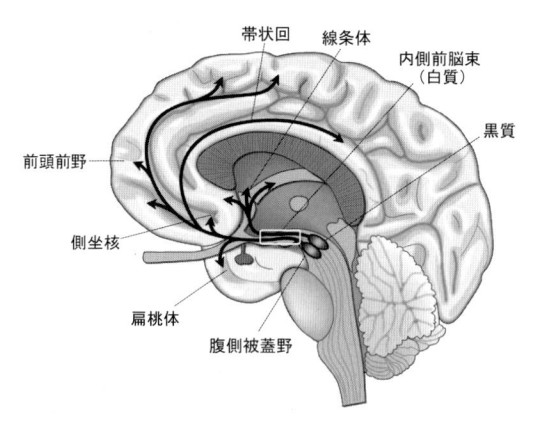

**図2.7 ドパミン神経系**
黒質を起始核とする黒質-線条体路と，腹側被蓋野を起始核とする中脳皮質辺縁系．

(oculomotor loop）という四つのループの存在が提唱されている[14]．これらの中で特に情動との関連があるのは，前頭前野系ループと辺縁系ループである．前頭前野系ループは，認知情報や記憶情報（特に前頭前野が担うワーキングメモリー）を基に行動の選択，注意，社会行動などの高次の行動制御を行う．辺縁系ループは大脳辺縁系の皮質領域からの情報を介しており線条体と隣接する側坐核に多く投射する．このループは，前頭前野や腹側被蓋野との神経線維連絡があって，認知情報の評価，情動や感情表出，意欲などの高次脳機能や精神活動に関与する．この四つの大脳皮質-大脳基底核ループは並列回路として存在しているが，その後の研究によりこのループ以外にも，線条体自身は頭頂連合野や側頭葉皮質など広範な大脳皮質からの投射を受けていることが報告されている．

　黒質に隣接する腹側被蓋野に細胞体を有するドパミン神経は内側前脳束を通り，投射先も線条体に隣接する側坐核にあり，黒質-線条体路に並行するように神経線維が走行する（図2.7）．腹側被蓋野からは，他に前頭前野，中隔核，扁桃体，海馬，辺縁皮質領域などの情動行動を調節する脳の各領域へ軸索を伸ばしている．このように中脳に位置する腹側被蓋野からのドパミン神経系の経路は，辺縁系へ情報を伝えており，中脳辺縁系（mesolimbic system）もしくは中脳皮質辺縁系（mesocorticolimbic system）と呼ばれている．この経路は「報酬回路」「快情動系」としてよく知られている．最も単純化したモデルは，腹側被蓋野の神経活動が高まり投射先の側坐核でドパミンが放出されれば，その個体が「快」を感じるというものである．ところが実際の中脳辺縁系の活動変化は，そのような単純なものではない．西野らは，サルの摂食行動中の腹側被蓋野の神経活動を記録し，報酬に関わる行動と神経活動との対応を詳細に検討した[15]．サルが座った椅子の前にボタンと小窓を備えたボックスがあり，小窓には透明なシャッターの向こう側に数種類の対象物（食物や非食物）が呈示される．欲しいものや興味のあるものが来た時，手前のボタンを規定回数押すとシャッターが開き，中のものを取り出すことができる．この課題中に，腹側被蓋野の神経活動は，腕の動作（伸展・屈曲），レバー押し，食物を口に入れた後の咀嚼活動など運動の遂行に対応する活動変化を示した．これらのうち約10%は，対象物に触れる前段階の食物を獲得するためのレバー押しや食物を欲する発声時に活動が上昇し，食物獲得後の摂食中や飲水時には活動が減少した．報酬獲得前の行動選択の段階で腹側被蓋野が反応性を見せており，報酬獲得のための動機づけ（motivation，モチベーション）に関

する神経回路と考えられる．ドパミン神経系研究の著名な神経科学者であるシュルツ（W. Schultz）らは，以下のような興味深い研究結果を発表した．サルの前にチューリップもしくはバラの花が描かれた絵を呈示して，チューリップの花が出てきた時に手元のボタンを押せば報酬としてジュースがもらえるが，バラの花の時はボタンを押してもジュースがもらえないという課題を与えた．課題の開始直後では，サルにとって二つの異なる花の絵は特別の意味をもたないが，課題を繰り返していくうちに，報酬とチューリップの絵が関連づけられ意味を持ち始める．まさにこの時に腹側被蓋野の神経活動頻度が上昇する[16]．この現象は，①得られた報酬と，②それを期待し予測を立てたものとの差分（①マイナス②）を表現しているとして「報酬予測誤差」と呼ばれている．課題当初には，意味を持たない絵に反応する神経活動変化はないが，たまたまボタンを押した時にジュースがもらえた場合，あるいは「もしかしてこのボタンを押せば…」という不確実な期待を抱いてボタンを押すような学習初期には，報酬予測誤差が大きくなり，この時に腹側被蓋野の興奮頻度が上昇する．このようにして，サルはチューリップの花を見た時に素早くボタンを押すようになる．このような学習方法を強化学習（reinforcement learning）といい，これに呼応するように腹側被蓋野の神経活動が変化するのである．その後何度も課題を繰り返すと，チューリップの絵が出た時に，サルは変わらずボタンを押して報酬のジュースをもらうが，腹側被蓋野の神経活動頻度はもはや上昇しない．これは十分に学習が成立してしまうと，報酬に対する期待と実際に得られる報酬との報酬予測誤差がなくなり（つまり期待した分だけしかもらえない），チューリップを見てもバラの花を見ても腹側被蓋野の反応性に違いがなくなる．このような研究結果から腹側被蓋野ドパミンシステムは，行動選択をするのに重要な学習初期の段階で選択肢の価値を決める判断基準として機能しており，報酬予測誤差によって反応する腹側被蓋野から側坐核など情動関連領域へのドパミン放出が，強化学習における行動判断を導いている．

## 2.3 側坐核が関わる制御機構

中脳辺縁系を構成し，腹側被蓋野から投射を受けている側坐核は，大脳基底核の線条体前腹側部に位置し，発達的特徴や解剖学的には線条体との共通点が多いことから，腹側線条体とも呼ばれる．側坐核への入力系として，腹側被蓋野の他に情動を担う扁桃体や海馬など辺縁系からの相互連絡があり，さらに前頭前野，

前頭眼窩野,嗅内野,視床背内側核,脳幹モノアミン神経系(セロトニン,ドパミン,ノルアドレナリン神経)の線維が収斂する.このように側坐核へ情動系から多くの情報が収束することから,側坐核は情動に関するあらゆる情報を統合するインターフェイスとして働くとされる.側坐核の神経のうち95%はGABA作動性の抑制性神経であり,主に黒質,腹側淡蒼球,橋網様体へ投射し神経回路網を構成する.腹側被蓋野-側坐核と黒質-線条体の間には双方向性の線維連絡があるが,さらに側坐核から黒質への神経線維投射により,黒質-線条体路の運動調節系にも関わり,黒質・線条体・腹側被蓋野・側坐核の相互ネットワークの起点として側坐核が位置づけられる.また側坐核から腹側淡蒼球への出力系も,最終的には前頭前野や運動野に至る神経ネットワークに属しており,運動出力に影響を与える.このように情動系と運動系とを繋ぐ接点として,側坐核の重要性が指摘されている.

**a. 側坐核が関与する多様な行動**

側坐核の機能を調節する系として,これまで説明してきた腹側被蓋野から投射するドパミン神経がある.実験動物のラットを用いた研究によって,側坐核でのドパミン放出と性行動の関連が調べられてきた.カナダのフィリプス(A.

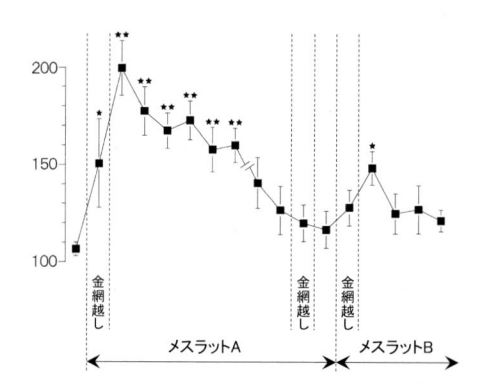

**図2.8** メスに出会った時の側坐核ドパミン放出量[18]
刺激前の状態を100%とした時のオスラット側坐核におけるドパミン放出量時間変化.女性ホルモン投与により発情させたメスが現れるとドパミン放出が上昇し,性行動が活発になる.注目すべきは,いったん治まったドパミン放出が別のメスの登場により再び上昇し,この時に性行動が再開されることである.

Phillips)らのグループによると,性経験を積んだオスラット側坐核におけるドパミンの放出は,走行のような単純な運動や実験箱に対する新奇性だけでは有意な変化はないが,女性ホルモン（エストロゲンとプロゲステロン）を注射して発情させたメスラットが金網越しに現れると,直接触れることはできないにもかかわらずドパミン放出量が有意に上昇する.さらに仕切りの金網を取り外した後の性行動中には,よりドパミン放出が増加する[17]（その後の研究によるとメスラットにおいても同様のドパミン放出が側坐核で確認されている）.興味深いことにこのようなドパミン放出量は,時間の経過につれオスラット性行動とともに徐々に減少していくが,新たに別の発情メスが投入されると,側坐核ドパミン放出量が再び増加して性行動が再開される（図2.8）[18].またロペス（H. López）らは,オスラットのメスへの動機づけを評価するために,ランウェイテスト（runway test）を考案した[19].二つの金網で仕切られた箱を長い通路で繋ぎ,片方に発情したメスを入れておき,反対側の箱には被験動物のオスラットを入れる.通気ダクトを介したファンによる空気の流れにより,発情メス側からオスの方へ匂いなどの情報がやってくるため,オス側にある仕切りを解放してあげると,反対側のメスのいるエリア目指してオスが走ってくる.この時間を計測して動機づけの評価とする（図2.9）.すなわち仕切りがある段階でのメスへの動機づけが動因となり,仕切り開放後の走る行動を強力にドライブするのである.ロペスらのグループによる研究により,性経験のないオスラットでは発情メスへの走行時間はそれほど早くないが,1度でも性経験があると,いち早くメスの方へ走っていくことや,性経験の前にドパミン拮抗薬（ドパミンが受容体と結合して働くのを阻

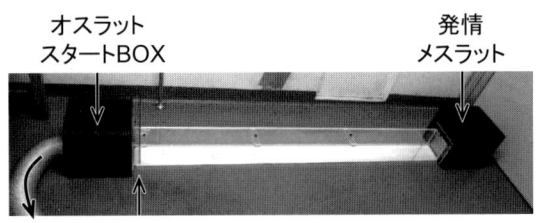

**図2.9 ランウェイテスト**
空気の流れにより,発情メスのいる区域へ向かう動機づけがもたらされる.仕切り板を解放してからオスラットがメスへ向かっていく時間を計測し,動機づけの指標とする.

害する薬物）の一種であるハロペリドール（$D_2$受容体拮抗薬）を投与しておくと，この走行時間の短縮が起こらないことが報告されている．彼らは実験的には側坐核の関与を調べていないが，側坐核でのドパミン放出の特性からみて，ドパミン拮抗薬の作用部位として第一に側坐核があげられる．筆者らは，性行動とメスへの動機づけに関する側坐核機能を調べるために，性経験のあるオスラット側坐核に直接記録用電極を刺入し神経活動の変化を測定した[20]．まず金網で仕切られた反対側区域に何も入ってない状態で，側坐核に記録電極が固定されたオスラットを投入し5分間観察する．次に反対側に発情メスを投入して5分間観察した後，金網を取り外して自由に性行動可能な状況を設定する．側坐核の神経はその神経接続（どのような神経から投射を受けているか，あるいはどの神経へ軸索を投射しているか）から数種類に分けられるが，活動電位の波形からもいくつかに分けることができる．その中で，側坐核へのドパミン神経支配との関連が強く示唆される神経活動も見られた．すなわち，金網越しに発情メスと隣り合う状況下で神経の自発活動頻度を上昇させ，性行動場面においてもメスに向かって追いかける際に盛んに発火頻度を増加させるタイプの神経であり，動機づけ行動とみられる行動特異的に活発な活動をみせる．実際にはこのような反応以外に，接触している交尾行動中のみ神経活動頻度を上昇させるものや，逆に活動頻度を抑制するもの，射精前後に活発に活動頻度を上昇させるものなど，特定の行動に関連づけられた種々の反応が観察された．これらは，側坐核への異なる領域からの投射と，個々の神経が担う機能役割によるものと考えられ，側坐核神経の多様性を反映している．

**b． 側坐核-社会行動**

現代を生き抜く私たちの多くは，心身に何かしら問題を抱えストレスを抱きながら生活をしている．ほんの20年前と比較しても，わが国における自殺率の増加は著しい．遺伝的バックグラウンドはほぼ同じであることから考えると，我々がいかにまわりの環境，社会から多大な影響を受けながら生きているか窺い知ることができる．「健やかな暮らし」というものを想定した場合に，①どのような環境からの刺激が，②情動システムへどのような変化をもたらすか，という両側面からの解明があってこそ「健やかさ」についての理解が得られるのではないだろうか．このような背景から，筆者らは齧歯類を用いて幼少期からの成育環境が

**図 2.10 豊かな成育環境**
幼少期の環境がいかに成育後へ影響を及ぼすかについて検証するため，刺激が豊富に与えられる成育環境を設定した．実験ケージに比べ15倍ほどの広さを持つ空間に7匹同居させることで社会性を持たせ，運動・感覚刺激・社会性を豊富に与える．

情動へ及ぼす効果に着目して研究を行っている．

　環境刺激が脳へもたらす影響については，実験動物を用いて古くから調べられてきている．通常，実験動物は実験用のケージに2〜3匹程度飼育されるが，単独飼育で育てるだけで成長後に社会行動の変化が起きる．また妊娠中の母体へのストレスや，生後間もなく母親から数時間引き離すことを繰り返すだけでも，成長後様々な行動変化が起き，脳の神経栄養因子の発現低下やモノアミン神経系の変化などが報告されている．筆者らのグループは，「豊かな成育環境」が情動へ及ぼす影響に着目している．実験動物を離乳直後から数週間大きなケージに輪車やはしごなどを入れ複数匹で飼育することにより，運動する機会も感覚刺激も社会性も豊富に与える環境を提供する（図2.10）．あくまで実験的にそのような環境で育てたということであり，我々の生活と対比させるには慎重にならなければならない．実験動物の主観（豊かさを感じているかなど）にはよらず，また「豊か」といったところで自然界においてラットが1日に走行する距離に比べると，はるかに少ない距離しか移動せず運動量も少ない．しかしながら，通常の実験ケージは15分の1程度の大きさしかなく入力される刺激も少ないことから，豊かな環境が成育する動物へ与える効果を比較して調べることができる．実際このような環境刺激は，大脳皮質の層構造を厚くすることが1960年代から報告されており，そのほかに脳の神経栄養因子を増加させることや海馬での神経新生が促進されることなどが知られている．

　筆者らは，環境からの刺激が与える情動への影響を調べる目的で，社会行動の

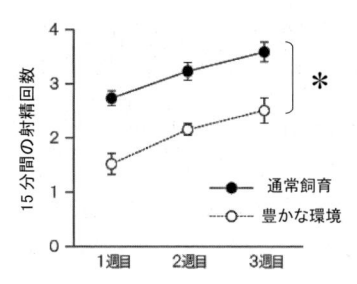

**図 2.11 豊かな成育環境と性行動**[21]
豊かな環境で成育した群は，通常の飼育群に比べて性行動の活動性が低下した．

一つである性行動に着目し研究を行った[21]．豊かな環境で成育したオスラットは，初めて発情したメスラットに出会っても性行動の活発性が低く，射精回数はじめ性行動が低下することがわかった（図 2.11）．性行動期間中の射精回数平均は，通常飼育の約半分程度である．初めてメスと接触する時間は両群ほぼ同程度であるので，活動性が低下しているのでも，メスを認識していないわけでもない．成育環境の違いが情動システムに何らかの変化をもたらし，行動表出に影響を与えたことが示唆された．発情メスに対する動機づけが低下している可能性が考えられたので，ランウェイテストによる動機づけ行動を両群で比較した．するとどちらの群でも，同程度の動機づけを示し，素早くメスの方へ近づいていくことがわかった．次に脳機能の変化を検討するために，側坐核，線条体，視索前野の各領域でドパミンとセロトニンの量を測定した．何も刺激しない状態（basal level）では，両群ともに差異はないが，金網越しに発情メスを呈示した場合に変化が現れた．これまでの報告通り，金網越しの状態で側坐核と視索前野におけるドパミン量が増加したが，成育環境の違いによる影響はなかった．ドパミンの反応性に違いがないことは，ランウェイテストで両群が等しい動機づけを見せたことに合致する．一方，セロトニン量に成育環境の違いが現れ，側坐核と線条体において発情メス呈示によりセロトニン量が増加するが，豊かな環境で成育したオスラットではセロトニン増加が有意に少ないことがわかった．セロトニン反応性の低下は，次の二つの側面から注目される．

一つは性行動を含む情動行動を制御する側坐核において，セロトニン自身による性行動の調整が行われた可能性である．セロトニンと性行動との関連は結合する受容体の種類によって異なり，$5\text{-HT}_{1B}$・$5\text{-HT}_{2C}$・$5\text{-HT}_7$ 受容体の作用では射精

に至るまでの時間を遅らせ,逆に 5-$HT_{1A}$ 受容体の働きは射精行動を活性化することが報告されている.すなわち,性行動においても相反する機能がセロトニンによって適切に調整されており,生育環境の違いがもたらすセロトニン反応性の変化が直接,性機能の差異をもたらしている可能性がある.

もう一つの側面は,セロトニンと情動との関連である.すでに説明したように,セロトニンは代表的ストレス反応である HPA 軸に変化をもたらすことから,この出力系下流にあたる糖質コルチコイドの一つコルチコステロンの血中変化についても検討を加えた.金網越しに発情メスが呈示されるとコルチコステロン濃度は増加したが,セロトニン反応と同様に,コルチコステロンの反応性も豊かな環境群では小さいことがわかった.すなわち通常飼育のオスラットの場合は,空の状態に比べて金網越しに発情メスがいると,セロトニン分泌量が増加してストレスホルモンの分泌量も増加するが,一方の豊かな環境で成育した群では,発情メスに対する反応性が乏しく(セロトニン量もストレス反応も),平常時に近い量しか検出されない.豊かな環境での成育効果として以前から指摘されているように,日常の生活とは違う環境下に置かれても不安関連行動が少なく情緒の安定を示すのである[22].一次的なストレスは,性行動を亢進することが古くから知られているが,発情メスに出会っても平常と変わらない豊かな環境での生育ラットでは,性行動が盛んにならなかった可能性が示唆される.これらの研究結果から,幼少期からの成育環境による豊富な刺激は,情動システムに変革を与えることで社会行動を含む情動行動に影響を及ぼすことが示唆される.

## 2.4 扁桃体が関わる制御機構:生物学的価値判断に基づく行動

扁桃体はヤコブレフ回路に属することは述べたが,情動に関する脳部位として非常に重要な役割を担い,様々な角度からその機能が研究されている.まずその重要性を理解するために,同部位の損傷によりどのような変化がもたらされるか見ていく.

### a. 扁桃体損傷

扁桃体の損傷例を初めて報告したのは,Klüver と Bucy で 1930 年代のことである[23].彼らは,両側の側頭葉切除を受けたサルを観察し,特徴的な次の五つの症候を報告した.

①精神盲（psychic blindness）：サルは，動物・非動物関係なく全ての対象物に何の躊躇もなく近づいていく．切除前には恐がるなどの理由で回避していた対象物にも容易に近づくようになる．

②視覚性過敏反応（hypermetamorphosis）：視野に入ってきた全ての事象・あらゆる変化に，強迫的あるいは強い衝動に突き動かされているかのように反応し，手を触れようとする．

③口唇傾向（oral tendency）：周囲にあるすべての物体を手当たりしだいに口にもっていって舐めたり，噛んだり，匂いを嗅いで確かめようとする．

④性行動の変化（change in sexual behavior）：オス・メスともに性行動の異常な亢進が起こり，同性どうしや異種の動物に対して交尾行動を行う．

⑤情動性の変化（emotional changes）：あらゆる情動行動が欠如する．切除前にはヘビに対して強い恐怖反応を見せていたサルが，ヘビを見ても恐がらなくなる．このようなサルは，人に対しても他の動物に対しても警戒心を抱かなくなり，サルの群れの中で集団生活ができなくなる．

このような症候を一括してクリューバー・ビュシー（Klüver-Bucy）症候群と呼び，当初両側の側頭葉損傷として報告されたが，その後の研究により両側の扁桃体損傷，または扁桃体への入力系・出力系を損傷すると，このような症候が現れることが報告されている．ヒトにおいても同様の症候が報告されており，てんかん発作のためにやむなく両側の側頭葉を切除した例や，アルツハイマー病，頭部外傷，脳炎などの症例においてもクリューバー・ビュシー症候群の症候を呈したことが報告されている．症例ごとに観察される症候が異なるが，口唇傾向および情動性の変化の出現は，ほとんどのケースで出現する．

このように扁桃体損傷の例からは，同部位が担う情動の重要な機能を垣間みることができる．生物が生きていく中で身の周りの膨大な情報や身体変化を基に自らにとって重要な意味を持つ情報のみを取捨選択して，さらにその情報をしっかりと認知し，過去の情報（記憶）と照合したうえで情報の生物学的な価値を判断している．自らにとって対象が有益なもの（報酬性を持つもの）か，不利益な有害なもの（危険性を持つもの，嫌悪性刺激，侵害性刺激）か，という意味を判断することでそれに見合った情動を表出する．前者が快情動の表出であり，後者が不快情動表出に繋がる．扁桃体に限局した病変であれば，知覚・認知機能および運動機能は正常なままである．ところが，生物学的価値判断が障害されてしまう

と，対象が有益であろうが有害なものであろうが関係なく近づいてしまう．野生で生きる生物にとって適切な情動表出ができないということは，生命維持の危機をたやすくもたらし，もはや群れの中で生きていくことはできない．

#### b. 扁桃体の神経回路

扁桃体の重要な機能は，他の脳部位との連携によって生じる．解剖学的には，扁桃体にすべての大脳皮質感覚連合野からの情報が収束しており，大脳皮質を経由する情報と合わせて外受容感覚刺激（視覚・聴覚・触覚・嗅覚など）・内受容感覚刺激（内臓機能や循環系など）のいかなる感覚情報も扁桃体に入力される．これまで見てきたようにセロトニンやドパミン神経系からも投射があり，このような入力情報を基に扁桃体で生物学的な価値判断が行われ，情動が発動されるのである[24]．扁桃体からの軸索は脳の様々な神経核に投射しており，その部位が担う機能に応じて自律神経系の変化，内分泌や行動の変化がもたらされる（図2.12）．扁桃体から視床下部外側野への出力は交感神経系の活動亢進をもたらし，心拍数・

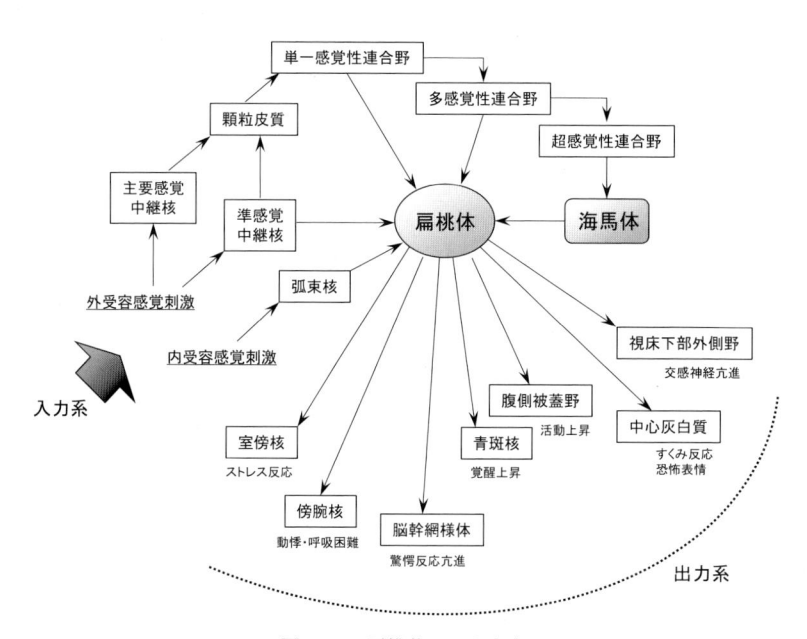

**図 2.12 扁桃体への入出力**
扁桃体へは様々な入力情報がもたらされ，セロトニン・ドパミン神経系の調整を受けて具体的な反応をもたらす神経核へ情報を送っている．

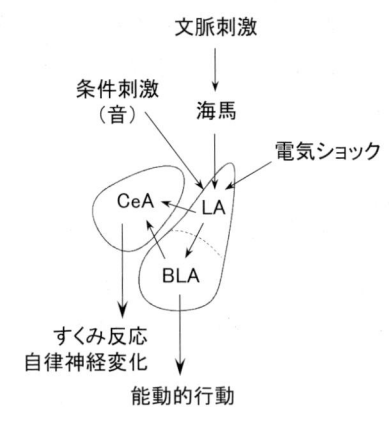

**図 2.13　扁桃体恐怖条件づけシステム**
ラットの扁桃体で研究されている扁桃体亜核
とそれぞれの機能.
LA：扁桃体外側核，BLA：扁桃体基底外側核，
CeA：扁桃体中心核

血圧の上昇，瞳孔散大などの効果をもたらす．視床下部室傍核への出力は，前述のストレス反応 HPA 軸に働きかけ CRH の分泌をもたらし，ACTH の分泌を介して副腎皮質からの糖質コルチコイド放出に至る．扁桃体中心核から中心灰白質への投射は，恐怖反応としての「すくみ反応（freezing behavior：じっと動かなくなる行動）」に関与しているとされている．このように様々な出力系を持つ扁桃体は，入力系からの価値判断に基づいて選択した投射部位に情報を送り，特定の反応をもたらすのである．扁桃体内は解剖学的および機能的にいくつかの亜核に分けられる．ラットを用いた恐怖条件づけパラダイムの実験に関与する重要な扁桃体の亜核として，外側核・基底外側核・中心核の三つがあげられる．恐怖条件づけに関しては次に説明するが，図 2.13 に示すように外界からの条件刺激・非条件刺激の情報が外側核（LA）にもたらされ，基底外側核（BLA）から随意的/能動的行動をもたらす反応，あるいは中心核を経て恐怖反応を及ぼす他の脳部位への投射経路が知られている[25]．

### c.　扁桃体が関与する恐怖関連行動

扁桃体が関与する神経回路を眺めてみると，いかに広い範囲の感覚情報を受け取り，種々の反応に影響を及ぼすかを窺い知ることができる．扁桃体は生物学的

価値判断を行い適切な情動表出を導くことを説明したが，例として恐怖場面を想定してみる．あなたが自転車に乗っていて，日の落ちかけた薄暗い夕方に見通しの悪い四つ角にさしかかったとする．左から来た黒い車に気がつかずに接触事故を起こしてしまった．衝撃で空中に投げ飛ばされ，膝や腕に多発性骨折を負ってしまい半年間の入院を余儀なくされる．そのような経験の後，同じような時刻に同じ場所を通る時，あなたは知らずのうちに心拍数や血圧が上昇し，筋肉は強ばり，手足に汗を感じストレスホルモン（糖質コルチコイド）が体中をかけ巡る．扁桃体を介した恐怖反応が現れるのである．このような反応は，黒い車という直接恐怖体験をもたらした刺激だけでなく，その場の地理的状況や暗さなど様々な環境・状況が嫌な出来事（事故の衝撃や痛さなどの嫌悪刺激）と結びついて情動反応をもたらす．このような体験を経ると，それまで意味のなかった刺激（見通しの悪い交差点など）が，過去の経験に基づいて危険な状況を知らせてくれる信号となる．

　この恐怖体験に関して，扁桃体と海馬の役割を証明した研究がある[26]．ラットを実験箱に入れて，音刺激とともに床に巡らせた電線により電気ショック（嫌悪刺激）を与える．これを何度も繰り返す（条件づけ）と，音刺激（条件刺激）だけでラットは恐怖反応を示すようになる．すなわち，実験前は恐怖の意味を持たなかった音を条件刺激として認知し，血圧・心拍数の上昇や糖質コルチコイドが放出され恐怖の情動反応が表出される．実験的には，ラットがじっとして動かないすくみ反応を観察することで，どの程度恐怖反応が起こっているかを評価することができる（図2.14）．2日間の音刺激と電気ショックによる条件づけにより，その後ラットは嫌悪刺激である電気ショックそのものがなくても，恐怖反応を示すようになる．一つは直接条件づけされた音刺激で，もう一つは嫌悪刺激が与えられた時の環境・状況である．前者は条件刺激と定義され，後者は文脈刺激と呼ぶ（この箱に入ったら電気ショックがくるなということを解釈する意味で文脈という言葉を用いる）．この反応には扁桃体と海馬の両方が関与しているが，それぞれの役割を調べるため破壊実験により恐怖反応を調べた．海馬を破壊した場合には，条件づけされたラットを箱に入れた時（文脈刺激）に起こる恐怖反応のみが抑制された．一方，扁桃体を破壊した場合では，ラットを箱に入れても（文脈刺激）音を聴かせても（条件刺激）恐怖反応が起こらなくなってしまった．音による条件刺激は海馬を経ずに扁桃体へもたらされ，海馬が損傷しても恐怖反応を

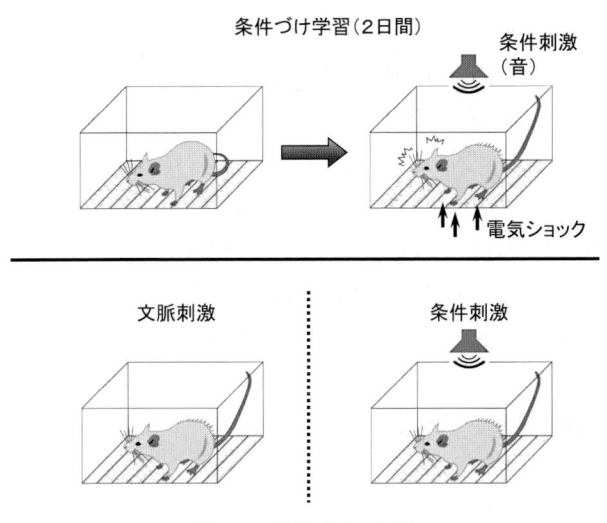

### 2.4 扁桃体が関わる制御機構：生物学的価値判断に基づく行動

**図 2.14 恐怖条件づけ[26]**

ラットを用いた恐怖条件づけでは，海馬と扁桃体の機能的違いがある．上段にある恐怖条件づけ学習後，文脈刺激（実験箱に入れられるだけ：下段左）と条件刺激（音刺激が与えられる：下段右）の両方に対してすくみ反応（恐怖反応）を示す．海馬を破壊すると文脈刺激による恐怖反応のみ消失するが，扁桃体破壊ではどちらの刺激に対しても恐怖反応が消失してしまう．

示すが，状況から判断する文脈刺激の場合には一度海馬を経由してから扁桃体へ入力するので，海馬が障害されると恐怖反応が出なくなるのである．その後の研究により，海馬と扁桃体の機能により獲得された恐怖反応の記憶は，時間の経過とともに大脳皮質などの他の領域に貯蔵されることが明らかにされている．

扁桃体へもたらされる情報をもとに扁桃体で処理がなされた後，各種出力系が機能することで恐怖反応が成立する．扁桃体内部の処理に目を向けると，扁桃体の亜核どうしによる連携と抑制性神経の働きが注目される．扁桃体内部で神経伝達物質のGABAを有する神経はその大多数が介在性神経であり，GABA受容体に結合することで，異なる領域へ投射する神経を抑制すると考えられている．近年の報告では，恐怖条件下での随意行動に扁桃体内のGABA作動性神経の働きが重要であることが示されている[27]．広い箱の中央付近にエサを置いておき，ラットが箱の入口から中央まで出ていけばエサがもらえる課題を与える．ラットは本来狭くて暗いところを好むので，広い空間に出ていくのを嫌がるが，エサを獲得するために進出していく．この時に仮想の敵が出てくる（ブロックで作成した敵

に見立てたロボットがラットの接近を感知すると動き出す）と驚いて恐怖に駆られ入口へ逃げ帰っていく．この課題では，入口から近いところにエサが設置してあれば，素早くエサを取って逃げることができるが，入口からの距離が遠いほど，恐怖に打ち勝たないとエサを獲得して帰ることができない．このような条件で扁桃体へ $GABA_A$ 受容体拮抗薬（$GABA_A$ 受容体の働きを阻害する薬）であるビクリンを投与すると，投与前に比べて恐怖反応が増強し，より入口に近い場所にないとエサが取れなくなってしまう．反対に $GABA_A$ 受容体作動薬（GABA 受容体の働きを担う薬）であるムシモールを扁桃体へ投与すると，入口から遠い距離にあるエサでも獲得できるようになり，恐怖反応に打ち勝ってエサの獲得という目的を達成するようになる．すなわち，扁桃体内在性の GABA 作動性介在神経の非活性化・活性化の程度に応じ，恐怖反応が増強して能動的な行動がとれなくなるか，逆に恐怖反応を抑え込んで合目的な行動を遂行できるかのさじ加減が決まる．その後の研究により扁桃体亜核のうち，少なくとも外側核・基底外側核の $GABA_A$ 受容体がこの調整に関わっていることが報告されている[28]．

　扁桃体外側核・基底外側核への $GABA_A$ 受容体拮抗薬や作動薬投与は，一時的に情動反応の変化をもたらすが，このような人工的な投薬以外に，成育環境が情動へ変革をもたらすことが最近の知見により明らかになりつつある．筆者らは，扁桃体の GABA 作動性神経に着目し前述の豊かな成育環境による影響を調べた[29]．扁桃体に存在する GABA 作動性神経はさらに，表現型（どのようなタンパク質を発現しているか）によっていくつかの種類に分けられる．その中で特にカルシウム結合タンパク質の一つであるパルブアルブミン（parvalbumin：PV）を発現する GABA 作動性神経に着目した．パルブアルブミン陽性神経（PV 神経）は脳の様々な領域に存在し，ガンマ帯域の周期的皮質活動（オシレーション）を形成する．統合失調症や自閉症の患者では周期的皮質活動低下に関連した機能障害が報告されており，PV 発現量の低下がその一因であるとされている．ラット扁桃体の PV 神経は外側核・基底外側核に限局して発現し（中心核や内側核にはほとんど存在しない），生後発達を続け生後 30 日頃にはほぼ一定の数に達する．豊かな成育環境群のオスラットは，離乳直後の 25 日目から 5 週間豊かな環境下で暮らす．興味深いことに，豊かな環境で成育したラット扁桃体の外側核・基底外側核では PV 神経の数が増加していることがわかった（図 2.15）．PV とは別のカルシウム結合タンパク質であるカルビンディン陽性神経の数は成育環境の違

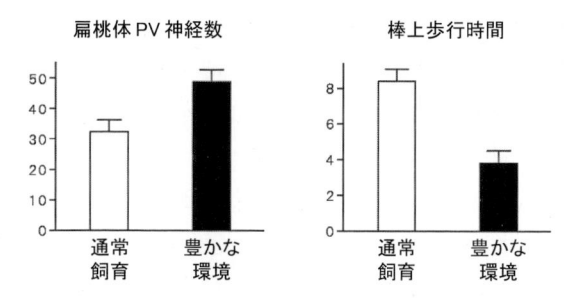

## 2.4 扁桃体が関わる制御機構：生物学的価値判断に基づく行動

**図 2.15** 豊かな環境での成育効果[29]

離乳直後から 5 週間（成獣になるまで）豊かな環境により成育したラット扁桃体では，パルブアルブミンを発現する GABA 作動性神経の数が増加する．このようなラットの群では棒上歩行に要する時間が短縮し，いち早く合目的な行動を遂行する．

**図 2.16** 棒上歩行時の情動[29]

豊かな環境で成育したラットは，不安が惹起されるような状況下においてもいち早く目的に応じた行動を遂行する．実験ケージによって成育したラットは，恐怖を感じる状況下でうまく歩くことができずに時間がかかってしまう．

いに影響を受けないことから，扁桃体での GABA 作動性神経の変化は PV 神経に特異的な現象の可能性がある．さらに，扁桃体での PV 神経の数は有意に棒上歩行との相関を示した．棒上歩行とは，床上 60 cm の位置に設置した幅 2.5 cm の棒の上を歩いて反対側にある安全地帯まで移動する時間を計測するものである（図 2.16）．棒上歩行の際には，四肢の協調運動や感覚機能はもちろん必要であるが，ラットにとって不安や恐怖を惹起するような高くて狭い環境下で，慌てふためくことなく目的となる反対側の安全地帯まで渡る，いわば情動反応の制御も求められる．この棒上歩行の早さは，①遅い個体もたった数日続けて行うと素早

く走行することが可能になること，②背後からの強い光とノイズ音発生によって歩行の動因をドライブしてやると両群で同じ程度まで素早く渡ることができることがわかっている．これらの事実から，棒上歩行テストにおいては単純な運動機能のほかに情動面がもたらす歩行速度への影響が大きいことが窺える．豊かな環境で成育したラットはこの棒上歩行が早く，通常飼育のラットに比べていち早く目的地まで渡り切る（図2.16）．そして扁桃体外側核・基底外側核のPV神経の数が多い（豊かな成育環境群に多い）個体ほど，棒上歩行の時間が短縮することがわかった．棒上歩行の際の不安や恐怖といった負の情動発現下での能動的行動の遂行は，これまでみてきたように扁桃体外側核・基底外側核のGABA作動性神経の作用を受けるが，$GABA_A$受容体作動薬を投与した場合と同様に，豊かな環境での成育によってGABA神経の一種を増加させたラットは，負の情動を制御して本来の目的を遂行できるようになることを示している．すなわち，幼少期からの成育環境の刺激により扁桃体神経に可塑的変化をもたらし，関連する情動反応に影響をもたらす可能性がある．

　このような恐怖・不安といった負情動の制御が必要な局面は，スポーツ競技や格闘技などで重要な意味を持つ．絶体絶命の危機に陥っても冷静さが求められる飛行機や宇宙船のパイロット，レーサーや冒険家のような特殊任務にあたる人には特に重要である．ジョナ・レナーは彼の著書"How We Decide"の中で「考えすぎて『窒息死』する（choking on thought）オペラ歌手」について述べている[30]．オペラ界では当代随一のソプラノ歌手と評され，グラミー賞も受賞したルネ・フラミングがシカゴでの上演において，モーツァルトの「フィガロの結婚」第3幕のアリアを歌っている時に，恐ろしい徴候が訪れたという．その日に限って，曲の途中で彼女は急激な「自信喪失感」に襲われ，もしかして失敗するのではという考えを止められなくなってしまった．それから間もなく，この種の自信喪失がたびたび彼女を襲うようになる．それまで何でもなかった曲が突然歌えなくなった．歌のテクニック（舌の位置や口蓋の動き，正しい口の形など）を考えすぎて囚われすぎてしまい，そのことによって結局高い音を出すことができなくなってしまったのである．

　このような現象は「窒息死（choking）」といわれる．オペラ歌手に限らず広くスポーツの世界においても見受けられる現象で，自分のパフォーマンスの方法について神経質になり，詳細ばかりを気にしてしまった結果，自意識過剰でパフォー

マンスが極端に低下してしまうのである．スポーツの試合において「ここぞ」というプレッシャーのかかる大事な場面になると，身体動作のあれこれを理性的に組み立てようとしても，不安が募るばかりである．例えば野球では，高校野球で生き生きとした躍動感のあった投手が，プロ転向後に調子が上がらず自らの投球フォームについてあれこれ考え始め，フォーム改造に着手した結果，日の目をみることなく選手生活を終わるケースがある．これらは自らのパフォーマンスについて理性的に考えすぎた結果自信を喪失してしまい，熟練した筋肉の動きを妨げてしまう例である．これまでみてきたように，恐怖・不安を感じた際のすくみ反応には扁桃体が重要な関与をしており，その機能発揮の一翼は扁桃体基底外側核群のGABA作動性神経が担っていることが示唆される．筆者らの「豊かな成育環境」研究の結果から言えることは，このような扁桃体機能は外界からの刺激によって十分変化可能であるということである．昨今では，物怖じすることなく世界的な大舞台で活躍する若いスポーツ選手を目にすることや，テレビのマイクを向けられても全く臆することなく大人顔負けの立派なコメントを発する10代の若者に，こちらが驚かされることがある（私も若輩者ではあるが）．この10～20年の間に日本人の遺伝子が変化したとは考えにくいことから，若者をとりまく環境の変化が最たる要因としてあげられる（幼少期の成育環境を含め）．筆者らの研究結果を踏まえると，このような情動反応でさえ環境からの持続的な刺激しだいで変えていくことができる可能性を示している．

## おわりに

　情動と運動・行動の制御をみていくと，我々の日常生活に「情動」が深く関わっていることが理解できる．身の周りに楽しいことを見つけ出し，そこに喜びがあれば生き生きと日々の暮らしを過ごせる．うまくなりたいがために何度もゴルフの練習に出かけたり，テレビでプロの技を一生懸命見たりして，パフォーマンスを向上させるための努力を厭わなくなる．ところが，何をやっても楽しくないと思い始めると，いったい何をすべきなのか人生の目標を見失ってしまう．恋愛にしても，魅力的な異性を目の前にしてトキメクこともなく，心臓がバクバクすることもなければ，そわそわした気持ちにもならずに平常と同じ冷静さでいるならば，果たして恋愛がうまくいくだろうか．少なくとも，彼女のためにカッコいい男でいようとか，あの人に褒められたいから綺麗にお化粧しようという気持ちが

湧いてこないのではないだろうか．つまり，日常生活で遭遇する場面・場面の変化に機敏に反応できる情動（嬉しい・楽しいといった感情とそれに伴う情動反応）を持ち合わせていないと，状況に応じた自発的な行動で対応できないのである．一方，恐怖や不安といった負の情動に関わるシステムも運動・行動の制御に多大な影響を与える．扁桃体の抑制性神経が関与するシステムは，この制御に関与しており，負の情動が働く条件下でどのように行動するかを左右する一役を担っている．ゴルフのマスターズ・トーナメントで優勝のかかった一打を打つ瞬間には，いったいどれほどのプレッシャーを感じていることか．情動の自己制御が試されるような状況下でどのように振る舞うか，それはそのような状況におかれるまでにどのような環境に遭遇してきたか，その時点までの経験に大きく左右される．情動と行動制御に関わる研究成果は，このような身近な局面においても情動が深く関わっていることを示してくれる．　　　　　　　　　　　　　　　［浦川　将］

## 文　　献

1) 宇野哲人：中庸，pp. 53-60，講談社学術文庫，1983.
2) 小野武年：脳と情動―ニューロンから行動まで―，pp. 2-3，朝倉書店，2012.
3) Battaglia F, Lisanby SH, Freedberg D : Corticomotor excitability during observation and imagination of a work of art. *Front Hum Neurosci*, **5** : 79, 2011.
4) Giovannelli F, Banfi C, Borgheresi A, Fiori E, Innocenti I, Rossi S, Zaccara G, Viggiano MP, Cincotta M : The effect of music on corticospinal excitability is related to the perceived emotion : A transcranial magnetic stimulation study. *Cortex*, **49** : 702-710, 2013.
5) ジョセルフ・ルドゥー：エモーショナル・ブレイン（松本　元，川村光毅ほか訳），p. 25，pp. 56-66，東京大学出版，2003.
6) Broca P : *Rev Anthropol*, **1** : 385-498, 1878.
7) Maclean PD : *Electroenceohalogr Clin Neurophysiol*, **4** : 407-418, 1952.
8) Papez JW : *Arch NeurPsych*, **38** : 725-743, 1937.
9) Yakovlev PI : *J Nerv Ment Dis*, **107** : 313-335, 1948.
10) 石塚典生：大脳辺縁系の細胞構築と神経結合．情と意の脳科学（松本　元，小野武年編），pp. 26-45，培風館，2002.
11) 有田秀穂：脳内物質のシステム神経生理学，中外医学社，2006.
12) Batsikadze G, Paulus W, Kuo MF, Nitsche MA : Effect of serotonin on paired associative stimulation-induced plasticity in the human motor cortex. *Neuropsychopharmacology*, **38** : 2260-2267, 2013.
13) Pleger B, Schwenkreis P, Grünberg C, Malin JP, Tegenthoff M : Fluoxetine facilitates use-dependent excitability of human primary motor cortex. *Clin Neurophysiol*, **115** : 2157-2163, 2004.
14) Alexander GE, Crutcher MD : Functional architecture of basal ganglia circuits : neural substrates of parallel processing. *Trends Neurosci*, **13** : 266-271, 1990.

15) Nishino H, Ono T, Muramoto K, Fukuda M, Sasaki K : Neuronal activity in the ventral tegmental area (VTA) during motivated bar press feeding in the monkey. *Brain Res*, **413** : 302-313, 1987.
16) Schultz W : Getting formal with dopamine and reward. *Neuron*, **36** : 241-263, 2009.
17) Damsma G, Pfaus JG, Wenkstern D, Phillips AG, Fibiqer HC : Sexual behavior increases dopamine transmission in the nucleus accumbens and striatum of male rats : comparison with novelty and locomotion. *Behav Neurosci*, **106** : 181-191, 1992.
18) Fiorino DF, Coury A, Phillips AG : Dynamic change in nucleus accumbens dopamine efflux during the Coolidge effect in male rats. *J Neurosci*, **17** : 4849-4855, 1997.
19) López HH, Ettenberg A : Sexual motivation in the male rat : the role of primary incentives and copulatory experience. *Horm Behav*, **36** : 176-185, 1999.
20) Matsumoto J, Urakawa S, Hori E, de Araujo MF, Sakuma Y, Ono T, Nishijo H : *J Neurosci*, **32** : 1672-1686, 2012.
21) Urakawa S, Mitsushima D, Shimozuru M, Sakuma Y, Kondo Y : An enriched rearing environment calms adult male rat sexual activity : implication for distinct serotonergic and hormonal responses to females. *PLoS One*, **9** : e87911, 2014.
22) 浦川　将, 飛田秀樹, 西野仁雄：基底核と情動行動―感覚-運動統合による情動の発動―. 特集 情動の脳科学, 神経研究の進歩, **50** : 68-76, 2006.
23) 西条寿夫, 堀　悦郎：Klüver-Bucy症候群, 脳の損傷と不安. *Clin Neurosci*, **17** : 778-782, 1999.
24) 西条寿夫, 小野武年：扁桃体と海馬体の機能連関. 臨床精神医学, **36** : 831-840, 2007.
25) 西条寿夫, 小野武年：辺縁系による行動制御. 医学のあゆみ, **212** : 967-974, 2005.
26) Phillips RG, LeDoux JE : Differential contribution of amygdala and hippocampus to cued and contextual fear conditioning. *Behav Neurosci*, **106** : 274-285, 1992.
27) Choi JS, Kim JJ : Amygdala regulates risk of predation in rats foraging in a dynamic fear environment. *Proc Natl Acad Sci USA*, **107** : 21773-21777, 2010.
28) Rea K, Roche M, Finn DP : Modulation of conditioned fear, fear-conditioned analgesia, and brain regional c-Fos expression following administration of muscimol into the rat basolateral amygdala. *J Pain*, **12** : 712-721, 2011.
29) Urakawa S, Takamoto K, Hori E, Sakai N, Ono T, Nishijo H : Rearing in enriched environment increases parvalbumin-positive small neurons in the amygdala and decreases anxiety-like behavior of male rats. *BMC Neurosci*, **14** : 13, 2013.
30) ジョナ・レーラー：一流のプロは「感情脳」で決断する（門脇陽子訳）, pp. 196-199, アスペクト, 2009.

# 3

# ブレインマシンインターフェイス

　運動がうまくなる夢のような装置が欲しいと思ったことがある人はいないだろうか．近年の脳科学の進展により，これまでは夢物語であった話が，がぜん，現実味を帯びてきている．これを可能にしつつあるのは，ブレインマシンインターフェイス（brain-machine-interface：BMI）と呼ばれる最新の技術である．

　日本国内に限らず世界中にはスポーツを愛好する人が数多く存在する．ご多分に漏れず，筆者らもその仲間である．スポーツを通して身体を動かすと，日常では経験できない爽快感や楽しさなどを体験できる．これは我々の脳にとっては大きな報酬となる．このため，いったんこの感覚を味わってしまった人はスポーツをなかなかやめることができない．ところが，ある特定のスポーツを愛好して継続していると，単なる爽快感や楽しさだけでは満足できなくなってくる．もっとうまくなりたいとか，競技でよい成績を収めたいなどという欲求がめきめきと頭をもたげてくるのだ．ここでいつも問題になるのは，頭（理論）ではどういう動作をすべきかを十分に理解していても，必ずしもその動作を適切に遂行できるとは限らないことである．ゴルフを例にあげると，どのようなスイングをすればボールが真っ直ぐ飛ぶかに関する正しい知識を持っていたとしても，必ずしも実際に真っ直ぐ飛ばせるとは限らない（図 3.1）．

　我々の脳は，運動の体験を通して，自らの運動指令とその結果生じる身体動作や外部環境の変化との関係性を学習し，この関数を内部モデルとして獲得する．ゴルフスイングの練習をすれば，当然脳はこの内部モデルを獲得する．実際にスイングをする場面では，脳はこの内部モデルに基づいて運動プログラムを生成し，これを発動することでスイングを実現する．したがって，身体の状態が理想的だと仮定すれば，理論的には，脳が，適切な内部モデルに基づいて適切な運動プログラムを発動すれば，理想的なスイングを実現できることになる．これが現実に

**図 3.1** 人間が常に理想的な運動をできるわけではない
　　　　ことを示したイメージ図
自分の脳状態をニューロフィードバック法により知り，
これを操作して理想的な脳状態へと近づけることで，恒
常的に理想的な運動パフォーマンスが示せるようになる
ことが期待できる．

はできない理由の一つに，脳内の神経活動には様々なノイズが混入しており，常に適切な運動プログラムが発動されるわけではないことがあげられる．では，脳が適切な運動プログラムを発動しているかを自分で知ることができたらどうだろうか？　これを知ることができれば，脳活動を自ら操作・制御して，自分の脳活動パターンを理想的な状態へと近づけることによって，理想的な身体運動を実現できるのではないだろうか？　従来までは，自分の脳活動を知るなどSFの世界の話であった．しかし，近年のBMI技術はこれを可能にしつつある．本章では，この近未来型技術が明らかにしている最新の知見を紹介する．

## 3.1　BMI技術

　BMIとは，その名の通り，脳と機械をつなぐ技術である．例えば，頭で考えただけで義手などの外部機器を操作するなどをイメージしてもらえればわかりやすい．このような運動出力型BMIを実現するためには，脳活動に表現される神経情報（信号）を精度よく抽出することが非常に大切である．上述したように，脳内の神経活動には様々なノイズが混入している．このため，脳内の信号を正しく抽出できなければ，外部機器は意図通りに正常には作動しない．ここで重要に

**図 3.2** デコーディング技術のイメージ図[1,2]
現状の脳科学は，人間が文字や映像を見ている際の脳活動をfMRIで計測し，視覚野の脳活動から，見ている文字や映像を再構成することを可能にしている．

なるのは，どういう方法で人間の脳活動を計測するかという計測技術と，計測された脳活動からどうやって信号を抽出するかという解析技術である．この解析技術にあたるものが脳情報復号化（デコーディング）技術である．脳内には，例えば，特定の運動の情報は特定の脳活動パターンとして表現されている．デコーディング技術では，この脳活動パターンを機械学習によって抽出・分類することで，人間がどのような情報処理を行っているかを推定することができる．現在，この技術の進展は目覚ましく，脳活動から運動の意図を推定したり，何を見ているかを推定してその視覚像を再構成することも可能になっている（図3.2）[1,2]．特筆すべきは，近年のコンピュータ性能の飛躍的な向上により，このような複雑な解析がオンラインで実現可能になっていることである．この恩恵により，自分がある課題を行っている最中の脳活動をオンラインで体験することが可能になった．これはニューロフィードバックと呼ばれる技術であり，自分の脳活動をオンラインで被験者にフィードバック（可視化）し，この自己制御を可能にする夢のような現実の技術である．このようにBMIを実現するために必要となる多くの技術要素は，脳科学に新たな研究手法を提供するばかりではなく，これまでは不可能であった新しいタイプの中枢神経系のトレーニングを可能にしている．

**a. 脳活動の計測法**

BMIでは，計測した脳活動から高い精度で信号を抽出することが重要である．そのためには，高い空間・時間分解能で精度よく脳活動を計測することが求められる．

脳活動を計測する方法は，侵襲的計測法と，脳を全く傷つけない非侵襲的計測法の二つに大別できる．侵襲的方法は剣山型の多チャンネル針電極などを脳に差し込み神経活動を記録する方法であり，主に動物実験に用いられている．この方法には，神経細胞の活動を一つひとつ記録する方法や複数の神経活動を一度に記録する方法などがあり，高い空間・時間分解能での計測が可能である．また近年では，より多くの神経細胞の活動を同時に計測するために，小型の多チャンネル電極が開発されている．さらに，信号を無線で送信する技術や，できるだけ脳を傷つけずに長期間安定して記録するための電極の素材の開発も進んでいる．

このような侵襲的計測は，特別の場合を除いては，ヒトでは不可能である．そこで，ヒトに対しては非侵襲的計測法が用いられる．非侵襲的脳活動計測法には，脳波（electroencephalography：EEG），脳磁図（magnetoencephalography：MEG）や機能的磁気共鳴画像法（functional magnetic resonance imaging：fMRI），近赤外分光脳計測法（near infrared spectroscopy：NIRS）などがある．大まかにいうと，前者二つは脳内の電気的神経活動に由来する信号を計測しており，後者二つは電気的神経活動に必要な脳血流を計測している．非侵襲脳活動計測法では，脳を傷つけないかわりに，それぞれの方法に特有の利点や限界が存在する．例えば，脳波は，頭皮表面から神経の電気的活動を記録するため，伝導効率の高い脳脊髄液や伝導効率の低い頭蓋骨を通る影響によって，信号が脳のどの領域から発生しているのかを特定することが難しい．つまり，脳波の場合，空間分解能が低くなってしまう．一方で，脳波は，ミリ秒単位で神経活動の変化を計測できることから，高い時間分解能を有するという利点を持つ．このような脳波の欠点を補うために，近年，近赤外分光脳計測法との同時計測を行い，脳波の低い空間分解能をこれで補うなどの工夫も試みられている．fMRIは，電気的神経活動を直接測定しているのではなく，神経活動が生じたことに対応して変化する脳血流の酸素化度合を計測している．脳血流は神経活動が生じてから数秒の時間遅れをもって応答するため，時間分解能はやや劣る．また，fMRIは，MRI装置の中で頭を固定するため，計測中に大きく体を動かせないという制約もある．し

かし，fMRI は高い空間分解能を有し，脳のどの領域が活動しているかを調べるには優れた方法といえる．

BMI の利便性や実用性は，どのように脳活動を記録し，いかにうまく情報を読み取れるかに依存する．それぞれの脳活動計測法には様々な特徴があるため，目的に合わせた手法の選択や複数の手法の組み合せが重要である．

### b. 動物における BMI 研究

アメリカのミゲル・ニコレリス（Miguel A. Nicolelis）らは，動物実験などを通して精力的に BMI 研究を行っている．例えば，サルを用いた研究では，脳内に埋め込まれた電極から神経活動を記録し，記録された神経活動の量に応じてロボットアームが動くシステムを構築している．サルは，当初，自身の神経活動量とロボットアームの動作との関係性を知らない．このため，初めは思い通りにロボットアームを動かすことはできない．しかし，徐々に訓練を繰り返すことで両者の関係性を学習し，最終的にはロボットアームを使ってエサを掴み，それを食べることができるようになる．これは，サルの脳がロボットアームという新規の身体環境に適応し，身体の一部としてロボットアームを操作できるようになったことを示す．

さらに最近では，2 匹のラットの脳と脳とをつなぐ，brain-to-brain interface（BTBI）技術を発表している[3]．これは，2 匹のラットの脳から脳へ直接情報を伝えようとする技術である．この研究では，事前に別々の部屋に入れられた 2 匹のラットが，それぞれ左右二つのどちらかのレバーを押すという選択課題を訓練した．ラットは正解のレバーを押すとエサがもらえることを学習する．学習が完了した後，1 匹のラット A の第一次運動野の活動から，レバー押し課題の成功に関する情報（例えば，左を押すとエサがもらえる）を読み取る．この神経発火を微小電極の刺激強度に変換して，もう 1 匹のラット B の脳へ，電極を通じて情報を送る．このとき，ラット B は，どちらが正解かという手がかりを全く与えられていない．にもかかわらず，ラット A から成功に関する脳活動を直接脳に伝達されるラット B は，高い確率で正解を選ぶことができるという．つまり，これは，2 匹のラットの脳から脳へ，レバー押し課題の成功に関する情報を伝達できたことを意味する．この研究は，脳から脳へと直接情報を伝達する技術の基礎研究に位置づけられる．もし将来，非侵襲的な方法によって，ヒトでもこのよ

うな技術が開発されれば，これは新しいコミュニケーションツールとなるばかりでなく，あるスポーツのエキスパートから運動プログラムを直接脳にコピーするなどの技術も可能になるかもしれない．

わが国においても，サルを用いた BMI 研究が進んでいる．例えば，最近，脊髄損傷によって途絶えてしまった経路を人工的にバイパスする人工神経接続技術が開発された[4]．脊髄損傷の場合，大脳皮質と脊髄をつなぐ経路は途絶えてしまっているが，脊髄に運動指令を送る大脳皮質の機能と脊髄に存在する神経細胞の機能は残存している．したがって，大脳皮質と脊髄の神経細胞を人工的にバイパスすれば，大脳皮質の運動指令を脊髄・筋へと伝達できるはずである．そこで，大脳皮質の記録電極より運動指令の情報を読み取り，これに対応した電気刺激を脊髄に与えるという技術を開発した．このような人工的なバイパスを使って，サルがトレーニングを重ねると，脊髄損傷により障害されていた腕を用いてレバー押しを行うことができるようになるという．

ここで紹介したような，BMI 技術に伴う動物の行動変容の背景には，脳のシナプス可塑性が大いに関係している．脳は，運動制御に関連した神経回路のシナプス結合強度をダイナミックに変えることで，新しい身体環境に適応する．

#### c. ヒトにおける BMI 研究

不幸にして，事故や病気などで身体が不自由になってしまった場合には，残存する機能を代行させたり，失った機能を回復させようとするリハビリテーションを行う．しかし，リハビリテーションでは回復が望めない事例も存在するのが現状である．このとき役に立つ可能性を秘めているのが BMI 技術である．大阪大学医学部のグループでは，低侵襲で比較的高精度に脳活動を記録できる皮質脳波（electrocorticography：ECoG）を用いることで，より実用的な BMI 技術の開発を目指している．この皮質脳波は，大脳皮質表面に電極を留置するため開頭手術を行う必要があるが，通常の脳波と比べて非常に高空間分解能で脳活動を記録できる利点がある．人間が運動を行おうとしてこれを準備すると，運動開始の約 1～1.5 秒前から，運動準備に関連した脳電位を記録できる．このことを利用して，患者さんが意図した運動に対応して，ロボットアームのような代替運動効果器を制御しようと試みている．前述したとおり，ここで重要になるのは，患者さんの意図した運動内容を正しく判別することである．近年，このグループは，皮質脳

波を用いて，運動開始前に生じる運動準備電位を解析することで，人間がどのような運動を意図しているかを判別することに成功している[5]．患者さんが，拇指屈曲，把握，肘屈曲などの手や腕の運動を行おうとしている時に，第一次運動野や第一次体性感覚野付近に留置された電極から皮質脳波を計測する．この皮質脳波波形のパターンを前述のデコーディング技術を用いて解析すると，運動開始700ミリ秒前の時点の運動準備活動から次にどの運動を行うかを80〜90％の高い確率で予測することができるという．このような研究は，てんかんの発生源を探す目的で開頭された患者さんの協力のもと初めて可能になる大変貴重な研究であり，このような研究の積み重ねがBMI技術の実用化につながる．将来的には，非侵襲脳活動計測により，このような技術を実現するべく，研究者は日々様々な取り組みを行っている．

## 3.2 ニューロフィードバック

人間がある課題を行っている最中の脳活動をオンラインでフィードバック（可視化）し，この自己制御を可能にするニューロフィードバック法は，人間の運動制御や学習機能をトレーニングする新たな枠組みを提供するだけでなく，広く人間の知覚，認知，情動などの多様な脳機能のトレーニングを可能にしつつある（図3.3）．現在行われている最もシンプルなニューロフィードバック法は，ある課題

**図3.3　ニューロフィードバック法のイメージ図**
ある課題を遂行している最中の脳活動を測定し，特定の脳領域の活動をオンラインで被験者に視覚的にフィードバックする．被験者は，この課題を行いながら，フィードバックされた脳活動をさらに高く（低く）しようと試行錯誤する．このようなトレーニングを行うことで，課題遂行に関連する脳活動を自ら操作することを学習する．

を遂行している最中の脳活動を fMRI などで測定し，特定の脳領域の活動をオンラインで被験者に視覚的にフィードバックするというものである．被験者は，この課題を行いながら，フィードバックされた脳活動をさらに高く（低く）しようと試行錯誤する．このようなトレーニングを行うことで，課題遂行に関連する脳活動を自ら操作することを学習する．そして，人間の運動機能や知覚，認知，情動機能を改善することができる．そこで，ここでは，ニューロフィードバックに関する近年の取り組みを紹介する．

### a. 運動機能のトレーニング

　第一次運動野はヒト，サルを問わず運動実行の中枢であり，例えば，手の運動の制御には第一次運動野手領域の細胞の活動が大きく関与する．では，手の運動中に運動野の活動を増強させようとすると，一体どういうことが起こるのだろうか？　この研究は，アメリカのマーク・ハレット（Mark Hallett）らのグループで行われた．この研究では，fMRI を用いて，被験者が指タッピング運動を行っている際の脳活動を計測した．この運動中の第一次運動野の活動量を被験者に視覚的にフィードバックし，被験者は，この運動を行いながら，運動野の活動を高めるように努力した．このようなトレーニングを行うと，運動野に限らず，高次の身体関連領野である右半球の前頭-頭頂ネットワークなどの活動も合わせて増大する．さらに，このトレーニングの後に，脳領域間の機能結合の強さを評価すると，第一次運動野は，大脳基底核などとの機能結合を増大させていることが明らかになった[6]．この事実は，このトレーニングを通して，これらの2領域が密に連携を取り合うようになったことを意味する．そもそも，第一次運動野と大脳基底核は強い解剖学的および機能的な結合を有し，この運動回路は，運動技能の制御や学習において非常に重要であることがわかっている[7]．例えば，我々は，よく訓練された運動技能であっても，特にスムーズにできる時があることをしばしば経験する．このように，スムーズな運動技能が実現できる背景には，第一次運動野と大脳基底核の機能結合の上昇が関与している可能性が高い．実際，手に経皮的電気刺激を与えて，人工的にスムーズな運動ができるような操作をすると，運動のスムーズ化に伴い，第一次運動野と大脳基底核の機能結合が上昇することが確認されている[8]．ハレットらの研究では，直接運動技能の向上は評価されていない．しかし，第一次運動野の脳活動を自ら増強しようと操作して，これと大

脳基底核の機能結合が上昇するという事実は，運動技能のスムーズ化のような運動行動の改善にもつながっている可能性を示唆している．

同様に，第一次運動野を主な対象にして，ニューロフィードバックトレーニングをリハビリテーションに応用する試みも行われている[9]．第一次運動野付近の脳波を観察すると，ある特定の周波数帯（muリズム，8～13 Hz）の活動が運動に関連して減少する．これは，事象関連脱同期と言われる現象で，運動を実際に行わなくとも，運動を心的にイメージするだけでも見られる現象である．このことをうまく利用したリハビリテーションが行われている．脳卒中により片麻痺が生じてしまった患者さんを対象に脳波を計測する．患者さんには麻痺した指を伸ばすイメージをしてもらうように教示する．この時，事象関連脱同期の度合いをほぼリアルタイムで解析し，この度合いが強ければ指の運動を明瞭にイメージ（意図）していると判定する．これに合わせて，この麻痺した指を，受動的に機械で動かすというトレーニングである．運動機能回復リハビリテーションでは，患者さんの随意的な運動制御をいかに引き出すかが成功のカギを握る．さらに，運動意図や運動指令とこれに伴う感覚フィードバックの連合は運動学習を促進するための鉄則である．この意味で，指は実際には随意的に動かせなくとも，心的イメージにより運動意図や指令を発動しようと努力し，これに連合して感覚フィードバックを返すという戦略は有効な方略である．このようなトレーニングは，実際にリハビリテーションの現場で活用され，一定の成果を上げている．

運動のイメージトレーニングは，リハビリテーションのみならず，スポーツ選手などの様々な運動習得場面で導入され，一定の効果が報告されている．これまでの研究より，あたかも自分で運動を行っているかのような一人称的な運動イメージをすると，補足運動野，背側運動前野，第一次運動野吻側部の一部，背側前頭前野，頭頂連合野，小脳などの運動関連領域が活動することがわかっている．これらの脳領域は，実際に運動を行う場合にも活動する領域である．つまり，運動をイメージすることで，実際の運動制御に関与する運動中枢のトレーニングが可能となり，これが運動制御に恩恵をもたらすと考えられている．しかしながら，イメージトレーニングの効果は，どれだけ鮮明にイメージを描けるかというイメージ能力に依存する．したがって，必ずしも万人に有効ではないことも事実である．では，運動イメージ中の補足運動野などの脳活動をフィードバックして，この活動度合いを自ら確認・制御しながらトレーニングをすれば，イメージト

レーニングの効果をあげることができるのだろうか？ Subramanianら[10]は，パーキンソン病の患者さんで，イメージトレーニングとニューロフィードバック法を組み合わせた新しい運動トレーニング法の効果を検証した．この研究では，患者さんが指のタッピング運動のイメージをしている最中の脳活動を fMRI で計測し，補足運動野の脳活動を患者さんに視覚的にフィードバックした．患者さんは，この運動のイメージを行いながら，補足運動野の脳活動を高めるように努力する．このようなトレーニングを行うと，補足運動野だけでなく，中心前回，大脳基底核，島や小脳などの運動領野ネットワークの活動も上昇する．特筆すべきは，このトレーニングをすると，タッピング頻度が上昇するなど運動行動の改善が見られた点である．単に運動イメージを繰り返した対照群では運動の改善は見られなかった．つまり，イメージトレーニングとニューロフィードバック法を組み合わせると，イメージトレーニングの効果を増大できることが示された．このような方法を用いることで，イメージが得意でない人でもイメージトレーニングを有効にできるかもしれない（図3.4）．

**図3.4　ニューロフィードバックを用いた新しいイメージトレーニング法のイメージ図**
運動を心的にイメージしている最中の脳活動を測定し，これをオンラインで被験者にフィードバックする．被験者は，イメージを行いながら，この活動を増大させようと努力する．このようなトレーニングを通して，より効果的なイメージトレーニングを実現する．

## b. 知覚，認知，情動機能のトレーニング

スポーツパフォーマンスの良し悪しは，非常に多くの要因によって左右されうる．例えば，知覚である．多くの球技スポーツでは，正確にボールの動きを知覚できる能力はパフォーマンスを大きく左右する．打率の良いバッターが，「調子の良い時にはボールが止まって見える」などの内観を報告することがある．このように，視知覚の良し悪しは球技のパフォーマンスを大きく左右する．ニューロフィードバックトレーニングはこのような視知覚の機能向上にも大いに役立つ．例えば，柴田らは，健常被験者の視覚野の活動を fMRI で計測し，この活動パターンをフィードバックする実験を行った[11]．このとき，被験者にはどのような情報がフィードバックされているかが全く知らされていない．しかし，被験者は，実験者により意図されたある特定の脳活動パターンに一致するように，様々な心的状態を模索して試行錯誤する．じつは，このトレーニングは，ある特定の視覚パターンをよく検出できるためのものであるが，実際にトレーニングの後にこのパターンの検出能力を評価すると，この能力が向上していた．一般的には，視覚に代表される感覚知覚処理は非常に受動的な脳の神経プロセスと考えられがちであるが，実際は違う．もっと能動的なものであり，しかも学習が可能な神経プロセスである．この研究は，スポーツで非常に重要な役割を果たす視知覚機能も，ニューロフィードバックトレーニングにより改善できることを示している．

さて，冒頭で，脳内の神経活動には様々なノイズが混入しており，常に適切な運動プログラムが発動されるわけではないことを紹介した．このノイズの原因はいったい何なのだろうか？　ノイズの原因には様々な候補が考えうるが，脳の運動制御系以外の部位からの不必要な信号入力の存在をあげることができるだろう．覚えている読者も多いことであろうが，1994 年のサッカーワールドカップ決勝戦でイタリア代表のロベルト・バッジョ選手は PK 戦でゴールを大きく外し，優勝を逃した．いうまでもなく，バッジョ選手は，当時大きな世界大会を多数経験したイタリアサッカー界の至宝と呼ばれた選手で，緊張を強いられる PK 戦などは百戦錬磨の名選手であった．このような優秀な選手でも，大観衆の中で，試合の大事な局面で経験するプレッシャーには打ち勝つことができなかった．このように，特に競技スポーツの場面では，選手の情動状態がパフォーマンスに大きく影響を与える．このような情動の自己制御もニューロフィードバックトレーニングによって可能になりつつある．現在，デコーディング技術により，fMRI で

計測された脳活動から，オンラインで被験者の幸福感，嫌悪感，悲しみなどの情動状態を判別できるようになってきている．このような背景を踏まえて，Ruizらは，人間の情動（特に嫌悪感）に深く関与する前島皮質の活動を被験者にフィードバックして，被験者がこの活動を随意的に制御できるかを検証した[12]．前島皮質は，顔刺激などを提示した場合に起こりうる嫌悪感という情動の喚起に関与する．このような嫌悪感を喚起する顔刺激を提示しながら，その時の前島皮質の活動を自ら制御することによって，この情動体験も自ら操作できるようになるという．

　たとえ明示的なプレッシャーがない状況でも，人は常に同じ動作を繰り返し行えるとは限らない．運動のパフォーマンスは常に変動する．例えば，ダーツの熟練者であっても，常に的の中心（bull）に当てることはできず，矢が当たる場所は毎回ばらつく．最近，筆者らは，脳活動と運動パフォーマンスの良し悪しとの関連を調べた[13]．この研究では，被験者は実験に先立って系列指タッピング運動をよく練習し，何度この運動を繰り返しても，もはや実質的なパフォーマンス改善が見られないまで練習を行った．しかしながら，このように学習が完了した後であっても，被験者のタッピング運動を細かく分析すると，そのパフォーマンスは試行ごとにばらついていることがわかった．さらに，このタッピング運動中の脳活動をfMRIで計測すると，運動パフォーマンスが悪い時には，背外側前頭前野や頭頂連合野などの活動が高くなっていることを見いだした．この事実は，これらの脳領域が過剰に活動していることが運動パフォーマンスの悪化に関係していることを強く示唆した．そこで，脳活動と行動の変化との因果関係を調べるために，経頭蓋直流電気刺激法によって人工的に背外側前頭前野の活動を高める神経修飾を行った．この方法は，頭皮上から1〜2mAの微弱な直流電気刺激を大脳皮質に与えることによって，主に電極直下の皮質に存在する細胞の膜電位を操作するという手法である．このような刺激を，第一次運動野に与えながら運動技能学習を行うと，学習の速度を速めることができる．この方法を使って，背外側前頭前野の活動を高めると，確かにタッピングのパフォーマンスが悪化した．つまり，背外側前頭前野の過活動は，よく訓練された運動パフォーマンスにとっては不必要な要素であり，安定したスムーズなパフォーマンスの発揮を阻害する要因であることがわかった．したがって，この背外側前頭前野の過活動は神経ノイズ発生の一要因であり，俗に言われる"邪念が運動を邪魔する"の"邪念"の神

経実態である可能性が高い．

　さて，今まで紹介してきたような，脳活動量をそのまま被験者にフィードバックするタイプのニューロフィードバックでは，前頭前野の影響を強く受ける脳領域が操作しやすいという見方があるようである．前述の島などはこの代表的な脳領域と言える．脳の前頭内側面に位置する前帯状回皮質もこのような脳領域である．この脳部位は，ありとあらゆる課題の遂行に関与する．人間が，外界や身体の状態をモニターするなど，自分に起きてくる様々な事象の持続的モニタリングに関与し，人間の多彩な認知機能を支える中枢とも言える．さらに，この脳部位は，身体的および心的痛みの強度に関連して活動を増大させることも知られている．そこで，デチャームスらは，慢性疼痛患者に対して前帯状回の活動をフィードバックし，この脳活動を自ら抑えるようにトレーニングを行った[14]．このようなトレーニングを行うと自分で痛みを軽減させることができるようになるという．注目すべきは，統制として行った自律神経系の心拍数などをバイオフィードバックした条件よりも，有意に効果が高かったことである．この研究は，痛みのような，情動とも密接に関係する複雑な神経機序を持つ脳内体験もニューロフィードバックによって自己制御できることを示している．

## 3.3　BMI技術のスポーツ現場における将来展望

　これまでのスポーツ科学研究は，筋肥大のメカニズムの解明や有酸素能力を高める低酸素トレーニングの開発などに関する科学的知見を提供してきた．しかし，紹介してきたように，トレーニングを積んだスポーツ選手であったとしても，身につけた運動技能を常に最高の状態で発揮できるとは限らない．パフォーマンスは，常に脳の運動制御系や知覚，認知，情動などの状態に大きく影響を受ける．もし私たちが「高いパフォーマンスを発揮できる脳の状態」を知ることができれば，現状の脳状態をこの理想的な脳状態へと近づけるトレーニングが可能となる．つまり，ニューロフィードバックなどの最新の技術を導入して，脳中枢神経系のコンディショニングをすることで，恒常的にベストパフォーマンスを発揮できるような新しいトレーニング法が実現できるかもしれない．

　脳科学の現状は，運動発現に先行する運動準備期間の脳活動から，その後どのような運動が発現するかの判別を可能にしつつある．また，単純な選択課題を遂行する前の脳活動をみることで，その後人間がエラーを起こすかどうかも予測可

能になっている[15]．このような背景やこれまで紹介してきたような最新の知見に基づくと，将来的には，ミスの発生を事前に予測してこれを防ぐトレーニングや自己のベストパフォーマンスを阻害する脳内の過剰活動を抑制するトレーニングなどが大いに期待できる．さらに，プレッシャーなどにより引き起こされる情動の自己制御や知覚・認知能力の向上などにも十分期待が持てるだろう．

## おわりに

　身体運動を継続的に行うことは，健康の維持増進に有効であり，これは，生活の質の向上や医療費の削減にも大きく貢献する．実際，運動嫌いの人は，運動好きな人に比べて，体重や体型をコントロールすることが困難であり，健康に関する様々なリスクを抱えていることが指摘されている[16]．このリスクを回避するためには，スポーツを通して身体運動の楽しさや爽快感を体験し，運動習慣を身につけることが最善の方法だろう．スポーツを楽しむためには，身体を思い通りに動かせることが大切である．脳が身体運動を制御し，これを学習するという事実を考慮すると，筋力向上などの身体機能の強化に限らず，脳中枢神経系のトレーニングも必要不可欠となる．本章で紹介したBMI技術は，脳の仕組みを知るための基礎研究のツールであるばかりではなく，スポーツ選手や広く一般の人の脳機能を改善するために大きく貢献するだろう．さらに，この技術は，人間の身体

**図 3.5** BMIの応用可能性のイメージ図
頭で考えただけで思い通りに動かせる車イスの開発も行われている．

機能を拡張し，例えば，宇宙など遠隔地でのロボット操作なども可能にする潜在性を秘めている．また，本文で紹介したようにリハビリテーションで身体機能を改善する手法としても大いに期待できる．このような手法の開発は，いまだ黎明期にあるといえる．しかし，その応用可能性が大いに期待され，考えただけで思い通りに動く車いすの開発など，現在盛んに研究開発が行われている（図3.5）.

[水口暢章・川人光男・内藤栄一]

## 文　献

1) Miyawaki Y et al：*Neuron*, **10**：915-929, 2008.
2) Nishimoto S et al：*Curr Biol*, **21**：1641-1646, 2011.
3) Pais-Vieira M et al：*Sci Rep*, **3**：1319, 2013.
4) Nishimura Y et al：*Front Neural Circuits*, **11**：57, 2013.
5) Yanagisawa T et al：*Neuro Image*, **45**：1099-1106, 2009.
6) Berman BD et al：*Neuro Image*, **59**：917-925, 2012.
7) Doyon J, Benali H：*Curr Opin Neurobiol*, **15**：161-167, 2005.
8) Uehara S et al：*JBBS*, **2**：343-356, 2012.
9) Sindo K et al：*J Rehabil Med*, **43**：951-957, 2011.
10) Subramanian L et al：*J Neurosci*, **31**：16309-16317, 2011.
11) Shibata K et al：*Science*, **334**：1413-1415, 2011.
12) Ruiz S et al：*Hum Brain Mapp*, **34**：200-212, 2013.
13) 水口暢章ほか：第21回日本運動生理学会大会，シンポジウム4電気生理を基礎とした運動制御研究の進展，2013.
14) deCharms RC et al：*Proc Natl Acad Sci USA*, **102**：18626-18631, 2005.
15) Eichele T et al：*Proc Natl Acad Sci USA*, **105**：6173-6178, 2008.
16) Blair SN, Brodney S：*Med Sci Sports Exerc*, **11**：Suppl, S646-662, 1999.

# II 編

## 運動を楽しく行う

# 4 運動遊びと情動

「勝って嬉しい花いちもんめ」「負けて悔しい花いちもんめ」
「あの子が欲しい」「あの子じゃわからん」
「この子が欲しい」「この子じゃわからん」
「相談しましょう」「そうしましょう」

　この歌は，子ども時代に誰もが歌ったことのある伝承遊び「花いちもんめ」の歌詞である．掛け合いの言葉を歌いながら遊びが続けば続くほど，その声は大きくなったり，小さくなったりして，遊ぶ子どもたちの感情表出を如実に表すものとなる．そして，「相談しましょう」「そうしましょう」の歌詞の後に誰が選ばれるのかは，遊ぶ子どもたちの最大の関心事となり，子どもたちのからだの動きはより一層大きくなり，「ハラハラ」「ドキドキ」の緊張感も高まる．
　本田[1]は，「勝って〜」は「買って〜」につながる「花いちもんめ」の遊びには，現実社会での「子の売買」（子買い）や，「男女の交渉」（歌垣）が潜むという．ゆえに，「あの子が欲しい」「この子が欲しい」というのは，人身売買や男女の関係などの緊張を強いる状況を意味するが，これらを子どもたちの遊びにしてきたことで，私たちは幼い頃から「選び選ばれる」という人の関係を体験してきたと説明している．
　ところが，近頃は「花いちもんめ」で遊ぶことを禁止している地域があると聞く．それは，「選び選ばれる」という仲間選びの行為がいじめにつながるという理由からである．たしかに，いつも「選ばれる」子どもとそうでない子どもの差には，そのような一面が懸念されることではあるが，こうした遊びには，もっと大きな効用があるに違いない．
　例えば，想像力を触発し，生活空間を広く豊かなものにする子どもの遊びの多

くは，からだを使った集団で遊ばれるものである．そして，遊びの中で経験する様々な動きや喜怒哀楽，「ドキドキ」，「ハラハラ」といった体験に伴う情動的興奮は，子どものこころとからだの成長を促す．競争，協同に加えて，多数で遊ぶゆえのケンカや仲直り，自己と他者の欲求に折り合いをつけること…，遊びの中での自由な感情表出は，自己の様々な情動のコントロールと同時に，他者の感情を学ぶ機会となる．このように考えると，人間としての基本的な情動は，遊びの中で獲得されることが多いのではないかと思えるのである．

## 4.1 運動遊びと肯定的情動

　遊びは，「遊びそのものを目的としており，いつ始めても，いつやめてもよい，自由で自発的な活動である」と定義されることが多い．子どもたちは面白さを求めて夢中で遊ぶ中で，そこでしか獲得することのできない達成感や喜びを得る．そして，夢中で遊ぶ中で得られた自信や効力感をもとに，さらに面白い遊びに夢中になっていく．

　運動遊びの場合，例えば滑り台からうまく滑り降りることができたり，スキップがうまくできたりといった機能（できること）の喜びを得られることに加えて，他者との競争や協同することでの遊びの楽しさや喜びを得る．そして，ここで得られる楽しさや喜びなどの感情表出は，子どもたちの笑い声や奇声を生むだけでなく，からだを弾ませたり，走り回ったりといった情動体験となる．雲梯につかまり，前進しようと試行錯誤を続けるうち，やがて左右の腕とからだをバランスよく動かしながら，スムーズに前進することができた子どもの顔には，達成感と自信に満ちた笑顔が広がる．また，鬼ごっこでキャーキャーと叫びながら走り回る子どもたちの間には，仲間と一緒に遊ぶ楽しさが連鎖する．谷本[2]は，「笑顔は子どもの高まった緊張や興奮を解放する一形態であり，笑いは身体から緊張を解き放ちリラックスさせ身体状態を好ましい状態に変えていくもので，また，好ましい状態にあることを表すことが，その状態を共有するようほかの子どもをさそう役割をはたす」こと，そして，「リラックスした状態は他者を信頼し，コミュニケーションをとる助けとなる」と述べている．このように，運動遊びに伴う肯定的な情動体験は，自己の情緒的安定を保持しつつ，他者とのつながりの芽を育てることで，さらに，こころとからだの体験を発展させていく手がかりになると言える．

上述のような日常的な運動遊びにおける情動体験に加えて，自然体験活動のような，からだを通した活動における情動体験についても報告されている．日下[3]は，子どもの自然体験活動を通した教育効果について述べており，以下にその主なものを記す．

○ 自然体験活動における困難を乗り越えた情動の体験は，子どもたちの身体の深い層に「がんばりチャンネル・モード」とも呼ぶべき行動様式を，いわゆる「引き出し」として練り込んだ．

○ 仲間とともに乗り越えた困難に伴い，喜怒哀楽を含めた様々な情動を共有したことで築かれた「他者」との間主観的な関係を通じて，子どもたちは「新しい身体アイデンティティ」を形成した．さらに，この情動の共有が，やがて集団的な「絆」を醸成した．

○ 子どもたちは，自然体験活動における情動体験を通して，思いやり，生活力，積極性，行動力，自信，がんばる力，協調性，たくましさ，集中力といった「人間的活力」を練り込んだ．

○ 絶えざる「ふりかえり」「観念化」が行われない限り，練り込まれたものは「忘れられる」．しかし「忘れる」ことは，それが消え去ることではなく，むしろ，潜在的に，意識下の「人間的活力」「生きる力」に作用している．

これらは，からだを通した活動で得られた深い情動体験は，そのまま子どもたちのこころとからだに「練り込まれ」，その後の発達（個性化）に影響することを示している．

## 4.2 伝承遊びに潜むチカラ

近頃，幼稚園や保育所で「鬼ごっこ」や「だるまさんがころんだ」，「花いちもんめ」などの伝承遊びを取り入れた保育実践の試みが増えている．それは，核家族化や少子化が進んだ現代においては，異なる年齢の子どもが集団となって遊ぶ機会が失われつつあるからである．集団遊びは，遊びのルールや年齢の異なる子どもの力量関係を理解するには絶好の機会であるとともに，他の遊びと同様に，喜怒哀楽や「ドキドキ」「ハラハラ」「ワクワク」の緊張感といった情動体験が伴う．藤田[4]は「かくれんぼ」を例に，伝承遊びにおいて体験される情動体験の意味について考察している．彼によれば，「かくれんぼ」の鬼は，他者が隠れ終えて目を開けた時，そこには知る人の誰もいない寂寥感や，自分独りだけが隔離された孤

独感を味わうこと，そして，このような気持ちを抱えつつ，隠れている者をあてもなく1人で捜し回らねばならないことをあげ，これらはいずれも現実の社会から外れた（外された）ときに感じる孤独の体験と重なるという．その一方で，鬼に見つかるまでの時間を1人で隠れ続けなければならないという意味では，隠れている者もまた，鬼と同様の孤独を体験する．しかも，繰り返しの遊びによって，子どもたちは鬼と隠れる者の両方の立場を体験することで，それぞれの感情体験を共有することとなる．このように，伝承遊びには将来的な経験の小さな模型（藤田は"経験の胎盤"と呼んでいる）があり，子どもたちはそれとは気づかない形，つまり遊びの中で現実社会において経験する一連の基本的経験に対する胎盤を形成すると述べている．また，森下[5]は，「"あの子がほしい～"と，選択されることの晴れがましさと恐ろしさを内包する」遊びである「花いちもんめ」を例に，「教育的価値による積極的な指導や大人の介入がないまま，それでもなお，子どもたちの身体を通して，特有のリズムと謎めいた言葉を用いて，これらの遊びが遊ばれ続けてきたことの意味は大きい」と述べている．長い時間をかけて，子どもたちのからだを通して選ばれ，受け継がれてきた遊びには，喜怒哀楽や笑い，寂しさ，厳しさ，優しさなどの様々な情動体験が刻まれている．そして，そのことが，遊びを重ねる子どもたちの体験知を育むと言える．

　伝承遊びのもう一つの効果は，繰り返し遊ぶことよる活動量の増加が期待できる点にある．例えば「鬼ごっこ」は，運動遊びの心拍数のデータにおいては1分あたり171.5±7.3拍（4～5歳児）と，同年齢のサッカーゲーム（155.4±20.4拍）に比べても，"かなりきつい"運動として位置づけられる（図4.1）[6]．同様に，「だ

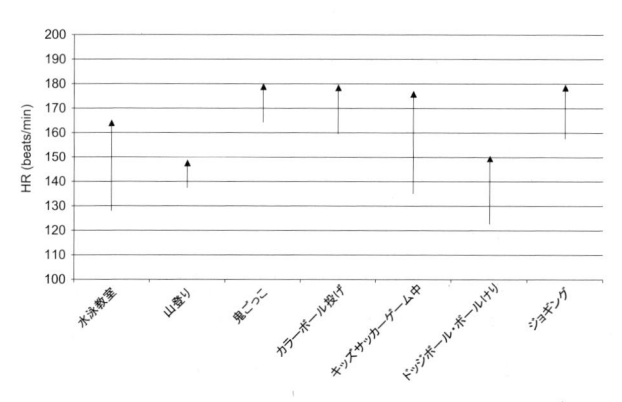

**図 4.1** 幼児の各種運動遊びおよびスポーツ中の心拍数[6]

るまさんがころんだ」は，心拍数と酸素摂取量に基づく分析から，身体トレーニングの要素を持った伝承遊びであると結論づける報告もある[7]．さらに，「花いちもんめ」は何度も繰り返し遊ぶことで，運動強度が担保される．

## 4.3 子どもの遊び調査より

これまで，からだを使った遊びと子どもたちの情動体験について述べてきたが，社会状況の変化により，「時間」「空間」「仲間」の"サンマ"がなくなってきたと言われる現代の子どもたちの遊びはどう変化しているのか．また，子どもの遊びが変化する一方で，子ども時代から続けた運動（遊び）を手がかりとして，どのようなからだとこころの育ちが見えるのか．ここでは，筆者らが行った調査を軸に述べる．

「睡眠時間10時間，朝8時半に幼稚園へ出かけ，15時の帰宅の後は，日によっては習い事に参加する．人気のある習い事ベスト3はスイミング，通信教材，体操で，英会話は人気急上昇中である．テレビ視聴は1日2時間程度，携帯ゲームの保有率は26.1%，テレビゲームでは25.2%」（幼児の生活アンケート報告書，2011）．これは，現代の典型的な5歳児の姿である．幼稚園の降園時には，「今日，遊ぼう！」ではなく，「今日，遊べる？」と尋ねる子どもがほとんどであるという．実際のところ，子どもたちの遊びはどうなっているのか．ここでは，関西地方都市のある小学校区に生まれ育った10代〜80代の遊び体験についての調査結果をもとに述べる．

調査対象者を，テレビゲームが普及した1980年代に子どもだった世代を分け，30歳代以下を「ゲーム世代」とし，40歳代以上との遊び内容と比較した．

まず，"子どもの頃によく行った遊び"として，40歳代以上では「おしくらまんじゅう」のような集団での身体接触の多い遊びや，「ゴム段（ゴム跳び）」のような，力試しの要素を持つ運動遊びが回答されたことから，この世代以上ではからだを使った屋外での集団遊びが日常の遊びの中に定着していたことが示唆された．一方で，30歳代以下の「ゲーム世代」では，屋外での「鬼ごっこ」や「かくれんぼ」といった集団遊びとともに，「ゲーム」遊びも回答されていた．つまり，この世代ではからだを使った屋外での集団遊びを行う一方で，からだを使わない屋内での少人数遊びも行うといった，子ども集団，あるいは遊び内容の二極化の状態が想像された．

回答内容から推察すると，屋内での遊びは，閉じられた広がりを持たない空間において，お互いに交わることなく個別に遊ぶ子どもたちのようすが浮かぶ．それに対して，屋外での集団遊びは，各個人が様々な場所へ隠れたり逃げたりすることで遊び空間が広がるものの，ルールに則り，集団としてのつながりはしっかりと持てているような遊びの姿が想像される．すると，「ゲーム世代」で，からだを使った遊びを行わない，つまり，からだを通したつながり体験が希薄な子どもたちが存在するのかもしれないと思われた．

次に，"子どもの頃の楽しかった遊び場"として，「ゲーム世代」では家の近所やショッピングセンター，公民館などの屋内スペースを，40歳代以上では公園や寺社，川やため池，里山などを回答していた．また，実際の遊び場を地図で確認してみると，世代が上がるにつれて遊び場が校区内から校区外へと広がっていた（図4.2）．このことからは，「遊ぶ時間」の少ない「ゲーム世代」の子どもたちにとって，川やため池，里山などでの遊びは，休日や長期休暇中の特別なものに変化していることが推察された．

では，子どもたちの育ちにとって，このような遊びの変化をどのように考えればよいのか．例えば，川での魚とり遊びの場合，まず川へ入り，水温を感じつつ，

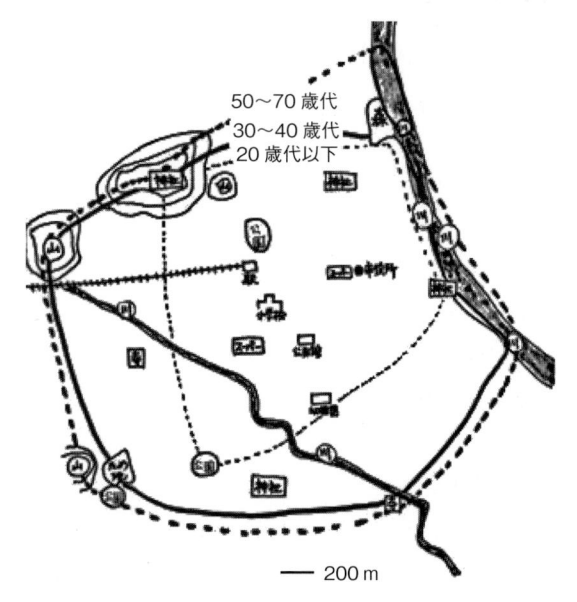

図 4.2 子ども時代の遊び場

水の流れを読む．そして川底のようすを目と足で確かめる．それから，いよいよ魚をとるための方略（どこで獲れるのか，どのように獲るのか，1人で獲るのか，など）を考える．しかも，これを時々刻々と変化する川のようすを見ながら考えて実行しない限り"成功報酬"は得られない．このように，からだを使った遊びは，五感をフルに活用することが求められる．一方で，テレビゲームにおける魚とりでは，画面の設定など視覚的には異なるものの，毎回ほぼ同じことの繰り返しであり，やり直し（リセット）もきく．そこには，子どもたちをワクワクさせる「スピード」や「スリル」「スキル」はあるものの，五感をフル稼働させる機会はない．

それでも，20歳代以下では道路（路地）での遊び経験も比較的多く回答された．このスペースは，家族の目が届く家の周りの道路のことである．つまり，家族に呼ばれたら，すぐに帰れる場所である．すると，ここでの遊びは子どもの遊び時間の延長につながっていると言えるのではないか．さらに，そこでの遊びは近隣に住む異年齢の子どもたちとの遊びであることも想像に難くない．

これらの調査から，現代の子どもたちにとって，川やため池・里山などでの遊びは，もはや非日常的なものとなってしまったことと同時に，近所の道路やショッピングセンターなど，日常的な空間で，塾や習い事の合間のわずかな時間を使って懸命に遊ぶ子どもたちがいるようすも想像できた．時代は変わっても，子どもの遊びは延々とつながっていくと言える．

### 4.4 原体験とスポーツ

これまで述べてきたように，子どもの遊び空間の変化は，同時に川やため池・里山といった自然環境での遊びを少なくさせている．自然の中で遊ぶことは，土の感触や水の冷たさ，あるいは草花の匂いといった原始的な体験を伴うものである．このような経験は「原体験」と呼ばれ，「生物やその他の自然物，あるいはそれらによって醸成される自然現象を触覚・嗅覚・味覚の基本感覚を伴う視覚・聴覚の五官（感）で知覚したもので，その後の事物事象の認識に影響を及ぼす体験」と定義されている．山田[8]は，自然体験の希薄さが幼児期の「感じるこころ」の脆弱さにつながることを危惧し，子ども時代の原体験の重要性を指摘する．

ここでは，幼少期から身体活動が豊富であったであろうアスリートが語る子ども時代の体験，特に遊びや運動に関連したエピソードに注目してみる．輝かしい競技成績を持つアスリートのインタビューや回想録等には，スポーツに専心し始

めた頃の鮮烈な体験が数多く語られている.それらは,初めてスポーツに親しみ楽しんだポジティブな体験だけでなく,勝負に負けたり,思うようにプレイできないことによるネガティブな体験をも合わせ持つものである.これらのことから,いわゆる"大人になった"現在において,競争性や親和性をはじめとした,彼らのスポーツ活動全体に対する意欲や価値,またライフスタイル全体におけるスポーツ活動の位置づけなどには,子ども時代の鮮烈なスポーツ経験が深く関連していると考えられる.そこで,子ども時代のこのような体験が,後年の競技性の高いスポーツ活動との間にどのようなつながりが認められるのかを検討するために,筆者らは「スポーツ原体験」(proto-experience in sport) に注目した.これは,呉[9]の原風景研究を参考に,「スポーツ参加に関連するすべての事象を含み,幼少期における最も印象的で,かつ重要な意味合いを持つと個人が判断する経験」[10]と定義したものである.

これまで,アスリートの競技行動や一般の人たちの運動行動の理解や予測は,例えば,達成動機,有能感,効力感等の仮説構成体に基づいた個人差により説明されてきている[11].しかしながら,それらは,個別事象を対象として"具体的な経験を直接掘り起こす"という調査スタイルではなかった.筆者らは,競技ならびに運動行動の理解や予測には,個々人の体験事象のもつ意味を大切に扱うことが重要ではないかと考え,「スポーツ原体験」を手がかりとして,その特徴や子ども時代の経験と現在の競技への専心性とのつながりについて予備的に検討を行った.そして,子ども時代の印象深い思い出と,その後の競技活動との間の意味あるつながりを認めてきた[12,13].ここでは,さらに,子ども時代のスポーツ経験がその後のスポーツ活動にどのようなつながり,あるいは意味づけがなされるのかを,異なる競技レベル間で検討した結果をもとに述べる.

まず,対象者である大学生アスリートすべてにおいて,スポーツ原体験の時期は,就学前から小学校年代であった.また,スポーツ原体験では,「マラソン大会」「野球の試合」「水泳教室」「キャッチボール」「ドッジボール」など,対象者の多くが組織化されたスポーツ種目に言及していたが,例えば,ボールを用いた運動遊びなどを球技種目,あるいは鉄棒,雲梯などの力試しの運動遊びを器械体操種目などとして大まかに括ると,現在行っている競技種目とスポーツ原体験におけるスポーツ種目とがほぼ一致(おおむね80%)していた.このような重なりは,スポーツ原体験を過去の体験として位置づけながらも,それらは現在から過去に

遡って語られたものであり，そこには現時点でのスポーツ活動の影響が考えられた．一方で，この重なりは現時点でのスポーツ活動との連続性を明確に意識していない者にとっても，スポーツ原体験が現在のスポーツ活動の内的な支えとなっていることが考えられた．

次に，記述されたスポーツ原体験を，評価観点にしたがって，「事実説明」「体験回想」「行為記述」「評価意味づけ」「説明演説」の五つのタイプに分類した（表4.1）．

まず，スポーツ原体験を始点とした現在までの体験の連続性が記述されている「体験回想タイプ」「評価意味づけタイプ」の内容には，例えば「…最初にあんなに情けなく負けて，悔しい思いをしたから強くなろうと思い，今まで続けてこられた」や「小4の野球の試合で初めてヒットを打った快感…」といったような，悔しさや嬉しさといった情動体験が伴っていた．さらに，「評価意味づけタイプ」の記述においては，例えば「自分よりも背の低い子に抜かれたことがものすごく悔しかった．"何で，何で，何で！"と思った（中略）自分の競技人生の中では，いつもこの"悔しい"という気持ちが，技術力や精神力を向上させてくれた原動力になっていると思う」というように，それまでに味わったことのない印象深い情動体験が，その後の競技活動の支えとして意味づけられていた．

次に，対象者を都道府県大会出場レベルの者を低競技レベル群（以下，低競技群：83名），全国地区大会以上の出場レベルの者を高競技レベル群（以下，高競技群：68名）に分類し，競技レベルでの比較を行ったところ，両群間にはいくつかの差異が認められた．

まず，両群ともに「説明演説タイプ」の分類度数が低かった．「説明演説タイプ」には，「幼稚園から小学校2年くらいのころ，近所の年上の子たちに負けまいと必死になって運動した．そのことがこれまでの運動経験の基礎になっている」という記述にみられるように，スポーツ原体験を始点とした個々の体験の連続性が認められたものの，さらに同事例は「あるとき，ちょっと他の試合を見ようとしたとき，コーチにボールを投げられ怒られた．それが原因でコーチが嫌いになりサッカーをやめた．他の人が大勢いる前であんなふうに怒られた．もっと違う怒り方があったのではないか」と続くように，個人的な評価や意味づけにとらわれた特徴を持つ記述が分類対象となる．このタイプの記述では，過去の体験を語り，それを評価しつつ現在の自身の考えを展開しているが，その評価や考えは当時の

## 4.4 原体験とスポーツ

**表 4.1** スポーツ原体験の各タイプの定義と記述特徴および記述例

| スポーツ原体験のタイプと定義 | 記述特徴 | 記述例 |
|---|---|---|
| 事実説明タイプ：過去の一場面の想起にとどまり，過去から現在までの体験のつながりが希薄である． | 場所や出来事など，事実としての情報を伝えるために記述する．感情や評価が入っていない．「〜だった」といった単純過去形を多用する． | ・小1の時，県のマラソン大会で24番だった．それが陸上をするきっかけになった．そのあと，小6の市内の大会で優勝した．<br>・小学生の時，お父さんと陸上の練習をして大会に出たこと．小1の時，お兄ちゃんがやっているバレーボールを見て，自分も始めたこと． |
| 体験回想タイプ：現在の評価や意味づけは弱いものの，過去から現在までの体験の連続性がみられる． | 場所や出来事など，事実としての情報を伝えるために説明しながら，当時の自分自身が見て感じたことを回想しているように記述する．文の最後は過去形になるが，文中は「なる，ある，する」のような表現が多い． | ・幼稚園の頃，自分はあまり意欲的ではなかったが，親が熱心にスキーに連れて行ってくれて，文句を言いながらも練習を続けたこと．それ以来，スポーツに苦手意識を持つことが少ない．<br>・小4の野球の試合で初めてヒットを打った快感．そのあと高校でも大事な試合で2塁打を打てたのは，この時のヒットを打つ快感を味わったから．野球を続ける原動力になった． |
| 行為記述タイプ：過去の強烈な体験を持ちながら，それが現在においてその意味づけがいまだなされていない． | 事実として行ったことの説明であるが，今ここでの行為のように記述する．現在形や直接話法を用いて，特定の場所での出来事・行為について順番どおり詳細に述べる． | ・小学生の頃，マラソン大会に出て負けたこと．1位になれなかったこと．<br>・初めて出た試合の記憶．あの新鮮さは今でもはっきり憶えている．そのあと，小2の時の個人戦で初めて優勝した． |
| 評価意味づけタイプ：原体験を始点とした個々の体験の連続性が強い． | 自分が直接体験したことを説明しながら，自分なりの評価・感想・意味づけを行い，整理して記述する．過去の体験を現在の概念や価値観で説明する．「考える・思う・感じる」といった現在形の評価が多い． | ・小5からバレーボールを始めて，自分ができるようになっていくことが，ただただ嬉しかった．中学も私立の強豪校へ進み，地域の代表に選ばれた経験が，自分の考えや気持ちを変えさせてくれた．その経験があり，バレーボールの指導者になりたいという夢や体育教師になりたいという夢ができた．<br>・小1の時，初めて出た大会で自分の倍も体重がある相手にあっという間に押さえ込まれて負けてしまい，大泣きした．最初にあんなに情けなく負けて，悔しい思いをしたから強くなろうと思い，今まで続けてこられた． |
| 説明演説タイプ：原体験を始点とした個々の体験の強い連続性がみられるものの，それらはきわめて個人的な評価や意味づけにとらわれている． | 過去の体験を語り，それを評価しながら，現在の状況やスポーツ領域一般についての自分の考え方を説明する．外的な客観的な基準はみられない．「〜すべき」や「〜なるべき」の表現が多い．演説・講義調の主張が多い． | ・小4の頃の練習中，集合して話をきいていたとき，後ろの試合が気になり，ちょっと見ようとしたとき，コーチにボールを投げられ怒られた．それが原因でコーチが嫌いになりサッカーをやめた．他の人が大勢いる前であんなふうに怒られた．もっと違う怒り方があったのではないか． |

主観的な情動体験にひきずられた，ごく個人的な基準に基づくものである．分析の対象者である大学生アスリートのスポーツ原体験は，各々の個性化の始点となる内的・主観的な体験の記述である．しかしながら，現時点から過去を振り返る記述は，これまでのスポーツ活動の中で培われた社会性や客観性を考慮した内容であることから，このタイプへの分類度数の低さは，大学生アスリートのスポーツ原体験の特徴とみなすことができる．

次に，「体験回想タイプ」「行為記述タイプ」のいずれについても，高競技群において分類度数の高い傾向がみられた．これらのタイプは，いずれもスポーツ原体験を始点とした現在までのスポーツ体験の連続性が自覚されるカテゴリーであることを考えると，競技レベルの高い大学生アスリートは，これまでの競技活動においては，「全国1位になった」や，「個人戦で初めて優勝した」という記述にみられるように，競技成績のような具体的な事実の連続性に基づいて競技継続に対する意味づけをはかってきたことが考えられた．

さらに，「評価意味づけタイプ」の分類度数に関しては，高競技群よりも低競技群の方が高い分布を示し，統計的な有意傾向がみられた（$p<0.10$）．このうち高競技群の者は，彼らがスポーツ原体験を始点として現在の競技への意味づけをはかる際，競技成績といった外的な事実の連続性を手がかりとしながら，内的にもつながってきたことが考えられた．一方で，低競技群においては，「小5からバレーボールを始めて，自分ができるようになっていくことが，ただただ嬉しかった．(中略)地域の代表に選ばれた経験が，自分の考えや気持ちを変えさせてくれた」や，「8歳くらいの時，水泳教室でバタフライが泳げなくて1年くらい同じ級だったが，やっと合格してすごく嬉しかった．コーチにもとても褒められた．あの時，あきらめなくて本当によかった．あの後，もっと練習してたくさんの試合に出られた」という記述にみられるように，彼らがスポーツ原体験を始点として，その後のスポーツ経験の意味づけを強く自覚してきたことが，競技成績に関係なく大学期まで競技を継続する支えとなってきたと考えられた．このような結果は，子ども時代の情動体験に潜むチカラを検証したとも言い換えられる．

## 4.5 トップアスリートの原風景

子どもの遊び空間は，いろんな感情や体験に満ちている，とすでに述べた．遊び場となる「隠れ家」や「秘密基地」など，そこでは少し恐いがワクワクする思

## 4.5 トップアスリートの原風景

いが充満している[14]. 本節では,幼少期の運動遊びにおける情動体験の影響について,わが国を代表するトップアスリートの原風景(proto-scenery)を手がかりに,その特徴や後年の競技活動へのつながりについて述べることになる. 筆者らは「原風景」に関する諸家の定義を参考に,「成人してからも心の中に深く刻み込まれ,人生に影響を与え続ける幼少期の風景であり,それは現在を生きる自己との相互作用を通して心の中に想像される風景である」ととらえた.

誰もがたくさんの幼少期の思い出をもっているに違いない. しかし,その中から「一つだけ選んで述べて欲しい」と求められた時に,そこで語る記憶の内容からは,今現在とのつながりや必然性を了解することが多い. なぜなら,過去の記憶ではあるが,それは現時点での自分が語ったものであることから,そこには現時点との何らかのつながりが見い出される可能性が高いのである. 過去をどのように今語るかは,現時点での行動理解に有意な情報を提供することになる. しかし,そればかりでなく,もっと積極的な意味もあるはずである.

現在,競技スポーツに専心しているアスリートたちの活躍の背景の一つに,幼少期の体験があげられる. 彼らの多くは,幼少期から運動遊びを中心として他よりも活動的であり,高い自己投入の状況であったことが想像される. 言うまでもなく,そこでは後年にまで影響を与える豊かな情動体験がなされていたに違いない. そして,彼らがどのような体験の積み重ねにより,アスリートとして活躍するようになったのか,その問いに迫る一つの手がかりが,原風景であると考えている.

筆者らは,出版されたトップアスリートの自伝本33冊を資料として,彼らの原風景の特徴を分析した[15]. 図書の選択に当たっては,幼少期への言及が多くなされ,さらに分析目的に沿った情報提供が可能なものとした. また,各図書からの原風景に該当すると思われるエピソードの抽出は,「一番印象にのこっているのは…」「今でもよく思い出すのは…」「私のもっとも幼い頃の記憶として…」「よく憶えているのは…」と,多様な切り出し口あるいは位置づけではあるが,ここでは,そのような言及を手がかりに原風景として扱った. それらは二次資料でありまた直接,「原風景」と前置きして語られたものではないが,今でも印象深く残っている幼少期の記憶であるのは間違いない.

分析対象となったアスリートの原風景として取り上げたエピソードのすべてが小学校年代までの経験であり,その中の11名は就学前であった. 一般の大学生

を対象とした井上[16]の報告では，中学生年代までに原風景が形成された割合が57.6％であったとしており，トップアスリートの原風景の形成はきわめて早期であると言える[16]．そのほか，彼らは自身の競技キャリアを語る中で，例えば，「練習場の風景」や「指導者から投げかけられた言葉」「（あこがれの選手の）競技シーン」などを，その後の競技継続にとっての推進力となる大切なエピソードとして加える者もいる．

また，それらの原風景は33名中20名が運動要素をそこに含めていた．先のNakagomiら[17]の学生アスリートの自由記述による調査結果においても，5割以上が，各種遊びや特定の運動に関わる内容を原風景として報告している．中には，「幼い頃（2, 3歳），スイミングで泳いでいる時のコースロープが思い出される」「ボールを蹴っている兄たちの背中を追いかけていた」といったような，その後の競技と重なる（つまり，原風景がスポーツ原体験と重なる）報告がいくつか認められた．さらに，トップアスリートが記載した原風景には，他者の関わりに言及したものが多く認められ，33名中26名からは家族（両親，兄弟，祖父母）との関わりが認められた．そしてその後の競技生活での家族からのサポートを多くが明確に語っており，影響力の強さあるいはそれらとの関係性が彼らのベース（競技継続への推進力）となっていることがうかがえる．こうした重要な他者の関わりが原風景の中に認められるのは，そこでの情動体験をさらに深め，意味づけたようである．

その後の競技活動に対する原風景の影響については，「あれがあったから今の自分がある」「あの時しかられて良かった」「あの時の出会いが自分の進むべき道を誘導したのかもしれない」といった記述が一部で認められた．その他の記述の多くでは明確な因果的説明がなされていたわけではないが，図4.3のような観点からその影響を読み取っていった．そこでは，何らかの情動体験を伴いながら，

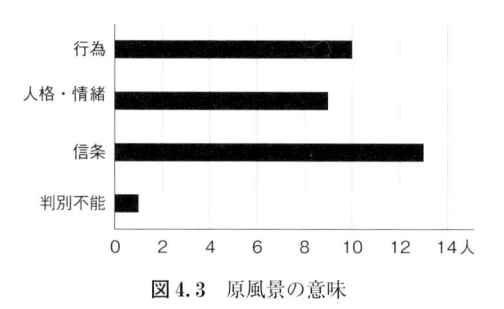

図 4.3 原風景の意味

## 4.5 トップアスリートの原風景

原風景の多くが彼らのアスリートとしての信念・信条めいたものに繋がっていることがうかがわれた．そしてさらに，競技生活で滞った時（スランプ，迷い），彼らの一部は，原風景を思い出すことによって，それらを克服するきっかけとしているようである．

アスリートの原風景には，運動要素が含まれることが多いと述べたが，それらは遊び，運動，ときにはスポーツそのものが報告されるのである．それらの身体活動を通して，その後，関わることになる組織的なスポーツ種目に繋がっていく，あるいは必要とされる基本的な運動要素を豊富に体験し，さらに，心情的な側面も身につけていくようである．

遊びや運動に限定した「早期体験」の空間について，野中[18]の評価基準に従って分類を行った．彼らに共通するのは，豊富な自然遊びと同時に，組織的なスポーツへの参加が早期から認められることである．例えば，「境内の裏手にある竹の

表4.2 原風景の意味づけの具体例

| 氏　名 | 原風景 | 原風景の影響 | 原風景の意味 | 現時点での意味づけ |
|---|---|---|---|---|
| 古賀稔彦 | ある時，機嫌の悪い兄とボクシングをして殴られ続けた． | 負ければ後悔しかない．自分に悔いを残さないためには，己の弱い心に勝たねばならない．己に勝つことができれば相手にも勝つことができる． | 信条 | 自分の中にある闘争本能に気づくきっかけを与えた． |
| 長友祐都 | 川で魚をとっても，広い庭でサッカーをしても誰にも負けなかったし，〈略〉とにかく僕は無敵の子どもだった． | 確かに身体は小さかったけど，僕は結構なガキ大将だった．〈略〉なんでも自分の思い通りにいくと思っているような，わがままなヤツだった． | 人格・情動 | 自信は成長のためにかかせない． |
| 田中マルクス闘莉王 | とにもかくにもサッカーボールはいつも身近にあった．〈略〉父の試合をグラウンドの脇で見ていたこと． | 父親への"畏怖の念"．どんな苦労があろうと耐え抜き，絶対に成功しなければならない． | 信条 | とにかくサッカーが楽しかったし，教わる（カルロスコーチ）のが楽しかった． |
| 白鵬　翔 | 3，4歳の頃，大相撲の雑誌が家にあった．この雑誌が日本という国や大相撲に関心を持った最初かもしれない． | 僕は大人になったらご飯をいっぱい食べて大きくなって，そして相撲をとってお父さん（モンゴル相撲の横綱）を倒します． | 信条 | あの雑誌が私を進むべき道に誘導したのかもしれない． |

木によじ登っては本堂の屋根に飛び移る」（河原井正雄），「朝から夕方暗くなるまで，毎日泥だらけになって遊んでいた」（清原和博），「友人と遊びに出かけては1日中，自然の中を駆けずり回る毎日」（中澤佑二），といったように，かなり力動性の高い遊びを経験している．一般の学生を対象とした調査では，運動経験の場として，学校（例えば，運動会，体育の授業など）を多くが回想する傾向にあると言われているが，トップアスリートにおいては，広範かつ多様な内容となっている．つまり，より主体的な身体活動が展開されているのである．

本調査対象者らの多くは，奥田ら[19]の「子どもの頃の遊び体験調査」の年代差の比較における「ゲーム世代」（30歳以下）に相当するが，彼らの遊び体験は，「ゲーム世代」ではない40歳以上の人たちの屋外での遊びの特徴と類似していた．そして，やはり早期から，後年継続されるスポーツ活動への専門的関わりがなされているのを特徴としており，それらは「スポーツ原体験」ともなっている．

現時点での原風景の持つ意味や繋がりを知るには，"どのような原風景を語るか"その内容よりも，それを"どのように語るか"が重要となる．それには，対象者の深層に触れるような調査者側の情動体験が大切となり，表4.2で示したような分析の観点も合わせて，さらに「原風景」への語りをどのように引き出すのかについて検討していく必要がある．

## おわりに

本章では，情動を軸として子ども時代の運動遊びの持つ意味について述べた．想像力を触発し，生活空間を広く豊かなものにする子どもの遊びは，からだを使って集団で遊ばれるものが多く，遊びの中で経験する様々な動きや喜怒哀楽，「ドキドキ」「ハラハラ」といった体験に伴う情動的興奮は，子どものこころとからだの成長を促す．「いつ始めても，いつやめてもよい，自由で自発的な活動」と定義されることが多い遊びに夢中になることで，子どもたちはそこでしか獲得することのできない達成感や喜びを得る．同時に，遊びによって得られた自信や効力感をもとに，さらに面白い遊びに夢中になっていく．こうした運動遊びに伴う肯定的な情動体験は，自己の情緒的安定を保持しつつ，好ましい身体状態によって他者とのつながりの芽を育てることで，こころとからだの体験をより一層発展させていく手がかりになる．一方で，遊びの中で経験される寂寥感や孤独感といった情動体験もまた，長じて後の様々な行動への胎盤（経験の胎盤：藤田）を形成

する.

　このように，からだを通した繰り返しの活動で得られた深い情動体験は，そのまま子どもたちに深く浸透し，その後の発達（個性化）に影響すると言える.

　子どもたちの遊び調査では，「時間」「空間」「仲間」の"サンマ"が乏しい現代の子どもたちにとっては，川やため池・里山などでの遊びは，もはや非日常的なものとなってしまい，近所の道路やショッピングセンターなどの日常的な空間で，塾や習い事の合間のわずかな時間を使って懸命に遊ぶ子どもたちがいるようすが想像された．時代は変わっても，子どもの遊びは延々とつながり，それらは情動体験を伴い，各個人の「原風景」や「原体験」となっていく．

　とりわけ，アスリートが語る子ども時代のエピソードには，スポーツに専心し始めた頃の鮮烈な体験が数多く語られ，それらは「原風景」や「スポーツ原体験」といった自伝的記憶（autobiographical memory）となっている．そこでの特徴としては，アスリートの原風景はきわめて早期に形成され，その内容には身体活動が含まれていることが多い．そして，後年のアスリートとしての特徴との重なりが認められることや，原風景と長じた後の競技姿勢との意味づけをはかる語りが認められ，自伝的記憶と競技への取り組みを通した個性化（生き方）とのつながりが窺われる．さらに，遊びや運動に限定した早期の体験には，自然空間での遊びや自然物遊び，およびスポーツ活動が圧倒的に多く，そこでの鮮烈な体験はスポーツ原体験となっている．

　長じた現時点での原風景の持つ意味や繋がりを知るには，"どのような原風景を語るか"よりも，"どのように語るか"が重要となる．そして，そこに触れるような聴き手の情動体験こそが鍵を握るのであろう．　　　［奥田愛子・中込四郎］

## 文　　献

1) 本田和子：子どもの領野から．人文書院，1983．
2) 谷本月子：子どもの運動遊びと情動（2）．日本保育学会大会研究論文集，54：44-45，2001．
3) 日下裕弘：長期自然体験村における子供の情動体験と錯綜する身体―日立市「山中友子隊」体験村を事例に．茨城大学生涯学習教育センター報告，7：49-62，2006．
4) 藤田省三：或る喪失の経験―隠れん坊の精神史―．精神史的考察，平凡社，2003．
5) 森下みさ子：子ども文化の詩学（3）；遊びの暗がり；伝承遊びに潜む力．幼児の教育，108(6)：46-51，2009．
6) 池田康人，石崎忠利：幼児サッカーの運動強度に関する研究．日本フットボール学会，1st

Congress 抄録集, **53**, 2004.
7) 倉藤利早, 斉藤辰哉ほか：だるまさんがころんだ運動時の心拍数と酸素摂取量変化. 川崎医療福祉学会誌, **20**(2)：461-464, 2011.
8) 山田卓三：ふるさとを感じる遊び事典, 農文協, 1990.
9) 呉　宣児：語りから見る原風景―心理学からのアプローチ. 萌文社, 2001.
10) 奥田愛子：スポーツ原体験の検討. びわこ学院大学研究紀要, 創刊号：67-71, 2010.
11) 速水俊彦：スポーツの自伝的記憶と動機づけ. スポーツ心理学研究, **28**(1)：21-30, 2001.
12) 奥田愛子：スポーツ原体験の内容に関する予備的検討. びわこ学院大学研究紀要, 第3号：31-34, 2011.
13) 奥田愛子, 中込四郎：アスリートのスポーツ原体験の特徴. びわこ学院大学研究紀要, 第5号：79-84, 2014.
14) 寺本　潔：子どもの世界の原風景. 黎明書房, 1990.
15) 奥田愛子, 中込四郎, 鈴木敦：トップアスリートの自伝から「原風景」を読む. びわこ学院大学・びわこ学院大学短期大学部紀要, 第6号：69-78, 2015.
16) 井上佳朗：原風景の心理学的研究. 鹿児島大学法文学部人文学科論集, **41**：27-68, 1995.
17) ベネッセ次世代育成研究所：第4回 幼児の生活アンケート報告書, 2011.
18) Nakagomi S, Okuda A, Suzuki A：A preliminary study on characteristic of athletes' proto-sceneris. 6th ASPAS international Congrerss, Taipei, 2011.
19) 野中健一：大学生の原風景にみる生活環境の中の自然. 自然教育, **3**：2-17, 1993.
20) 奥田愛子, 谷君江, 浅田昇平：子どもの頃の遊び体験についての調査―遊び場や原体験との関わり. びわこ学院大学・びわこ学院大学短期大学部研究紀要, 第2号：61-70, 2010.

# 5 飛び跳ねる快感
―子どもたちの「遊び」からJリーガーまで―

　運動は，身体の健康はもとより脳の活性化にも良いことはよく知られている．しかし，わかっていてもなかなか毎日時間をとって運動することは難しい．通勤・通学する人たちはそれなりに脚を使っているので，ある程度の運動は行っている．しかし中年や高齢者になるとそうはいかない．総じて，子どもから成人，高齢者に至るまで，現代人は運動不足である．

　本章では，いかに楽しく，手軽に運動することができるか，またその重要性について，Jumping pleasure（JP）クッションの使用と効用について述べる．

## 5.1　JPクッションとは

　JPクッション（動揺性高反発クッション）は，伸縮性のある特殊樹脂が立体網状構造に成形されているので，約 10 cm の厚さながら適度に"ぴょんぴょん"と跳ねる"弾力性"があり，弾む感覚や浮遊感を与えることができる（図 5.1）．"動揺性"もあり，身体が傾くことで不安定感を与え，身体の"軸"や"重心"を意

図 5.1　立体網状構造のJPクッションの中身

識しやすくなる．このような"弾力性"と"動揺性"を併せ持つ運動具は他にはなく，オンリーワンの特徴と評価されている．また"衝撃吸収性"にも優れ，膝の痛いお年寄りが使用しても膝に負担を与えることなくステップ運動ができる．2階で子どもたちがこのクッションの上で飛び跳ねていても，階下に振動が伝わりにくいので室内での運動を可能にし，時間の制約も受けにくくなり運動しやすい環境が整う．一方，"体圧分散性"にも優れているので，座り心地や寝転んでも気持ち良く，ストレッチやヨガがこの上で行える．

## 5.2　JPクッションの誕生

JPクッションの中身である高反発の立体網状構造体は，日本の高速道路の料金所や分岐点等に設置してある衝撃吸収体のクッション部のために開発され，最近は高反発寝具およびベッドのスプリングの代替品として利用されてきた．新規用途の開発を考えていたところ，子どもたちは飛び跳ねることができるこのクッションが大好きで，家の中で何か月経っても飽きずに様々な遊び方を考えて遊んでいる姿を見て，子どもたちの成長と運動能力の向上に役立つのではないかと考えるようになった．

2004年にこの高反発クッションを持って，筑波大学の長谷川聖修教授（日本Gボール協会の理事長で弾性運動のスペシャリスト）に相談したところ，持参した2枚の350×500×100 mmサイズの小さなクッションの上で歩いたり，飛び跳ねたり，前転をしたりして弾力性と動揺性，柔軟性を確かめた上で，"ニコニコ"の笑顔で「気持ちが良い．これはまるで雲の上にいるみたいです．雲の上体操と名づけましょう！」，「Gボールは基本的に上半身を鍛えることができます．このクッションは下半身を鍛えるのに役立ちます．」，「Gボールは球体なので，使い方によっては危険も伴いインストラクターがいた方が良いです．このクッションはフラットですから安全に運動ができます．特に子どもの体力低下対策と高齢者の転倒予防に役立ちます」とたいへん感激され，是非スポーツ用具または，遊び用具として製品化することを勧められた．

このようにしてJPクッションは子どもからお年寄りまでもが楽しめる運動用具として誕生した．

## 5.3 今なぜJPクッションが期待されるのか？

### a. 子どもたちとJPクッション

子どもたちを取り巻く環境は変化しており，外遊びで身体を動かすことが減り，体力・運動能力の低下が著しくなっている．とくに自然の中や土の上で運動する機会が減り，不安定なところで遊ぶ機会が激減している．

### 1) 弾む・揺れる・転がるが心地よい！

前述のようにJPクッションは"弾む"反発力と"揺れる"動揺性が絶妙な黄金比率で組み立てられていると言われる．例えば，このクッションの上で"その場歩き"をするとわずかな姿勢の傾きによって"グラグラ"することが体感でき，跳ねるとトランポリンのように自分の跳躍力より10〜20%大きく弾むことができる（図5.2, 5.3）．

もともと子どもたちは弾むことが好きで，嬉しくて万歳をする時には，ほとんどの幼児は飛び跳ねながら弾んでいる．嬉しさの表現であると同時に，弾むことでさらに楽しさを感じさせてくれるのであろう．また，泣いている子を本クッション上で遊ばせると，ほとんどその瞬間から泣いていたことを忘れて遊びだす姿を何度も見てきた．泣くことよりも楽しく弾んで遊びたい気持ちが勝ったのであろう．保育園にこのクッションを持っていくと，クラスの皆がクッションの上で遊んでいるのに，ひとりだけ先生の膝に乗って運動しようとしない子を時々見かけ

図5.2　JPクッション：大波小波

**図 5.3** JP クッション：グラグラハードル

る．そんな時は，チャンスとばかりにその子をクッションの上に連れてきて両手を持って高く弾ませてみると，どの子も例外なく顔をくしゃくしゃにして大喜び，その後はクラスメイトと一緒にクッションの上で遊びだす．外遊びの好きな子どもたちを増やしたいと考えているが，このクッションには身体を動かして「遊びたい」と思わせる何かがある．

"その場歩き"や"歩き"をすると微妙な姿勢の傾きによって"グラグラ"する揺れを体感でき，当然，ステップするたびに足の裏の重心の位置が"つま先"の方に移ったり，"踵"の方に移ったり，"外側"に行ったり，"内側"に行ったり，微妙に変化することが体感できる．この体験は，フローリングやコンクリートの床の上では決して味わうことのできない新感覚である．

今日の子どもたちに運動する上で最も不足しているのは，転ぶ体験と言われている．最近は膝に擦り傷のある子を見ることが少ない．子どものうちに転ぶ体験をしておかないと，大きくなってから転んだ時に，うまく転べずに大怪我をする危険性がある．野球，サッカー，スキー，柔道，バレーボールなど多くのスポーツにおいて，スライディングや転んだりすることは運動の一部であり，基本である．無意識に転がることができなければ思い切ったプレーができないし，身を守ることができない．このクッションは"柔軟性"と"衝撃吸収性"に優れているので，幼児や子どもたちが転ぶ練習をするのにもってこいの道具である．つまり，不安定で安全な環境を提供できるのである．

### 2) いくら遊んでも飽きない魔法のクッション！

保育園，幼稚園，サッカースクールなどで本クッションは人気の高い運動遊具である．年齢や運動能力に応じて色々な並べ方をすることによって，0歳のハイハイクライミングから始まって大学の体育の時間にも使用されている．子どもたちは"飛んだり""揺れたり""転がったり"汗びっしょりになっても，「もっとやりたい」と言う．

当時のJリーグアカデミーの指導者たちは「JPクッションは魔法のクッション！」と呼び愛用している．それは子どもたちにいつまでも遊んでいたいと思わせる不思議な力があるからである．その理由の一つは，バランスを取りにくいので何度やっても思った通りに飛び移ることが難しいこと，もう一つは，本クッションの運動にはその都度新鮮な"快感"が伴うことである．このクッションの特性は，実際に乗って試してみないと全くわからない．

### 3) より難しいことに挑戦する

JPクッションの魅力の一つは道具としてシンプルなことである．一方，本クッションを使った遊び方―トレーニングの方法―のバリエーションは豊富である．子どもたちを魅きつけるひとつの理由は，このバリエーションの難易度を上げることによって，子どもたちの"チャレンジ"したいという気持ちに火をつけるからだ．運動能力のストレッチとなるのである．クッションに思うように着地できずに失敗することもある．失敗しても安全なので思いっきり"チャレンジ"できるのである．失敗の後は，ほとんどの子どもたちは次の動作に備える姿勢やバランスの取り方を身体で学習してうまくいくようになる．驚くことに，遊んだ後は皆の身のこなしが良くなり，無駄な動きが少なくなる．

運動の苦手な子も本クッションの上では運動が好きになっており，皆"笑顔"となる．障害のある子どもたちにとっても，同様に運動できる環境が整う．子どもたちには「遊び」であるが，じつは基本的な運動能力を効果的に高めるトレーニングであり，運動である．現代人の運動不足を補うには，身体を動かす「遊び」を増やすことが解決策となる．

### 4) 遊び方を創造する力

子どもたちは本来遊び方を創造することが得意である．状況に応じて臨機応変に遊びを創り変えることができる．JPクッションは $500 \times 500 \times 100$ mmの重量約2kgなので幼児でも持ち運べるサイズと重さである．指導者や保護者が子ど

もたちの運動能力に応じて複数のクッションを並べるのもよいが，むしろ子どもに自由に並べてもらう方がよい．クッションとクッションの間隔もマチマチ，重ねることによって不安定なスロープができ，橋やトンネルができ，障害物ありでまさに河原の大きな川石の上を飛び移るような"グラグラ"感を楽しめる環境が出現する．子どもたちだけで隠れ家も列車もトンネルも作り，年齢に応じて子どもたちの世界が広がる．

自然の中で遊ぶ機会が少なくなった子どもたちにとって，JPクッションを使用することによって自然の中では当たり前の不安定な環境の中で遊べ，工夫や創造する習慣を身につける機会となる．

**b. シニアとJPクッション**

シニアにとって最も重要な課題は，いかに認知症を予防するかということと，脚を鍛えて転倒や骨折を予防し，寝たきりにならないようにすることである．

**1) 前頭葉の血流を良くし脳を活性化**

現在，認知症患者はすでに460万人で，軽度認知症（認知症予備軍）は400万人といわれている．また，高齢化社会が進み，寿命が延びることによって認知症の患者数は今後増加の一途を辿るであろう．自分のためにも，家族のためにも元気なうちに脳に十分な血液を送り，酸素と栄養を補給することが認知症の予防に繋がることがわかっている．

JPクッション上でゆっくりその場歩きをするだけで，脳血流，とくに前頭葉の血流が著しく増加することが見い出されている（図5.4）．それは，"脳"と"身体"はグラグラ揺れて身体が傾き，"アンバランス"になっている身体の姿勢を正そうと，その都度"アレアレ"とすぐに反応しなければならないためと考えられる．

**2) シニアの転倒予防**

現在，日本人の平均寿命は84歳である．さらにこれからも延びていくであろう．平均寿命が延びる以上，いかに健康で自立して過ごせるかが大切になる．特に寝たきりにならないよう，足腰の筋肉やバランス感覚を維持する必要がある．幸い，筋肉は何歳になっても運動することによって強化することができる．

シニアの方なら最初は本クッションの上に立つだけでも姿勢が良くなり，筋肉に負荷もかかり十分な運動と言える．また姿勢が良くなるだけでも歩行しやすくなり自信が湧き，行動半径も広がるにつれて出会いやコミュニケーションも増え

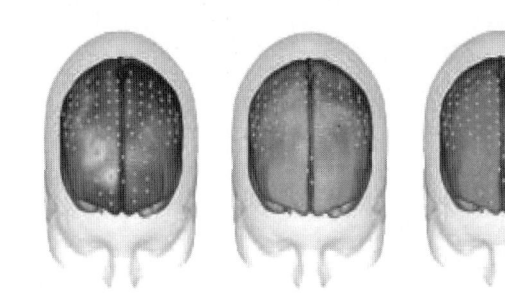

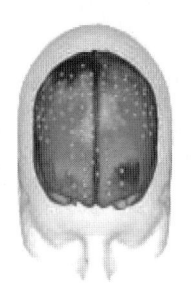

| JP-slow | JP-fast | Floor-slow | Floor-fast |

**図 5.4　NIRS 測定による血流の変化**

JP-slow：JP クッションの上でゆっくり足踏みをした時の前頭葉の血流．効果的に血流が増大していることがわかる（暖色の増加）．

JP-fast：JP クッションの上で早く足踏みした時の前頭葉の血流．slow ほど増えない．

Floor-slow：フローリングの上でゆっくり足踏みした時の前頭葉の血流は，全く増えることなく逆に減っている．

Floor-fast：前頭葉の血流にほとんど変化はない．

て世界が広がってくる．裸足になってクッションの上に乗ると，足の裏に刺激があって気持ちが良い．安定したフローリングの上ではわかりにくいデリケートな重心の移動も感じることができる．

　身体の軸を意識してステップ運動をしてみよう．さらにステップを時計の12時，3時，6時，9時の方向に一歩踏み出してみよう．クッションの上で自分なりの楽しみや「遊び」を見い出そう！　倒れかけた時にどこまで大きく一歩を踏み出せるか試してみてほしい．大きく一歩を踏み出すことができれば転倒を回避することができる．そして，これらの運動の効果は継続することにより現れてくる．楽しい「遊び」だから続けられる．

3)　マルチタスク

　フローリングやコンクリートの上では簡単に静止して立つことができるが，JP クッションの上ではそれすら難しい．動いていなくても絶えずバランスを保つために微調整が求められる．片足立ちはさらに難しい．本クッションを複数並べて，その上を歩いたり，飛び移ったり，仲間とタイミングを合わせて同時に飛び移ったりするのは，①バランスをとること，②状況を見て判断すること，③運動すること，④タイミングを合わせることなど，ダブルタスク，トリプルタスク，…と

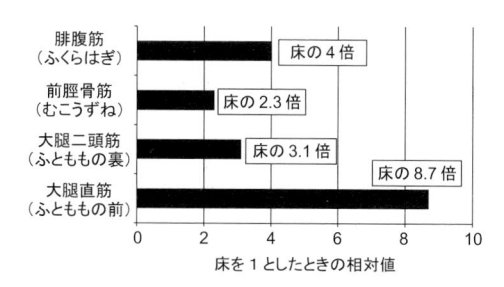

```
腓腹筋
（ふくらはぎ）       ████████ 床の4倍
前脛骨筋
（むこうずね）       █████ 床の2.3倍
大腿二頭筋
（ふとももの裏）     ██████ 床の3.1倍
大腿直筋
（ふとももの前）     ██████████████████ 床の8.7倍
                  0    2    4    6    8    10
                     床を1としたときの相対値
```

**図 5.5** JP クッションを用いたもも上げその場歩きの筋活動量（北海道教育大学旭川校・古川善夫研究室調べ）
床の上の 2.3〜8.7 倍の運動効果が見られる．

マルチタスクの運動となり，さらに運動しながら話したり，歌ったり，テレビを見たり，簡単な計算をすることなどにより難易度の高いマルチタスクの運動をすることができる（図 5.5）．

　前頭葉を活性化させるには，マルチタスクの運動をして脳に負担をかけることが有効とされている．本クッションの上でステップしながら，手指には同素材で作った高反発力クッショングリップを着用し握る・緩める運動を繰り返すとこれもマルチタスクとなり，全身の血流はもとより脳とくに前頭葉の血流が増加する．

### c. 人間らしさを取り戻そう！

　今日の子どもも大人も環境の変化や技術の進歩によって，以前と比べ生活習慣が大きく変わっている．子どもたちの遊び方も変化し続けている．私たちが子供だった 50 年ほど前は，まだ外遊びが中心であった．かくれんぼ，缶蹴り，コマ回し，野球，チャンバラ，ビー玉，メンコなど近所の遊び場で友達と一緒になって夕方遅くなるまで毎日遊んだものである．小学校から帰ってすぐ外に飛び出して遊び場に行くと，必ず近所の子どもたちが遊んでいて，中に入って遊ぶことができた．年上の子が色々な遊び方を教えてくれたものである．

　一方，今日の子どもたちの遊びは「外遊び」から「内遊び」に移り，家の中でのゲーム，携帯メール，テレビが中心である．日本の子どもたちの遊びが「集団の遊び」から「指先だけ動かすバーチャルな個の遊び」へと変わった結果，運動量や仲間とのコミュニケーションが少なくなった．

　大きなライフスタイルの変化の一因には，車や電化製品などの技術進歩がある．

パソコン，携帯電話，洗濯機，掃除機，炊飯器などすべてが，身体をほとんど動かすことなく，考えることもなくワンタッチでできるなど便利になってきたからである．その結果，"動かない" "考えない" "楽（らく）" なライフスタイルが大人にも子どもにも身についてしまった．体力低下よりもより重大な問題は，子どもたちの運動意欲の減退である．休日でも，公園で子どもたちどうしが遊んでいるのを見ることはほとんどなくなっている．

運動しないと骨や筋肉が育たないだけでなく，脳も十分に育たない．一度身についた "楽" な習慣から，"身体を動かし" "脳を働かせる" 従来の生活や遊びに逆戻りすることはきわめて難しい．身体も脳も喜ぶ "自然と運動したくなる" "前頭葉もビックリする" 道具や遊具が必要になっている．JPクッションは，"おじいちゃん・おばあちゃん" "お父さん・お母さん" "孫たち" の3世代で一緒に楽しく自発的に運動でき，健康な脳づくりの環境を与えてくれる．一緒に遊ぶ兄弟姉妹がいないひとりっ子の家庭ならなおさら，本クッションの果たす役割は大きい．本クッションは，現代の "楽" に慣れた日本人に "身体" を動かして「遊び」たくなる不思議な力を持つ，数少ない優れた道具と言える．

## 5.4 幼児期の空き地遊びを補完するJPクッション

### a. JPクッションの特徴

Jリーグ・アカデミーでは，昔のような子どもたちの空き地遊びが制約される環境が障害となり，幼児期からのバランス能力の発達に伸び悩み現象が見受けられることに注目した．不安定な状況の下で身体運動を行うことによって，バランス能力を効率的に向上させ，昔の空き地遊びを補完することを目的とした遊具開発と運動プログラムを，筑波大学木塚教授の協力の下で行い，幼児期から楽しく遊べる「JPクッション」を開発した．この「JPクッション」はJリーグに所属しているすべてのアカデミーで使用され，歳月を経て現在では全国の幼稚園や地域スポーツクラブへと拡大してきている．

### b. JPクッションで多様な動きづくりが可能になった―サッカーの場合のボールを扱わない動きの技術

サッカーの勝敗は，選手の創造性と身体の動作の関係に左右される．サッカーにおける動作は色々あるが，誰もが同じように能力を発揮できるとは限らない．

試合中に思い通りの動作を発揮するには，選手が過去に培ったものをどれだけ正確に発揮できるかが重要であり，失敗や成功を繰り返してきた経験が大きくものをいう．

　練習では，創造性と身体が動作をするための一定の条件を満たしている時，目標の技術を習得することができると考えられる．サッカーが進歩するにつれて，チーム戦術や身体能力の重要性もさらに増してきているが，技術はそれ以上に重要視されてきている．

　日本もサッカーのプロ化（Jリーグ）により，子どもたちを含む全体の技術力が向上したが，今後さらに，ハンドボールやバスケットボールのような動きとボール扱いに近い技術力が要求される時代が来ると思われる．

　サッカーの技術には，「ボールを持たない時」と「ボールを持った時」の両方に多くの動きがあり，試合中にいろいろな形で現れる．一つのプレーを成功させるには，その場面の中で，身体の部位をいかに使いどのようなスピードと強さで対応するかにかかっている．身体的に優れていなくても，技術が磨かれていれば色々な場面で成果を出すことができる．逆に，身体的には恵まれていても技術がないために大切な場面で結果が出せないで終わる場合も多くある．サッカーの技術を身体の動き方で分類すると，歩く・走る・ジャンプする・止まる・方向を変える，などがあり，過去には，空き地遊びの中からこのような動きを習得していた．

### c. 多くのスーパースターはストリートサッカー（空き地）から生まれた

　南米やヨーロッパでスーパースターと言われるペレやベッケンバウア，マラドーナなどの選手たちはストリートサッカーから生まれたと言っても過言ではない．また，観客を魅了するような技術もストリートサッカーで磨かれたものが多い．私の子どものころは，三角ベースやかん蹴りにハラペコなのも忘れて夢中で走り回り，あたりが暗くなり，それぞれが家路につく前に交わす言葉が，いつも「またあした」であり，1日の多くの時間を空き地で過ごしていた．現在では，交通の発達や治安の問題もあり子どもたちの安全確保が優先されて，空き地での遊びが姿を消し，幼児期からスポーツ（サッカー）教室に通う子供たちが多くなってきた．スポーツ教室では，指導者からの一方通行気味の指示に従って60〜90分程度の練習が行われている．しかも，教室に通うのは週に1〜2回程度で，あと

は英語，算数，書き方など習い事が多く，多様な動きを習得するには時間が不足してしまっている．

しかし，スポーツ（サッカー）選手は昔の空き地遊びで培ってきたような，幼児期からの身体の動きに巧みさが備わっていなければ，Jリーグや世界の舞台で活躍することは難しいという，厳しい環境は変わっていない．むしろ技術の要求度合いは高くなってきている．

サッカーにおいてボールを持たない時の動きの技術には，「歩く」「走る」「ジャンプする」「止まる」「方向転換」があるが，試合中ではこれらが混ざり合って繰り返される動きの技術となっている．これらのサッカーで要求される多彩で敏捷な動き，そして瞬発力，バランス感覚，持久力などは，過去には空き地遊びの中から獲得することが可能であった．この空き地遊びを家庭で補完できる楽しい遊びのアイテムとして開発されたのが，「JPクッション」である．5～10枚のJPクッションを色々な位置に配置し，その上で運動することにより，こうした動きの技術を養うことができる．しかも，友達や家族と，あるいは自分1人でなど，運動プログラムしだいでは空き地遊びのように時間を忘れ夢中になってしまう優れものである．また，1～2枚でも，室内で多彩な運動を楽しく行うことができ，子どもから高齢者まで，簡単にしかも楽しく下半身，体幹を鍛えることができる．

二足で立ち，歩くことにより我々は手の機能を発達させ，言葉も獲得してきた．現代人は，この人類の進化の原点である，立ち，歩き，走るという最も基本的な動作をおろそかにしていないだろうか．このような現代の生活スタイルが長く続けば脳の退化にも繋がりかねない．そういう意味で，立つこと，歩くこと，走ることの意義をもう一度見つめ直したいものである．

## 5.5 足の構造と働きを知ろう―より楽しく運動ができるために

ヒトは約600万年前にサルから分かれて進化し，350万年前に二足歩行ができるようになり，150万年前あたりから走れるようになった．二本足で立つことによって手が自由になり，いろいろな物や道具を使い，また作るようになった．そして頸が真直ぐに伸びることによって，口から喉にかけてのスペースが広がり言葉を喋れるようになった．その結果，脳とくに前頭葉が著しく発達してきたのである．

しかし二足で立つためには，足，下肢，骨盤，脊柱，頸，頭等の体軸が正しく

配列し，それを支える筋肉が十分に発達しないといけない．そうしないと，安定した歩行や走行ができない．そういう意味で我々人間の体格は長い年月をかけて徐々に発達進化し，現在に至っているのである．

本節ではより楽しく運動ができるように，足の構造と働き，そしてその障害について述べる．

### a． アラインメント（骨配列）

処女歩行が始まり，かかとを地面につけて歩けるようになる時期（2歳前）までは，下肢は内反膝（O脚）である．3歳をピークとして外反膝（X脚）となり，6歳頃まで続き，それ以降は大人と同じ歩行形態となる（図5.6）．

一般医学書には「6歳以降，下肢は中立位に至る」と書かれているが[1,2]，脛骨大腿角度は約176度[3]であることを考えると，98.3%の人では外反膝-外反足を呈している[4]（図5.7）．

**1） 後足部アラインメント**

幼児から高齢者まで500人の計測結果[5]では，後足部アラインメント（踵骨傾斜角度）は+8度であった．これはかかとが外側に傾斜していることを意味し，おおよそ95%の人のかかとが外側に傾斜していると考えられる．

**2） 発育発達期の後足部アラインメント**

図5.8は早稲田大学で行った後足部アラインメント（600名，1200脚）の調査結果[6]である．縦軸はLHA（leg heel alignment，下腿と踵との相対的位置関係）の変化度合いを示す．この調査結果から以下のことが明らかになった．

① 幼児期から6歳まではLHAは中立位に向かう傾向があるが，6.49歳を境

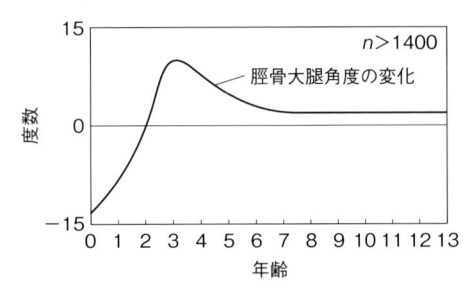

**図5.6** 脛骨大腿角度の発達（Salenius と Vankka[5] を改変）

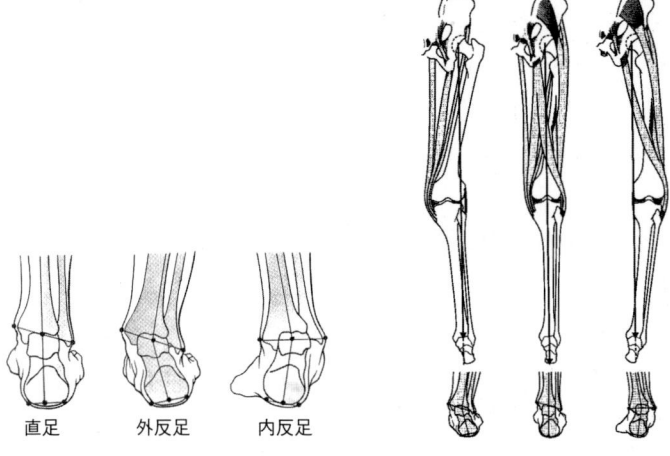

**図 5.7** 下肢の姿位と関節（Lang ら[19]，渡會[20] を改変）
X 脚（外反膝）：外反足，正常：直足，O 脚（内反膝）：内反足．それぞれ呼応関係にある．

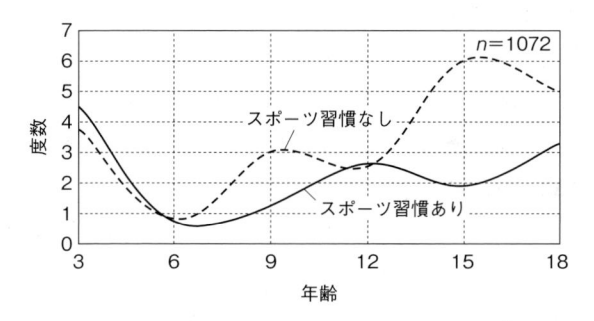

**図 5.8** 発達発育と後足部アライメントの変化[6]

にして変位が再び大きくなる．

② 6歳以前は専門的な動きを伴うスポーツ（たとえばサッカー，野球，バスケットなど）を行うと LHA の管理には良くなく，6歳までは遊びを含めたいろいろな運動種目を行わせた方がよい．一方，6歳以降は専門性のある動きを取り入れたスポーツ習慣がある方が LHA の管理にはよい．

欧米ではアライメント補正は発育発達時期にのみ可能で，それ以降は不可能である[7]との見方が多数を占めている．

## b. 荷重時の骨移動

足には，片足に26個の骨がある（種子骨も含めると28個）．それぞれが複雑に噛み合わさり，縦に長い身体を支えたり，運動を可能にしている．荷重時には足の骨は以下のように移動する[8]．

1) **内側アーチ**
   - 踵骨後結節が1.5 mm沈む．小突起は4 mm沈む
   - 距骨は踵骨に対して後退する
   - 舟状骨は沈みながら距骨頭を登る
   - 楔舟関節と楔中足関節は下方に向かって開大する
   - 第1中足骨の起立角度は減少する
   - 踵は後退し，種子骨は少し前進する

2) **外側アーチ**
   - 立方骨は4 mm沈む
   - 第5中足骨茎状突起は3.5 mm沈む
   - 踵立方関節と立方中足関節は下に向かって開大する
   - 踵は後退し，第5中足骨頭は前進する

3) **横アーチ（中足骨レベル）**
   - アーチは沈み，第2中足骨を中心に各中足骨間隔が広がる（全体で12.5 mm広がる）
   - アーチ高が減少して扁平化し，回内方向に回転する傾向

4) **その他**
   - 距骨頭は2〜6 mm，踵大結節は2〜4 mm内側へ転移する．その結果中足根関節レベルで足の互い違いの捻れが生じる

これらの移動，沈降，開大は，静止立時や歩行の立脚中期に足底の面積を広げ，安定性を増す働きがある．

## c. 静止アラインメントの破綻（マルアラインメント）

足部アラインメント[9]は高加荷重，高負荷によって容易に破綻する．生体工学的にLHAは外反が起こりやすい[10]．したがってLHAは常に過回内状態にあるといえる[11]．

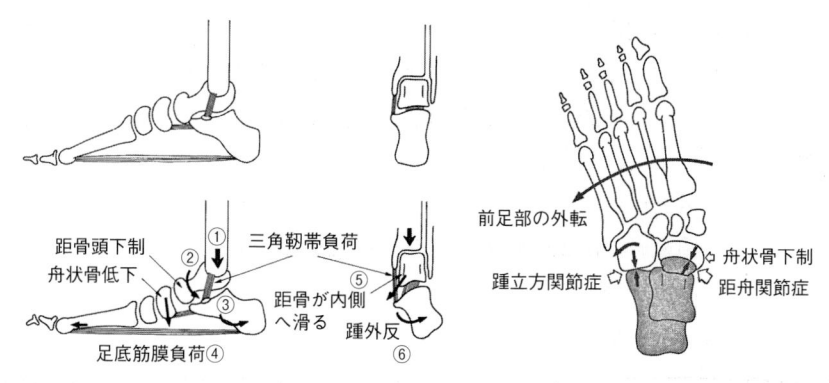

図 5.9 足の疲労の機序と順序[9]

### 1) 足部アラインメント破綻の機序[9]

距骨下関節過回外（LHA の外転），中足根関節部の破綻（舟状骨・立方骨の沈降），趾列の破綻（第 5 中足骨不安定，第 1 趾列の破綻），足趾部の破綻（母趾の外転/外反）が起こる．これらの破綻は近位から遠位へ波及し，距骨頭を回転軸とし，全体として扁平でつま先が外側に向いた足部のアラインメントとなる（図5.9)[12]．

### 2) 下腿・下肢アラインメント破綻の機序

- 距骨下関節の過回内（LHA が外反すると下腿は内旋する)[13]
- 膝関節部の破綻（膝蓋骨がやぶにらみになり，反張膝となる）
- 大腿部の破綻（大腿骨が内旋する）
- 骨盤部の破綻（骨盤が前方下制する）
- 腰部の破綻（腰椎の前弯が増す）

全体として O の字に見える下肢の形状となる．じーっと立っていても踵は常に外側に傾くので，足の骨の配列がゆがむ．そしてこのゆがみが全身的なゆがみにつながる．

### d. 動的アラインメント

### 1) 正常歩行

被験者にトレッドミルの上に乗って歩行してもらい，後方の位置から高速ビデオで撮影する．距骨下関節に注目し歩行を観察すると，1 歩の中に距骨下関節中立位が 2 回ある[12]（0 秒：踵接地直後，0.42 秒：踵が地面を離れる時）（図 5.10a）．

a.1 歩行の動的評価（左足）

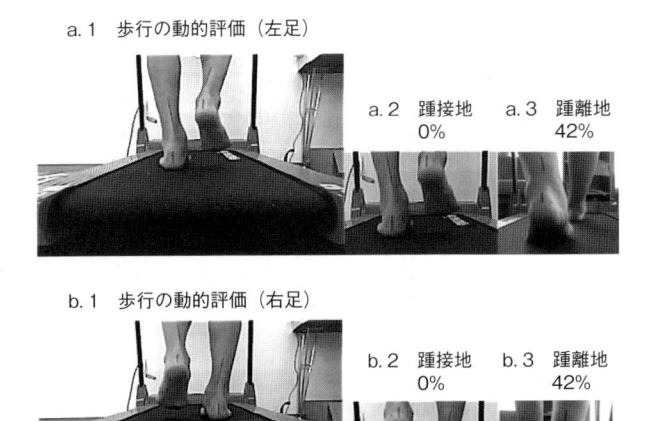

a.2 踵接地 0%　　a.3 踵離地 42%

b.1 歩行の動的評価（右足）

b.2 踵接地 0%　　b.3 踵離地 42%

図 5.10　歩行の動的評価[16]

## 2) 動的アラインメント破綻の機序

　足部アラインメントの破綻により，距骨下関節過回内や前足部の内がえしがあると，一歩中に距骨下関節中立位が1回しか起こらなくなる[12]（図5.10b）．またLHA外反があると踵が地面を離れる時にあるはずの中立位が遅れて，足先が地面を離れる時に現れることになる．

　また歩行立脚期では，踵が接地した直後に足部全体が回内し，柔らかい足になり，その後足部全体が回外して固い足となって蹴り出すことになる．これらはタコや魚の目ができる原因になる．


### e. 機械受容器

　機械受容器（メカノレセプター）とは，いろいろな機械刺激を受けて求心性インパルスを引き起こす受容器の総称である．触覚，聴覚，重力覚，圧覚，平衡覚，張力，振動覚などに関する受容器が該当する．張力を感じて機械受容細胞の膜にある機械受容チャネルが開き，受容器電位を発生し，これが大きくなり閾値を超えるとインパルスの発生につながる．

　メカノレセプターは，足裏では踵の部分，中足骨頭部分，親趾の腹の部分に多く分布していて，足裏の圧力を感じ取り脊髄や脳に情報を送っている．メカノレセプターを正しく働かせるためには，足と身体を垂直方向に立てることが必要で

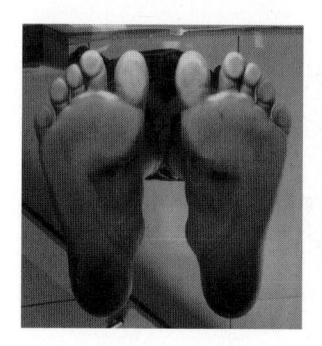

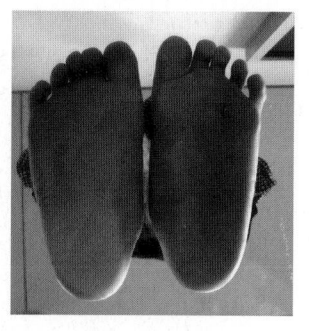

**図5.11** 活動量の多い児童(左)と少ない児童(右)の足底の状態[15]

ある(姿勢を正す).また正しい重心移動を保ち歩行すること,体幹と上肢や下肢の連動性が高いことなど,正しいアライメントが必要となる.

運動によって足部アライメントは様々に変化するが,距骨下関節過回外(LHA外反)があると足部アライメントや下肢アライメントが破綻する.すなわち,LHA外反が破綻のドミノ倒し[14]の第一歩となる.アライメントを補正してメカノレセプターを正しく作動させるためには,運動療法が有効である.正しいアライメントを保った状態で運動することが運動することの楽しみにつながり,健康の増進に寄与する.

図5.11は活動量の多い児童の足底を観察したものである[15].十分な細さと地面との平衡を保っている.踵球,中足指節関節,母趾足底にしっかりと体重がかかり,足趾の把持もしっかりしたものになっている.メカノレセプターに重力と床反力が垂直に荷重されているのがわかる.

### f. LHAの中立を保つエクササイズ

前述したように,姿勢保持,歩行,走行や各種スポーツにおいてLHAを中立位に保つことが第一歩であり最も重要なポイントである.以下のようなエクササイズ[16]によってLHAの中立位が改善されるようになる.

- 枕,座布団,JPクッションなどの上に足の底側半分を乗せる
- その状態から,内側縦アーチ(土踏まず)が落ち込むように内側に体重をかける
- その後,足の外側の部分のみで内側を持ち上げる(図5.12).

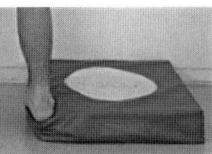

(a) 過回内状態から

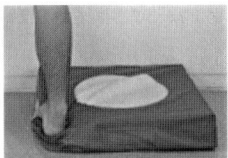

(b) 過回外状態に移行します

図 5.12　後足部アライメント補正のエクササイズ[16]

## g. 発育発達時期での基本動作の獲得

正常な発育発達においては，以下のような段階を経て基本動作が身に付いていく[17]．

・1歳未満：支持無し起立ができる
・1歳前後：処女歩行ができる（踵接地歩行はまだできない）
　　　　　しゃがみ込みができる

- 2歳前後：踵地歩行ができる
- 1.5〜2.5歳：片足で立つことができる
- 2〜2.5歳：階段のぼり
- 2.5〜3.5歳：完全な片脚立ち
- 3〜3.5歳：階段昇降
- 3〜4歳：両脚立ちからの跳躍，台からの接地，爪先歩行
- 4〜5歳：踵歩行
- 5歳以上：タンダム歩行（一直線状を綱渡り状態で歩く）

このような発達期において，6歳までに足の健康のために何らかの人為的な方策を行うと真直ぐな足になる可能性がある．

しかし残念ながら，わが国では発育発達時期の初期の対処法はほとんど行われていない．助産師による新生児検診，保健師による乳児・小児検査では，母親からの問診のみが多く，集団検診では足を診る検査項目さえ入っていない（小中高でも）．近年，上手に転べない子どもたちが増え，転倒時に手をつかず，頭や顔を打ってしまうとの報告が増えている．これらは身体の中の固有受容器や種々のセンサーが正常に働かないために起こってくると考えられ，メカノレセプターの未発達がその一因である．

### h. 足と基本動作獲得のマネージメント

発育発達時期の中に現代的な課題がある．少し前なら遊びを通してこどもの身体は成長していた．かけっこ，木登り，ジャングルジム，魚釣り，縄跳びなど，ごく当り前の子どもの遊びが身体形成に役立っていた．しかし現代ではこれらの遊びをする子どもたちは少なくなり，大都市ではその傾向はより大きい．遊びよりも野球，サッカー，水泳，ダンスなど専門性がある動きを獲得することを優先させると，正しくメカノレセプターを働かせることができない．そういう意味で，昔の遊びが少なくなった現在では，適切な器具を利用することも必要である．

### i. JPクッションを用いたバランス能力の向上

バランス能力は様々な運動能力を支える重要な要素の一つであるが，現代の子どもたちには「伸び悩み現象」がある．この問題を解決するための手法の一つとして，不安定な状況の下で身体運動を行うことによって，バランス感覚を向上さ

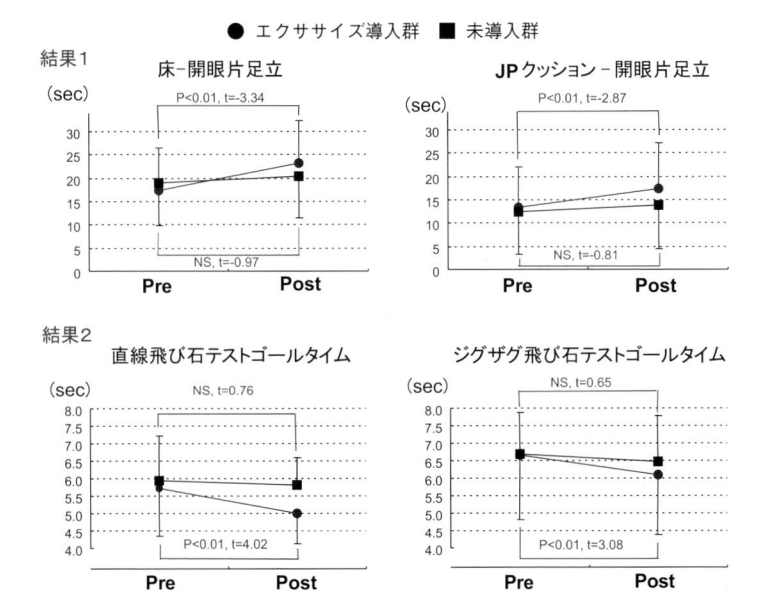

**図 5.13** バランス能力テスト[15]

実験結果1：エクササイズ導入群では，床の開眼片脚立ち，JPクッション上での開眼方
脚立ちともに有意に向上（延長）したが，未導入群では向上しなかった．
実施率：93.4±5.7%，100% = 47日．※未実施理由：病欠，遅刻，ケガなど．
実験結果2：正確着地の平均値は，1.5〜3.5/11回の範囲内にあり，Pre-Postで有意に変
化しなかったが，直線飛び石テストとジグザグ飛び石テストにおけるゴールタイムの平
均値は，エクササイズ導入群では有意に向上（短縮）し，未導入群では向上しなかった．

せる試みが行われている．

　上述のJPクッションを適宜に並べ，その上で毎日5分，3か月にわたって，開眼片脚立ち，直線飛び石移動（ジャンプして移動），飛行機バランス（片脚で立ち手を左右に広げる），テクテク歩きなどを実施したところ，運動群では非運動群に比べ，開眼片脚立ちが有意に向上した．また直線飛び石テストとジグザグ飛び石テストにおいて，ゴールするまでの時間も有意に短縮した（図5.13）[15]．

### j．固有受容器を働かせよう

　正しい立ち方，歩き方ができないとどうなるだろうか？　立ち方，歩き方に悪い癖がつくと，足の機能を支える筋肉が弱ってしまう．そうなると，足の骨の並び方が崩れ，痛み，変形，ケガのもとになる．偏平足や外反母趾などの痛さは本

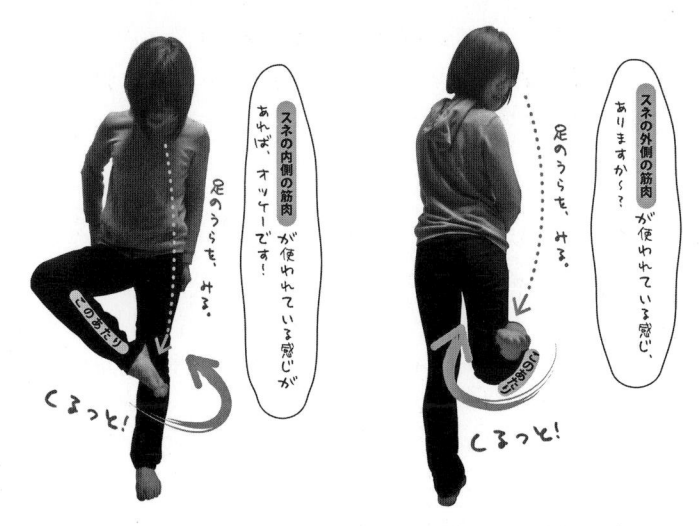

① 正面から、足のうらをのぞく。　　　② 背中側から、足のうらをのぞく。

**図 5.14**　足裏のぞき運動[16)]

当につらいものである．したがって正しい立ち方や歩き方ができるように，足の体操をして足の持つ本来の機能を発揮させることが大切である．

**楽しい足の体操**：正しい立ち方では「親趾の根元」，「小趾の根元」，「かかと」の三点に体重が乗る．そこで以下の足の体操をしてこのような立ち方ができるようにトレーニングしよう[16, 18)]．

- 足趾を精一杯反らせて，5〜7秒間キープする．これを 3〜10 回繰り返す．
- 親趾の根元，小趾の根元，かかとの三点のみで立ち，できればそのまま歩く．
- 足裏のぞき運動（回内，回外）：立った状態で正面と背中側から足の裏をのぞき見るポーズをとる．そのまま 5 秒間キープ，3 回 1 セットで繰り返す（図 5.14）．

## おわりに

本章では，JP クッションの効果，楽しい運動，足の構造と機能およびその障害について述べた．基本動作の獲得期をよく理解して，正しいアライメントで運動することが大切である．ドイツではアライメント補正が幼少期から必要であるとの文化が定着していて[18)]，幼少期に「楽しい足の体操」を行わせている．わが国もこのような文化の醸成に取り組まなければならない．幼児，児童，生徒

の父兄や指導者が正常な発育発達過程を理解し，効果的な運動能力の獲得に有益と考えられるエクササイズを実践していくことが望まれる．「楽しい足の体操」を行ったり，適切な器具を用いて正常なアラインメントを常に保つ状態をつくること．こうした環境が整ってはじめて，次の段階の投げる，蹴るなどの運動動作の獲得に進むべきである．

[白木基之，山下則之，恒川秀紀]

## 文　　献

1) 高橋長雄：関節はふしぎ，pp. 206-207，講談社，1993.
2) Sinclar D, Dangerfield P：ヒトの成長と発達（山口規容子，早川　浩訳），pp. 151-153. メディカル・サイエンス・インターナショナル，2001.
3) Kahle, Leonhardt, Platzer：解剖学アトラス（越智淳三訳），p. 211, p. 227, 文光堂，1985.
4) Michaud TC：臨床足装具学-生体工学的アプローチ（加倉井周一訳），p. 53, 医歯薬出版，2010.
5) Salenius P, Vankka E：The development of the tibiofemoral angle in children. *J Bone Joint Surg*, **57A**：259-261, 1975
5) 産業技術総合研究所：デジタルヒューマン工学研究センター：www.dh.aist.go.jp/jp/
6) 早稲田大学大学院スポーツ科学研究科：www.waseda.jp/sports/supoken/
7) Hlavac H：The Foot Book．pp. 22-25, 41-49. ブックハウス HD，1982.
8) Kapandji AI：カパンジー機能解剖学 下肢 原著第6版（塩田悦仁訳），医歯薬出版，2011.
9) Cailliet R：足と足関節の痛み 原著3版（荻島秀男訳），p. 154, 204, 医歯薬出版，2007.
10) Perry J：Anatomy and biomechanics of the hindfoot. *ClinOrthop*, **177**：9-15, 1983.
11) Oatis CA：オーチスのキネオロジー 身体運動の力学と病態力学 原著第2版（山崎　敦監訳），p. 847, ラウンドフラット，2012.
12) Michaud TC：臨床足装具学-生体工学的アプローチ（加倉井周一訳），p. 25, 41-43, 53-59, 医歯薬出版，2010.
13) Inmann VT et al：Human Walking. Williams&Wilkins, 1981.
14) 井口　傑：足のクリニック，南江堂，2007
15) Jリーグアカデミー：www.j-league.or.jp/academy/
16) 日本ポダイアトリー協会：www.japan-podiatry.jp/
17) Helen JH, Jacqueline M：新徒手筋力検査法 原著第8版（津山直一，中村耕三訳），pp. 255-292, 協同医書出版，2009.
18) 塩ノ谷香：足のトラブルは靴で治そう，中央法規出版，2005.
19) Lang J, Wachsmuth W ed：ランツ下肢臨床解剖学（山田致知，津山直一監訳），医学書院，1979.
20) 渡會公治：美しく立つ，文光堂，2007.
21) 星野　達：日本靴医学会：www.kutsuigaku.com
22) 恒川秀紀：早稲田大学大学院スポーツ科学研究科リサーチペーパー，2007．www.waseda.jp/sports/supoken/

# 6

# スポーツファンのこころ

## 6.1 スポーツの楽しみ方―多様なスポーツとのかかわり―

　スポーツとは，全世界に共通する人類が作り上げた文化の一つである．現代社会においては，オリンピックに代表されるような記録，技，勝利を追求する競技スポーツから，健康の維持・増進や他者との交流を促進する絶好の機会である生涯スポーツに至るまで，その意義と価値は計り知れないほど大きなものである．そのスポーツとのかかわり方には多種多様な形が存在する．最も代表的な形としては，自らが身体を動かし，ゲーム等に直接参与する「する」スポーツがあげられる．笹川スポーツ財団が公表しているスポーツライフ・データ[14]によると，2012年における調査では，週1回以上運動・スポーツを実施した人の割合は59.1％，週3日以上の人の割合は40.7％となっている．さらに，週2回以上，1回30分以上，「ややきつい」という条件で運動・スポーツを実施している人々，いわゆる「アクティブ・スポーツ人口」が1992年の調査開始以来，初めて20％を突破したと報告されている．先に述べた週1回以上実施した人の割合が，同年に過去最高を記録していることからも，日本における成人の積極的な運動・スポーツ実施状況が確認できる．つまり，「する」スポーツにかかわる人々は，これらのデータから確認できるように，確実に増加しているといえよう．こういった現象は，昨今のマラソンブームや，都心において早朝や夕刻以降に皇居周辺をジョギングする光景に象徴されるように，多くの人々が「する」スポーツとのかかわりを持ち，楽しみ親しんでいると理解できよう．

　では，「する」スポーツ以外のかかわり方にはどのようなものがあるのだろうか．たとえば，Jリーグは1993年に開幕した際に，「Jリーグ百年構想～スポーツで，もっと，幸せな国へ～」というスローガンを掲げ，その基本理念の一つとして，「"観る""する""参加する"．スポーツを通して世代を超えた触れ合いの輪を広げる

こと」と提唱している．さらに，文部科学省は，新たなスポーツ文化の確立を目指すために，2010年に「スポーツ立国戦略」を策定し，その基本的な考え方の中で，「人（する人，観る人，支える人（育てる）人）の重視」を掲げている．スポーツとの多様なかかわりが存在する現代において，「みる（観る）」というかかわり方の重要性が大きく認識されていると言えるのではないだろうか．もちろん，Jリーグが触れている「参加する」とは，地域に根差したスポーツクラブが実施する様々な振興活動への参加であったり，チーム公式戦でのボランティアスタッフとしての参加といったような形態をさしているといえる．また，文部科学省の支える人（育てる人）とは，先のボランティアと同義であり，育てる人とは指導者という立場を意味している．このように，「みる」以外にもいくつかのかかわりが存在するわけであるが，さらにその対象を拡げてみると，ラジオを媒体とした「聴く」スポーツや書籍やウェブページを対象とした「読む」スポーツ，さらにはシューズやウェアに対する「着る」スポーツといったように，スポーツとの多様なかかわりが存在していると言えるだろう．

## 6.2 「みる」スポーツ

本節では，多様なスポーツとのかかわりの中で，「みる」スポーツについてクローズアップしていくこととする．前述したJリーグの百年構想と文部科学省のスポーツ立国戦略の中では，双方ともに「観る」という表現が用いられている．この「観る」は，「鑑賞」，「観察」，「観光」といった用語のように，明確な意図や目的を持って対象をみている場合に用いられるようである．一方，普段よく使われる「見る」については，「所見」，「見当」，「発見」というように，みる対象に明確な目的や意図を持っていない場合が多いようである．スポーツをみる場合には，主にスタジアムやアリーナに直接出向いてみるケースと，テレビ等を利用して間接的にみるケースがその主なものであるが，現場に出向いて直接みることを「観戦」という表現を用いることからも，基本的にJリーグ，文部科学省ともにスタジアム等での直接観戦をさしていると言えよう．

元来,「観戦」とは,戦争（戦闘）の状態を視察するという語であったが,その後,運動競技やスポーツの試合等において広く使われるようになっていった言葉である．そして,「観戦」の意味の特徴について，佐伯[13]は次のように述べている．「単なる見物である観覧やみて楽しむ鑑賞，あるいは芸術作品を主観を交えずに冷静

にながめ，美を直感的に感じとる観照等の類義語が持つ対象との受動的な関係性ではなく，対象の状況性を解釈し，判断し，さらに自らの態度を決断するというきわめて能動的な意味を持っている」．つまり，シナリオが作り上げられている観劇や存在そのものに対する観賞とは劇的に異なり，ゲームやパフォーマンスの不確定性や期待と現実との不一致性に対して，自らが積極的に関与し，その時空間を共有するのである．そこには，単なるコンシューマーとしての存在ではなく，ある種独特の雰囲気を創造するクリエーターとしてのかかわりが明確に認められるわけである．したがって，スポーツの観戦とは，非常に自発的で主体的な行動様式であると捉えられよう．イングランドのプレミアリーグでは，応援団長が旗を振って先導しているわけではなく，観客個々人が鑑賞するパフォーマンスに対して，ある時は拍手を送り，ある時は怒りを表現する．非常に素直なリアクションが同じタイミングで，かつ同じベクトルで起こる現象であり，様式美ではない文化と歴史に根差した自然な感情表現がスタジアム独特の雰囲気を作り上げているのである．

　スタジアムでの直接観戦者について述べる前に，テレビを媒体とした間接的スポーツ観戦者について，データを基にその特徴を見てみることとする．ビデオリサーチ社が報告している歴代の全局高世帯視聴率番組を見てみると，トップ50番組の中に，スポーツに関連するものが20番組入っていることがわかる．その内訳については，ボクシングが七つと最も多く，サッカー四つ，オリンピック四つ，大相撲とプロレスが二つずつで高校野球が一つというものである．しかしながら，最近15年間に限って見てみると，3位に入っているのが2002年FIFAワールドカップグループリーグ日本対ロシア戦（2002年6月9日：66.1%），7位に1998年FIFAワールドカップグループリーグ日本対クロアチア戦（1998年6月20日：60.9%），12位に2012年FIFAワールドカップ決勝トーナメント1回戦日本対パラグアイ戦（2010年6月29日：57.3%），30位に2006年FIFAワールドカップグループリーグ日本対クロアチア戦（2006年6月18日：52.7%）となっており，すべてがサッカーワールドカップの試合であることがわかる．NHK紅白歌合戦や各種ドラマといったサッカー以外のもののほとんどが1960年代と1970年代のものであり，人々の生活の価値観が多様化し，高視聴率の獲得が困難な現代において，スポーツコンテンツであるサッカーワールドカップの試合のみランキングに入っていることからも，「みる」スポーツの魅力と価値，また注目度の高さが

確認できるといえよう．ちなみに2012年単年のランキングでは，トップ30番組の中，18番組がスポーツ関係である（サッカー13番組（含ロンドンオリンピック），オリンピック3番組，箱根駅伝2番組）．

では，実際にスタジアムやアリーナにまで直接足を運び，観戦している人たちはどれくらいいるのだろうか．まず，プロ野球のケースでみていると，2013年シーズンでは，セントラル・リーグ（以下セ・リーグ）1試合平均入場者数が28,245人，パシフィック・リーグ（以下パ・リーグ）が22,790人と報告されている（日本野球機構オフィシャルサイト統計データより）．セ・リーグでの詳細をみてみると，ホームゲーム72試合において最も観客を動員していたのが，読売ジャイアンツの3,008,197人（1試合平均41,781人）であり，最も少なかったのが横浜DeNAベイスターズの1,425,728人（1試合平均19,802人）であった．パ・リーグで最も多かったのが，福岡ソフトバンクホークスの2,408,993人（1試合平均33,458人）であり，最も少なかったのが千葉ロッテマリーンズの1,260,439人（1試合平均17,506人）という結果であった．年次ごとの推移を簡潔にみてみると，セ・リーグでは1954年に初めて1試合平均1万人の大台に乗り，1975年で2万人台へ，1987年に3万人台を記録後，ほぼ横ばいの状態から2005年に26,650人と激減することとなりその後3万人の壁は越えられないで現在に至っている．パ・リーグについては，1973年に一度1万人を超えるも再度4桁の時代を3年過ごし，1977年に再び1万人を記録し，1988年には初めて2万人を超え，微増と微減を繰り返しながら2万人台を維持している状況である．このように，日本のプロ野球に関していえば，両リーグともに1980年代後半から2000年過ぎにかけてピークを迎えているが，その後は若干停滞しているといえるであろう．

一方，Jリーグではどうだろうか．2013年シーズンにおけるJ1リーグの1試合平均入場者数は17,226人，J2リーグでは6,665人と報告されている（Jリーグデータサイトより）．1試合の平均観客数が最も多かったチームは，浦和レッズの37,100人であり，最も少なかったのは，ギラヴァンツ北九州の3,172人と実に10倍以上の開きが存在している．さいたま市の人口は120万人強，北九州市が100万人弱であり，ホームタウンとする自治体の人口に大きな差は認められない．もちろん，チームの持つ歴史的背景や首都圏からの距離という要因はあるにせよ，なぜここまで劇的な差が生じているのだろうか．また，Jリーグは2004年から毎年，観客の特徴を探るために「スタジアム観戦者調査サマリーレポー

ト」を作成している．その2012年レポートによれば，全体の平均年齢は39.0歳，10年以上特定クラブを応援し続けているサポーターと位置づけられる人の割合は35.1%であり，性別では，男性62.8%，女性37.2%という割合であった．イングランド・プレミアリーグにおける女性観戦者の割合がほぼ15%前後といわれていることから，Jリーグの女性観戦者の割合はかなり高いといえそうである．ここで少しだけ世界にも目を向けてみよう．米 Sporting Intelligence 社が世界の各スポーツリーグを総括しているデータによると，1試合平均の観客数が最も多いのは，アメリカンナショナルフットボールリーグ（NFL，アメリカ：フットボール）の 67,394 人，2番目がブンデスリーガ（ドイツ：サッカー）の 45,116 人，3番目がプレミアリーグ（イングランド：サッカー）の 34,602 人である（2011-12シーズンデータより）．このデータによると，日本のプロ野球が8位にランクインしているが，スタジアムのキャパシティに依存する部分が大きいとしてもNFLの観客動員は驚くべき数字であるといえよう．

このように多くのデータをみてくると，様々な疑問が生じてくるはずである．なぜ人々はスポーツに魅了され，観戦するのだろうか．特定のチームや選手を応援するファンとはどのような特徴を持ち，彼らの思考や行動はどのように形成されていくのだろうか．なぜファンはスタジアムに足を運ぶのか，またスタジアムでの観戦にはどのような要因が影響し，どのような要因が観戦を阻害しているのだろうか．次節ではこういった疑問に対して多方面から探ってみることにする．

## 6.3 スポーツファンの観戦行動に影響を及ぼす要因

### a. スポーツファンとは

辞書的な定義によれば，ファン (fan) とは，「芸能・スポーツなどの熱心な愛好者．また，特定の俳優・選手・人物・団体などをひいきにする人」（大辞林）となっており，fanatic（熱狂的）の短縮系とされている．川上[8]は，思春期・青年期のファン心理に焦点を当てた研究において，ファンを「日常では出会わないある特定の人物（グループ，チームを含む）に対して好意を持っている自称"ファン"である人」と定義している．様々な分野でこのファンは存在するわけだが，古くは「タカラヅカ・ファン」，近年では「AKB・ファン」をイメージするとその現象について察しがつくのではないだろうか．小城[9]は，ファン心理の構造を明らかにしており，それらは，作品の評価，疑似恋愛感情，外見的魅力，同一視・類似性，

流行への同調，ファン・コミュニケーション，尊敬・憧れ，流行への反発・嫉妬という8因子構造であり，その中でも「作品の評価」と「尊敬・憧れ」が中心であったと報告している．ファン心理には，ポジティブな側面とネガティブな側面の両面を持ち合わせていることが考えられ，ファン対象を尊敬や憧れの対象としたり，ライフスタイルの模倣，生き様の見本とすることなどはポジティブな側面である．一方，多少極端なケースではあるが，ファン心理が強すぎる場合，後追い自殺やストーカー行為といった病理的な行動に発展してしまうことがネガティブな側面といえるだろう．スポーツ以外の分野とスポーツのファンとの大きな違いは，そこに「勝ち負け」があるかどうかである．勝った時には選手やチームを心から賞賛する"good fan"のままでいられるが，負けた後には暴言を吐いて罵ったり，時には暴力行為に及ぶなどの"bad fan"に変貌してしまうこともあるわけである．

ファンに類似する用語にはスペクテーター（spectator）があるが，両語はしばしば混同して用いられてきたようである．ワンら[23]は，スポーツ・ファンとスポーツ・スペクテーターの相違について言及しており，ファンは特定のチームや選手個人に強い興味・関心を持ち，それによって彼らを応援する人々である一方，スペクテーターは積極的にスタジアムに足を運び，時にはテレビを通して観戦する人たちのことである．例えば，あるフットボールチームを熱烈に応援し，毎試合スタジアムに観戦に訪れる人は，ファンでありかつスペクテーターである．一般的に，この例のように，この両者は一致する場合が多いが，スタジアムで観戦したことのないファンがいたり，特定の応援するチームを持たないで純粋に質の高いゲームや選手のパフォーマンスを見に行くスペクテーターが存在するように一致しないケースも認められる．

### b．スポーツ観戦に影響を与える要因とは

これまでのスポーツ観戦者の観戦行動に焦点をあてた研究を概観してみると，主にスポーツビジネスやスポーツマーケティングといった領域で行われていることがわかる．これには，チームやクラブの経営という視点が大きく影響しているためである．つまり，クラブ経営の大きな課題の一つである入場料収入を増加させるためには，観戦者実数と観戦頻度を増やす必要があり，そのためには観戦者の行動，態度，意向等に影響を与える要因を明らかにし，理解することが必要不

可欠だからである．様々な財やサービスを購買する消費者を対象とした消費者行動研究では，この種の研究が多数行われており，スポーツマーケティング領域においても同様の研究が行われているようである．例えば，フェレイラとアームストロング[3]は，大学スポーツの試合への観戦に影響を与える要因として，次の8つの要因が重要であったと報告している．それらは，人気スポーツであること，ゲームの魅力，フリーチケットや販売促進，ゲーム前やハーフタイム中のショー，身体的コンタクトの魅力，アクセスの良さ，施設の良さ，チケット価格である．これら以外にも，天候，駐車スペース，プロモーションイベント，チームの成績，スター選手の存在等が観戦するかどうかに影響する要因になりうると述べている．

シャンク[15]は，先述したような数多くの先行研究をベースとし，スポーツ観戦者の観戦行動に影響を与える要因として以下の9要因をあげている．それらは，観戦動機要因（fan motivation factors），ゲームの魅力（game attractiveness），経済的要因（economic factors），競合要因（competitive factors），人口統計的要因（demographic factors），スタジアム要因（stadium factors），コミュニティにとってのスポーツの価値（value of sport to the community），スポーツ関与（sport involvement），ファンの同一視（fan identification）である．

最初の観戦動機と最後のファンの同一視については，本章の中核である心理面に大きく関与していることから，次節以降に個別に取り上げる．

二つ目のゲームの魅力については，選手のスキルレベルやチームの成績，リーグ戦の順位等によって影響され，毎試合あるいは毎週刻々と変化する要因である．さらに，開幕戦や決勝戦，オールスター戦といった特別なゲームの場合には，このゲームの魅力が高まり，直接観戦の可能性も高まるといえる．

三つ目の経済的要因は，チケット価格やスポーツ製品の知覚価値といったコントロール可能なものと，住民の年収や国の経済レベルといったコントロール不可能なものに分類される．チケット価格と直接観戦との関連を調査している先行研究において，そのほとんどが価格と観戦行動との間に負の相関関係を見い出しているものの，中には逆の結果，つまりチケット価格と観戦行動には関係がないというものも存在する[1]．BBC（英国放送協会：Sport Price of Football Survey 2012より）の調査によると，イングランド・プレミアリーグにおいて1試合のチケット価格が最も高額なチームは，アーセナル（Arsenal FC）の126ポンド，

逆に最も安価なチームはニューカッスル（Newcastle United）の15ポンドとなっている（チケット価格は同一チームにおいても会員・非会員，座席位置，対戦相手において異なる）．しかしながら，このアーセナルのチケットの一般購入は至難の業となっており，価格が高くても購買意欲の高い観戦希望者は非常に多く存在するというケースである．このような現象には，本節で述べている他の要因，その中でも後述するファンの同一視が大きく影響を与えていると考えられる．

　四つ目の競合要因については，他のスポーツ競技との競合といった直接的なものと，他の娯楽産業といった間接的なものがある．直接的な競合のケースでは，野球，サッカー，アメリカンフットボール，バスケットボール等の種目間による競合と，テレビやラジオ，インターネットといったメディア媒体との競合による場合がある．例えば，テレビを利用してスポーツを観戦する人々をスタジアムでの直接観戦者に取り込むための戦略の策定は，クラブ経営者にとっては非常に重要な課題であろう．

　五つ目の人口統計的要因は，年齢，性別，学歴，職業，人種といった個人の属性に関するものであり，これらの属性の違いがスポーツ観戦行動に影響を及ぼすとされている．例えば，一昔前に比べると女性のスポーツ観戦者は確実に増加している．また，日本人が最も関心のあるスポーツ（テレビ視聴率から）は，男性ではプロ野球が1位，サッカー日本代表が2位，高校野球が3位であるが，女性ではフィギュアスケートが1位，バレーボール日本代表が2位，サッカー日本代表が3位となっており，性別による明確な違いが確認できるわけである．このように，人口統計的要因は基本的な情報ではあるが，スポーツ観戦者をマクロな視点から理解する際には非常に重要なものとなる．

　六つ目のスタジアム要因については，スタジアムの真新しさ，スタジアムへのアクセス，スタジアムの美しさ，座席の快適さ，スタジアムの清潔さなどが含まれる．さらに，スポーツをライブで観戦したことのある方なら容易に想像できると思われるが，先述したスタジアムの要素に加え，その他の様々な要素が加味されることによってスタジアムが醸し出す"独特な雰囲気"の良し悪しによって，観戦者が体験する情緒的反応への影響や，将来的な再観戦意図へも影響しうるとされている．

　七つ目のコミュニティにとってのスポーツの価値は，スポーツがコミュニティに与える影響に関する信念を意味している．コミュニティの連帯感，社会に期待

される行動，娯楽的エクスタシー，素晴らしい仕事の出来栄え，社会的公正，健康への意識，個性的な特色，ビジネスの機会という八つの価値の特徴を示している．例えば，スポーツへの参与はコミュニティの連帯感を強めるという信念を持つ人は，よりスポーツ観戦をする傾向が高いといったような関連が考えられよう．

八つ目のスポーツ関与については，スポーツを観戦する際のそのスポーツに対する興味や関心，またそのスポーツの本人にとっての重要度と捉えられている．例えば，アメリカにおけるスポーツ関与の上位を見てみると，アメリカンフットボール，バスケットボール，野球がその上位3種目である．一般に，このような個々人のスポーツ関与が高いほど，スタジアムでの直接観戦の頻度や将来的なスポーツ観戦の可能性，テレビや雑誌，新聞でのスポーツに関する情報に対する親和性にポジティブな影響を及ぼすとされている．

先に述べたように，九つ目のファンの同一視については，次々項で取り上げることとする．

**c. 観戦動機**

表6.1は，スポーツ観戦者における観戦動機を扱った主要な研究をまとめたものである．ワン[22]は，一般大学生とアマチュアのソフトボール選手を対象として観戦動機の同定を試みており，そこで得られた因子は，快ストレス（eustress），自尊心（self-esteem），現実逃避（escape），娯楽的価値（entertainment），経済的価値（economic），美的価値（aesthetics），所属欲求（group affiliation），家族の絆（family）という8要因であった．例えば，この中で自尊心について，

表6.1 スポーツファンの観戦動機に関する研究から導かれている動機

| | Wann (1995) | Trail ら (2001) | Mahoney ら (2002) | 松岡 (2004) | Won ら (2006) | 高田ら (2008) | Funk ら (2009) |
|---|---|---|---|---|---|---|---|
| 1 | 快ストレス | 知識の獲得 | 代理経験 | 達成 | 選手への興味 | スポーツ空間 | 交流 |
| 2 | 自尊心 | 美的価値 | ドラマ | 美的 | 地域への誇り | チーム達成 | パフォーマンス |
| 3 | 現実逃避 | ドラマ | 地域への誇り | ドラマ | エンタテイメント | 交流 | 興奮，ドラマ |
| 4 | 娯楽的価値 | 現実逃避 | 選手への愛着 | 逃避 | ドラマ | 競技 | 自尊心 |
| 5 | 経済的価値 | 家族 | チームへの愛着 | 知識 | 現実逃避 | 地域愛着 | 気分転換 |
| 6 | 美的価値 | 身体的魅力 | スポーツへの愛着 | スキル | スキル | 家族 | |
| 7 | 所属欲求 | スキル | 美的価値 | 交流 | 交流 | ドラマ | |
| 8 | 家族の絆 | 交流 | | 所属 | 家族 | 選手 | |
| 9 | | | | 家族 | 代理経験 | ロールモデル | |
| 10 | | | | 娯楽 | チームへの同一視 | 企業サポート | |

自分自身が好きで応援しているチームが試合に勝った場合，何ともいえない高揚感や達成感を感じることができる．この感覚が自尊心の強化に繋がると考えられているわけである．自尊心に関連して，スポーツファンは，強いチームや選手と結びつきたいという気持ちと，弱いチームや選手との結びつきを弱めたいという気持ちが心の中に潜んでいる．この強いチームになびく傾向をバーギング（BIRGing：Basking In Reflected Glory）と呼び，「高い評価を受けている個人・集団との結びつきを強調することによって，自尊心や他者からの評価を高めようとする態度」とされている．一方，弱いチームから離れていく傾向はコーフィング（CORFing：Cutting Off Reflected Failure）と呼ばれ，「低い評価を受けている個人・集団との結びつきがないことを強調することによって，自尊心を保護したり他者からの低い評価を避けようとする態度」とされている．例えば，自分の応援するチームが勝った翌日には，その試合に関して話をする時に，彼らは"we"を使い，負けた時には"they"を使うという調査結果や，自分が応援するチームが勝った後には，彼らが当該チームのウェブサイトを訪問する傾向が高まり，逆に負けた後にはウェブサイトを閲覧する傾向が低下するという調査結果も見られる．

トゥレイルとジェームス[18]は，スポーツ観戦者の中には多種多様なタイプが存在し，その多様性，異質性を考慮する必要があるとの立場から，チームに対する比較的高い関与が想定されるメジャーリーグチームのシーズンチケットを保持している人々を対象として，彼らの観戦動機について調査を行っている．彼らが確認した観戦動機は，知識の獲得（acquisition of knowledge），美的価値（aesthetics），ドラマ（drama），現実逃避（escape），家族（family），身体的魅力（physical attraction），スキル（physical skills of players），交流（social interaction）の8要因であった．

マホーニら[10]は，Jリーグ観戦者を対象として，観戦動機と行動的側面との関係性について調査を行っている．そこでは，代理経験（vicarious achievement），ドラマ，地域への誇り（community pride），選手への愛着（player attachment），チームへの愛着（team attachment），スポーツへの愛着（sport attachment），美的価値の7因子を設定している．彼らは，この7因子と観戦頻度やファンとしての期間との関連について分析し，観戦頻度についてはチームへの愛着が強く影響しており，ファンとしての期間にはスポーツへの愛着が最も強

く影響していたと報告している．

ウォンら[24]は，韓国と日本のプロサッカーの観戦者を対象として，観戦動機と現在および将来的な観戦行動との関係について研究を行っている．彼らは先行研究を概観し，選手への興味（interest in player），地域への誇り，エンタテイメント，ドラマ，現実逃避，スキル，交流，家族，代理経験，チームへの同一視という10因子をその観戦動機として尺度を構成し，調査を行った．主な結果として，チームへの同一視は日韓双方の国において，現在の観戦頻度，将来的な試合観戦意図と商品購入意図の全てにおいてポジティブな影響を与えていた．また，Jリーグ観戦者のみにおいて，代理経験因子が現在の観戦頻度，将来的な試合観戦意図，商品購入意図に寄与し，逃避因子は現在の観戦頻度を高めるという結果が得られている．

高田ら[17]は，これまでのスポーツ観戦者に焦点をあてた研究のほとんどがJリーグやプロ野球といった単一のプロスポーツを対象としたものであり，企業スポーツとして発展してきた球技系トップリーグは，特徴的な属性を持つ観戦者が存在するとの立場から，日本のトップリーグ連携機構に参加する5競技6リーグ（男子バスケットボールリーグ，女子バスケットボールリーグ，日本ハンドボールリーグ，ジャパンラグビートップリーグ，アジアリーグ・アイスホッケー，日本女子ソフトボールリーグ）の観戦者を対象として，彼らの観戦動機についての調査を行っている．最終的にそこで得られた観戦動機因子は，スポーツ空間，チーム達成，社交，競技，地域愛着，家族，ドラマ，選手，ロールモデル，企業スポーツサポートという10因子であった．さらに，この観戦動機を用いて観戦者のセグメンテーション（市場細分化）を行い，その特性を検討している．そこでは，観戦動機の類似性という観点から観戦者をグループ化するために，各因子の平均得点から非階層的手法によるクラスター分析を実施し，次に示す五つのクラスターを採用している．第1クラスターでは，自らの意思で観戦し，ある程度観戦スタイルが固定化されたスポーツファンタイプであるとの解釈から「Fixed Fan」と命名している．第2クラスターは，好きなチームや選手を応援するために観戦し，スポーツを通して他者との交流を促進しているタイプであることから「Social Fan」と命名している．第3クラスターは，いずれの観戦動機も低く，平均観戦回数も低いことから観戦に対して非積極的であることが推察されるものの，スポーツの質や競技自体には関心を持ち，競技経験や現在の実施者を中心と

した若年層で構成されていることから「Potential Spectator」と命名している．第4クラスターは，全体の33.4%を占める最も大きな集団であることから現在の球技系トップリーグ観戦者を象徴するグループといえる．その特徴として，彼らの観戦回数は低く，一応特定チームを応援しているものの，それほどチームの成功には興味を持たず，むしろドラマ性やスポーツの有する雰囲気，競技自体に関心を持っていることから「Normal Spectator」と命名されている．最後の第5クラスターでは，10因子中9因子で高い得点を示し，ほとんどの観戦者が応援チームを持ち，観戦実績や再観戦意図も高く，さらに企業の招待券によって観戦していた割合が42.1%と他のグループに比して特徴的に高い．これらのことから，スポーツ観戦に対して非常に積極的であるとの解釈から「Active Fan」と命名されている．

　ここで再度，ファンとスペクテーターについて考えてみたい．高田ら[17]の研究において抽出された五つのセグメントは，それぞれ三つのファンと二つのスペクテーターに分類されている．一連の研究における観戦動機の特徴から，スペクテーターはスキル，情報の収集，ドラマ，美といった動機がその主なものであり，球技系トップリーグにおける約半数の観戦者（47.9%）は，あくまでスペクテーターでありファンとしての特徴を持ち合わせていなかったのである．つまり，ファンではないということは，チームや選手への興味・関心が薄く，継続して観戦に訪れるという意図も希薄なわけである．クラブの経営，リーグの活性化のためにも，ファンの割合が増える方が様々なメリットが生まれることは明白である．では，どのようにしてファンは形成されるのであろうか．大きな要因の一つとしてあげられるのが，地理的な条件である．具体的にイメージしてみると，関西に居住する野球好きの人は阪神タイガースファンが多く，埼玉に住む人のサッカー好きは浦和レッズファンが多勢を占めるという状況である．このような地理的条件を満たしたとしてもファンにならない人もいるし，逆に地理的条件を満たさずとも特定チームのファンになるケースも存在する．このような状況に大きく影響を与えているのが，ファンの同一視という要因である．次項ではこのファンの特定チームに対するチーム・アイデンティティを取り上げる．

### d．ファンの同一視

　アイデンティティ，あるいはアイデンティフィケーションという言葉は，一般

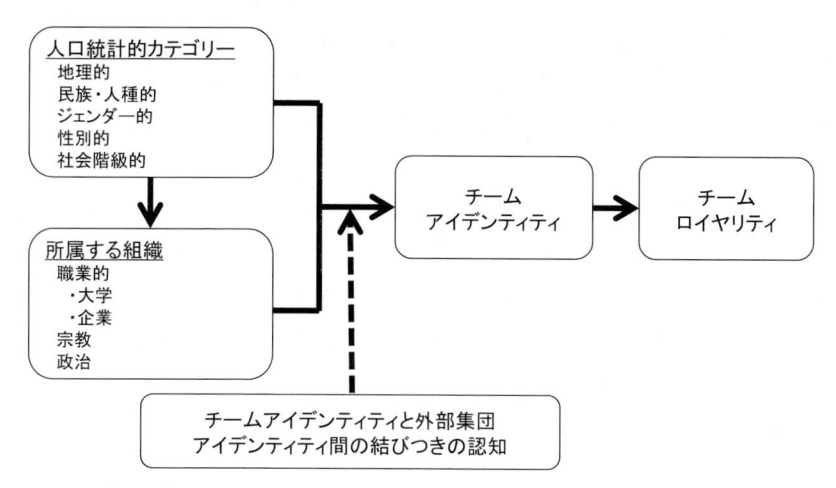

**図 6.1** 外部集団のアイデンティティ，チームアイデンティティ，チームロイヤリティの関係[5]

に「同一視」，「同一化」，「同一性」，「一体感」と訳される．この概念の拠り所としているものは，社会的同一性理論であり，人々は自分自身が誰であるかという感覚を高め，維持するために，様々な社会的カテゴリーの成員となり，それらのカテゴリーに適した行動を取ろうとする．この社会的同一性をスポーツファンと特定チームとの関係に援用したものがチーム・アイデンティティである．

　ファンにとってのチーム・アイデンティティは，特定チームに対して感じる同一視や繋がりとして捉えられている．例えば，チーム・アイデンティティが高いファンは，スタジアムでの観戦といった直接的なサポートのみならず，ファンイベントへの参加やチーム関連商品の購買行動といったように幅広くチームをサポートする行動をとるわけである．ヒアとジェームス[5]は，先述した社会的同一性理論をベースとして，チーム・アイデンティティが形成され，チーム・ロイヤリティ（忠誠心）へと発展していくことを示唆している（図 6.1）．我々は通常生活する社会の中で，何かしらの集団や組織に所属している．例えば，日本人であること，東京都民であること，男性・女性，出身の都道府県や大学，勤める会社などである．ヒアらが示した図 6.1 は，こういった社会の集団に対するアイデンティティが，特定チームへのアイデンティティ形成に影響を及ぼしうることを示したものである．藤本[2]によると，ここで重要なことは，外部集団アイデンティティとチーム・アイデンティティとの結びつきを，ファンがどのように認識した

のかということである．例えば，甲子園に出場したある高校を応援したいという気持ちは，自分がその県の出身であることと，その高校が自分の出身県の代表であることを認識した結果として起こると考えられるわけである．オリンピックやワールドカップで，自国の代表選手に声援を送る行為も，このように説明が可能である．

では，このチーム・アイデンティティはどのようにして高められるのだろうか．上向ら[19]は，Jリーグ観戦者を対象としてチーム・アイデンティティの形成要因について検討しており，地理的条件（チームのホームタウン）とファン集団への関与（いわゆるサポーター）という二つの要因が影響していたと報告している．このファン集団への関与について，藤本[2]は継続的なインタビュー調査を行っており，「どこへ行っても仲間がいる」，「その人たちと会うのが楽しくてますます球場に足を運ぶようになった」といった人的なつながりの影響を報告している．つまり，単なる試合の応援だけでなく，ファンどうしの定期的な交流が「ファン集団」という外部集団アイデンティティを形成し，チーム・アイデンティティと相互に影響しながら維持，あるいは強化されていったといえる．このチーム・アイデンティティがほぼ確立されることにより，忠誠心と呼ばれるチーム・ロイヤリティへと発展するわけである．ファンクら[4]が提唱しているスポーツファンの心理的段階モデルにおいても，忠誠が最終段階とされており（気づき→魅力→愛着→忠誠），高い忠誠心を持つファンというのは，いわゆる「コア・ファン」と呼ばれ，チームに対して強い忍耐力や一貫性，また様々な商品の購買意欲や再観戦意図が非常に高くなるわけである．このような消費行動的側面だけでなく，ファンとして長年応援し続けるという体験を非常に肯定的に捉えることによって，自己評価や自尊心といった心理的側面においてもポジティブに作用していることが考えられる．

## 6.4 フーリガンの心理

### a. フーリガンとは

英国には「乱暴者がプレーして紳士が観戦するのがラグビー，紳士がプレーして乱暴者が観戦するのがサッカーである」[25]という言葉があるそうである．サッカーの選手を紳士と呼ぶにはいささか抵抗があるかもしれないが，肉体と肉体がぶつかり合い，格闘技顔負けの肉弾戦と時として発生する選手どうしの乱闘が特

徴であるラグビーに比べれば，多少その抵抗も緩和されるはずである．一方，観戦する側についてはどうだろうか．英国限定の話であるが，スタンドでビールを片手に観戦ができるラグビーに対して，すべてのスタジアムにおいてスタンドにはアルコールを持ち込めないサッカーという現状をみれば一目瞭然であろう．そう，フーリガンの存在である．

1985年5月29日，欧州チャンピオンズカップ（現チャンピオンズリーグ）決勝戦は，ベルギー，ブリュッセルにあるヘイゼルスタジアム（現ボールドワン国王スタジアム）で行われた．リバプール対ユベントスの顔合わせとなった試合前，酒に酔ったリバプールファンが対戦相手であるユベントスファンに襲いかかり，逃げ惑うファンが出口に殺到し，壁が倒壊，瓦礫や倒れ込む人々の下敷きとなり，最終的に39名の死者と400人以上の負傷者を出す大惨事となった．この事故の直接的な原因は，連鎖的に発生したパニックによるものと，スタジアムの施設老朽化や警備の危機管理体制の甘さといった複合的な要因が絡みあったものである．しかしながら，何よりもパニックのきっかけとなったリバプールファンの暴力行為に見られるように，フーリガニズムの蔓延を見過ごしてきた当時のサッカー界の怠慢が引き起こした惨事といっても過言ではない事故である．

ステレオタイプ的には，「イングランド人の若い社会的不適合者で，常に酒を飲み，フットボールの試合を理由にスタジアムやその周辺で暴れる輩たち」とでも表現できようか．フーリガン（Hooligan）現象という概念の登場は，1960年代のようである．あるジャーナリストがサッカーの試合で起こる暴力行為をレポートするために適切な言葉を用いたいと考え，この悪事を働く観衆を「フーリハン」と名づけた．この言葉の語源は，19世紀にロンドンのイースト・エンドに住んでいた無頼なアイルランド系家族の姓 "Houlihan" に由来するとのことであるが，いついかなる理由で，「フーリハン」から「フーリガン」へと移行したのかは定かではなく，単なる入力時のミスタイプ（hとgは隣り合っている）という説もあるくらいである．また，同時期にロンドンを中心として乱闘や対立を繰り返していたギャング集団がフーリガン・ボーイズと称されていたということを語源とする説もあるが，いずれの説も歴史的実証性には欠けるようである．

### b. フーリガンの心理とその背景

フーリガンと呼ばれる若者たちは，何を目的とし，なぜ暴力行為を働くのだろ

うか．彼らの行動を解明する目的でいくつかの研究が行われているが，その対象者の特異性によるデータ収集の困難さから心理学領域における研究はみあたらない．そのほとんどが，当時の政治的，経済的，社会的背景と環境要因からフーリガン行動の解釈を試みた社会学領域からの研究である．三井ら[11]は，先行研究を概観しつつ，以下の三つに分類している．

**1）疎外された労働者階級の若者たちの抵抗**

本来フットボールは労働者階級のスポーツであり，選手もまた我々の街の代表という存在であったが，クラブチームの営利主義（裕福な社会層をターゲットとした営業方針）および選手のエリート化は，労働者階級の若者から彼ら自身のチームとの一体感を奪い去ることになった．したがって，フーリガニズムはフットボールを彼ら自身の手に取り戻し，親密な関係を再構築しようとする抗議行動である．

**2）儀式化された攻撃性**

フーリガンたちの行動は，単に凶暴極まりない行動であっても，仔細に観察すれば，了解可能なもので彼らなりの意味づけがされており，一定のルールに基づいたものである．また，彼らにとってのフットボール場は，普段の生活では満たされない満足感やある種の社会的地位や役割を提供する場となっていることから，彼らの行為が一種の儀式として成り立っている．

**3）「男らしさ」へのこだわり**

英国社会において強く支持されてきた（労働者階級に顕著な）「男らしさ」のイメージを体現したものであり，彼らが競技場の内外で演ずる戦争ゲーム（相手陣地を占拠すること，多勢に無勢であっても最後まで闘うこと，仲間を見殺しにしないこと）もまた，それらをシンボリックな形で表現したものである．

フーリガン行動に関連する背景要因として，若年労働者の失業，若者たちの社会的閉塞感，マスコミの煽り，英国社会に固有の階級制度（イングランド），宗教間の対立（スコットランド，北アイルランド），外国人移民の問題，極右団体への働きかけ，などがあげられているが，これらがどのように相互に関連し，彼らの行動を誘発しているかの因果関係を確認するには至っておらず，また，その解明は容易ではないであろう．

イングランドを起源としてヨーロッパ諸国に伝播したフーリガンの暴力行為は，その時間の流れとともに次の3段階が存在しているといえる．すなわち，主としてレフリーや選手に向けられるもの（第1段階），スタジアム内で相対立す

るファングループ間で生じるものと，競技場内で警察や治安関係者に向けられるもの（第2段階），そして競技場外において対立グループ間で生じるもの（第3段階）である．近年では，スタジアム内外でのフーリガンが原因であるとおぼしき事件の数自体は，確実に減少しており，特にスタジアム内での死傷者が出る暴動は，1990年代以降ほぼ発生していない．つまりこの第3段階である競技場外へと問題の発生場所が移動しているわけである．これには，スタジアムにおけるセキュリティシステムの進歩やクラブと警察とが連携した警備の強化さらには「サッカー観戦者法」（英国の場合）なる法的な整備も寄与しているといえる．しかしながら，スタジアム外での暴動を完全に消し去ったわけではなく，トラブルが継続して発生している限り，法的措置等によって抑圧するだけでなく，その歴史的，社会的，政治的，文化的，心理的要因からの解明と理解を試み，効果的な対応策を講じることが望まれる．

## おわりに

　本章では，スポーツファン，つまりスポーツを「見る」，あるいは「観る」人々のこころに焦点をあてて述べてきた．2020年に東京オリンピック・パラリンピックの開催が決定し，文部科学省においては，これまでのスポーツ・青少年局から新たにスポーツ庁が設置され，スポーツに対する関心・注目度は，今後かつてないほどの隆盛を極めることが予想される．人々の健康の維持増進，競技スポーツの強化といった従来からのかかわりに加え，オリンピックやワールドカップといったメガスポーツイベントの開催，また様々なプロフェッショナルスポーツの柱であるビジネスとしての視点が，さらに重要なものとなってくると思われる．

　人々は，なぜスポーツを見るのだろうか．また大金を費やしてまで海外に出かけて行き，ワールドカップやオリンピックを観戦するのだろうか．この点については，スポーツの観戦動機として紹介した．そこでは，自尊心の高揚や現実からの逃避といった心理的要因，社交の場としての機能や集団への所属の欲求といった社会的要因，娯楽的価値や経済的価値，美的価値といったスポーツが持つとされる特別な価値などが同定された．しかし，ふと周囲を見渡してみると，「野球やサッカーは見ないが，オリンピックは見る」「サッカーの日本代表戦だけは必ず観戦に行く」といったような現象が散見されるわけである．どうやらスポーツファンの心理，と一言ではすまされそうにない．そこには，ファンの同一視を超

えた，ナショナル・アイデンティティ，あるいはナショナル・プライドなるものが存在しそうである．元来，日本人はブームや流行が好きな国民であり，選手やチームが世界レベルで活躍することに大きく影響を受ける．近年では，女子サッカー日本代表が2011年のワールドカップで初優勝した際に，大きく注目され，その後のなでしこリーグでは劇的な観客動員数を記録した．しかし，一過性のブームは長続きせず，観客は減少の一途を辿る．2015年，連覇を目指した女子サッカー代表チームは，残念ながら準優勝であったが，キャプテンをつとめた宮間選手は決勝戦の前日の記者会見で次のように語っている．「女子サッカーをブームで終わらせることなく文化にしたい」と．まだまだこの領域におけるテーマは残されていそうである． 　　　　　　　　　　　　　　　　　　　　　　　　　　　　　　[上向貫志]

## 文　　献

1) Baade RA, Tiechen LJ：An Analysis of Major League Baseball Attendance. *Journal of Sport & Social Issues*, **14**：14-32, 1990.
2) 藤本淳也：人を動かすスポーツ―スポーツファンの特性とチーム・アイデンティティ．人間福祉学研究，**5**(1)：25-37, 2012.
3) Ferreira M, Armstrong LK：An Exploratory Examination of Attributes Influencing Students' Decisions to Attend College Sport Events. *Sport Marketing Quarterly*, **13**：194-208, 1994.
4) Funk CD, James J：The Psychological Continuum Model：A Conceptual Framework for Understanding an Individual's Psychological Connection to Sport. *Sport Management Review*, **4**：119-150, 2001.
5) Heere B, James JD：Sports Teams and Their Communities：Examining the Influence of External Group Identities on Team Identity. *Journal of Sport Management*, **21**：319-337, 2007.
6) Jリーグ：Jリーグ百年構想とは，1996. http://www.j-league.or.jp/100year/about/.
7) Jリーグ：Jリーグスタジアム観戦者調査2012サマリーレポート，2012. http://www.j-league.or.jp/aboutj/document/spectator-survey.html.
8) 川上桜子：ファン心理の構造―思春期・青年期の発達課題との関連から．東京女子大学心理学紀要，創刊号：43-55, 2005.
9) 小城英子：ファン心理の探索的研究．関西大学大学院「人間科学」社会学・心理学研究，**57**：41-59, 2002.
10) Mahony DF et al：Motivational Factors Influencing the behavior of J-League Spectators. *Sport Management Review*, **5**：1-24, 2002.
11) 三井宏隆，篠田潤子：スポーツ・テレビ・ファンの心理学，pp. 77-102，ナカニシヤ出版，2004.
12) 文部科学省：スポーツ立国戦略―スポーツコミュニティ・ニッポン，2010. http://www.mext.go.jp/b_menu/houdou/22/08/_icsFiles/afieldfile/2010/08/26/1297039_02.pdf.
13) 佐伯聰夫：スポーツ観戦論序説―問題の所在と観戦文化論の可能性．体育の科学，**49**(4)：

268-273, 1999.
14) 笹川スポーツ財団：スポーツライフ・データ 2012 スポーツライフに関する調査報告書. 笹川スポーツ財団, 2013.
15) Shank MD：Sports Marketing：A Strategic Perspective 4th Ed, pp.138-164, Pearson Prentice Hall, 2009.
16) Sport Intelligence：http://www.sportingintelligence.com/finance-biz/business-intelligence/global-attendances/
17) 高田一慶ほか：わが国の球技系トップリーグ観戦者に関する研究—クラスター分析を用いた観戦者の分類. スポーツ産業学研究, **18**(1)：25-42, 2008.
18) Trail GT, James JD：The Motivation Scale for Sport Consumption：Assessment of the Scale's Psychometric Properties. *Journal of Sport Behavior*, **24**(1)：108-127, 2001.
19) 上向貫志ほか：Jリーグ観戦者における同一視の形成に影響を及ぼす要因. 総合保健体育科学, **19**(1)：39-45, 1996.
20) ビデオリサーチ　全局高世帯視聴率番組 50. http://www.videor.co.jp/data/ratedata/all50.htm
21) ビデオリサーチ　2012年年間高世帯視聴率番組 30. http://www.videor.co.jp/data/ratedata/12best30.htm
22) Wann DL：Preliminary Validation of the Sport Fan Motivation Scale. *Journal of Sport and Social Issues*, **19**(4)：377-396, 1995.
23) Wann DL, Melnick MJ, Russell GW, Pease DG：Sportfan：The Psychology and Social Impact of Spectators. Routledge, 2001.
24) Won J, Kitamura K：Motivational Factors Affecting Sports Consumption Behavior of K-League and J-League Spectators. *International Journal of Sport and Health Science*, **4**：233-251, 2006.
25) 山本　浩：フーリガニズムをめぐって. 体育の科学, **49**(4)：299-302, 1999.

# III 編

## 運動はこころを拓く

# 7 情緒面の課題を抱える子どもへのキャンプセラピー

　不登校，いじめ，暴力行為など子どもたちの問題行動は憂慮すべき状況が続いているといわれている．たとえば，文部科学省の調査[1]によると，平成23年度の不登校児童生徒の数は，小学校，中学校合わせておよそ11万7000人であり，10年前の平成13年度の13万8000人よりも実数だけをみると減少しているかのようにみえる．しかしながら，全児童生徒数における不登校児童生徒の割合では平成23年度で1.12％（小学校0.33％，中学校2.64％），平成13年度1.23％（小学校0.36％，中学校2.81％）と依然高い値で推移しているといえる．また，暴力行為の発生件数は，平成23年度では小学校，中学校合わせておよそ4万6000件と報告されているが，10年前の平成13年度の3万1000件からは，1万5000件もの増加を示している．

　このような子どもの問題行動の背景には，子どもを取り巻く環境の変化，家庭や地域社会の教育力の低下，体験の減少など様々な指摘があるが，子どもたち自身に目を向けてみると，自制心や規範意識の低下，コミュニケーション力の低下などから人格形成の土台となるような力が脆弱になっているようである．特に，情緒面の育ちが遅れている未熟な子どもたちが目立つようである．先述の文科省の調査では，不登校となる理由として，学校，家庭などの状況の要因に加え，本人の不安などの情緒的混乱が最も多いことを報告している．また，暴力行為の発生件数の増加は，攻撃性，あるいは衝動性といった情緒面の育ちの不十分さを示しているのではないだろうか．

　もとより児童期の後半から青年期の前半といった，いわゆる思春期は，情緒面が不安定になりやすい時期であり，怒りや不安などの否定的感情が顕在化しやすいことが特徴である．思春期の子どもの中には怒りなどの攻撃性の表出を抑えられないことに苦悩する者もおり，この時期の子どもが抱える攻撃性が自分でコ

ントロールできないほど強大なエネルギーであることを示している[2]．山中[8]は，子どもたちの幼少時の経験不足を指摘し，子どもたちが暴力的になることは，本人が自分の持つエネルギーをコントロールする能力がないからであり，エネルギーを暴力的なものから建設的なものへとどこで転換できるか，そのためのコントロール能力をどう醸成するかが大切であると述べている．すなわち，この時期の子どもたちにおいては，怒りなどの攻撃性や不安感というような否定的な感情を適度にコントロールすることができて，時には創造的，建設的な力として発揮できるようになることが重要ではないだろうか．

筆者は，不登校，発達障害あるいは問題行動などの情緒面に課題を抱える子どもたちを対象にして，キャンプなどの自然体験活動を活用したセラピープログラム（以下キャンプ）を行っている．キャンプは，初回面接を含む事前説明会とメインキャンプ，また，キャンプ後のフォローアップキャンプからなるものである．メインキャンプのプログラムは，自然の中でのグループによる生活体験とマウンテンバイク，登山，ロッククライミング，沢登り，カヌーなどの冒険プログラム（adventure program）を特徴としている．このような体験活動を通じて子どもの抱える個々の課題を改善し育ちを支援することができればと考えている．

先述の通り，筆者は，情緒面に課題のある子どもたちの怒り，憂うつ，不安などの否定的感情をいかに表現し，これらをどのように肯定的な方向に転換できるかということが大切であると考えているが，その意味でキャンプを活用したセラピーは，このような感情を取り扱うには，きわめて有意義な場になっていると思われる．以下では，情緒面に課題のある子どもへのキャンプセラピーの取り組みを紹介し，いくつかの事例からその効果について述べてみたい．

## 7.1 キャンプセラピー

まず，キャンプセラピーが行われるようになった歴史的経緯とモデルとなったプログラムについて紹介しておこう．

キャンプなどの自然体験活動を活用したセラピーの取り組みは，アメリカで始まった．1901年にニューヨーク州のマンハッタン東病院での結核患者に対する治療が最初であると言われている[4]．きっかけは，病院が結核患者を他の患者たちから隔離するために，戸外の中庭に設営したテントに宿泊させたことだった．患者達にとって戸外の新鮮な空気や集団でのテント生活が，身体面の改善と同時

に精神面の改善に効果があったことが報告されている．この方法は，テントセラピー（tent therapy）と呼ばれ結核患者の治療方法の一つとして知られるようになっていった．その後，ぜんそく患者などに対する試みも行われるようになった．しかし当時，テントセラピーでは，日常とは異なる環境に身を置いて治療する転地療養的な意義のみが強調されていた．

キャンプによるセラピーが，クライエントの心理的，社会的な面においても効果があるものとして注目を得るようになったのは，1960年代に入ってからである．当時，アメリカでは，非行少年たちを安易に施設収容することによって，彼らに犯罪者としてレッテルを貼ることへの懸念や施設収容が財政的な負担になるなどの批判があった．このような批判からマサチューセッツ州ボストンにあるユースサービス局は，非行少年の施設収容に替わる処遇方法として冒険教育を実践していたアウトワード・バウンド・スクール（Outward Bound School）のプログラムを導入した．このアウトワード・バウンドのセラピープログラムは，参加した少年たちの自己意識の改善，再犯率の低下，さらに財政的な負担の軽減に有効であることが示された[4]．これ以降，全米各地において非行少年へのキャンプが導入されるようになり，現在でも非行少年への処遇プログラムの一つとして位置づけられている．

アメリカにおいてこのようなキャンプを活用したセラピーが発展した背景には，広大なウィルダネス（wilderness）と呼ばれる手つかずの自然環境が豊富にあることやデューイ（John Dewey）の思想に基づく経験を重視する体験教育（experiential education）の影響があげられる．今日，アメリカのキャンプセラピーは非行少年を対象にしたプログラムが最も多く行われているが，これ以外にも，ADHDやアスペルガー症候群などの発達障害，被虐待児，遺児，摂食障害など様々な心の課題を抱える子どもたちを対象にプログラムが行われている．

次に，多くのキャンプセラピーのモデルとなったアウトワード・バウンドのプログラムについて説明しよう．まず，プログラムの日数は，21日間がスタンダードである．しかし，今日では実施機関によって様々であり，3週間から5週間程度の期間で行われているようである．

プログラム体験過程は，キーとなる七つの過程からなっている（図7.1）[9]．まず，図の①はプログラムに参加前のクライエントの意欲に関するレディネスである．プログラムに参加するクライエントの意思，動機は重要である．これらはク

## 7.1 キャンプセラピー

【ユニークな援助構造となる環境】　　【プリミティブな生活・冒険的な活動】

```
〈①クライエント〉 → ②体験の場とし → ③キャンプの → ④課題解決
動機付け          ての自然環境      社会的環境      プログラム
自発来談
自己決定          様々な要素を持つ   受容的な        精神的・身体的
                  自然環境         社会的環境      ストレス体験

⑤身体的・ → ⑥成功（失敗）・ → ⑦体験の
精神的葛藤    達成              意味理解

自分自身への直面化  達成感，自信の獲得  気づき
カウンセラーの                        自己効力感
共感・供体験                          自尊心
```

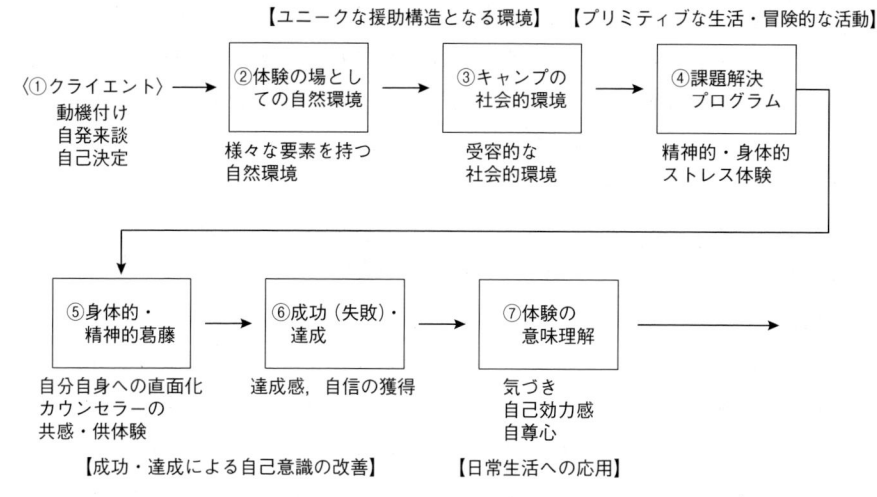

【成功・達成による自己意識の改善】　　【日常生活への応用】

**図 7.1**　アウトワード・バウンドのプログラム体験過程（Walsh と Golins[9]を改変）

ライエントのプログラムへの態度や成果に大きく影響する．子どもの場合は，自発的な参加は少ないが，最終的には，自分の意思で参加を決めることが大切である．

　次の②，③は，キャンプセラピーの大きな特徴ともいえるが，構造化されたプログラムの環境（枠組み）を示している．②は，野外でのプリミティブな生活体験や身体的な活動体験の場となる「自然環境」である．安全かつ効果的な活動を実施するための実地踏査された，ある程度管理されている自然環境といえる．③は，カウンセラーやグループの仲間を含めたキャンプの「社会的環境」である．キャンプは，基本的には集団での生活であり，プログラムの終了まで寝食をともにする．24時間生活をともにするため，短期間で深い人間関係が形成される．したがって，転移，逆転移が生じやすく，時にはアクティングアウトなども起こることがあるため，限界設定などのバウンダリー（boundary）が必要となる．

　キャンプでクライエントは，このような二つのユニークな援助構造（枠組み）の中で④冒険的，克服的な冒険プログラムに取り組む．主に活動の危険や困難さからストレスを感じるようなアウトドアアクティビティに取り組むことになる．最も強調されなければならないことは，このような体験がクライエントにとってやらされる体験ではなく，自分自身の選択によって課題解決に取り組む主体的な体験となるようにカウンセリングされることである．冒険的，克服的な活動を体

験させるというと，どうしても活動を強いるイメージがあるかもしれないが，そのような体験は，クライエントにとってなんら治療的にならないといえよう．クライエントが「できるかな，どうかな」などと不安や緊張感を抱えつつも意欲的に活動できることが重要である．しかし，そうはいってもこのような冒険的，克服的なプログラムでは，多くのクライエントが，⑤身体的，精神的な葛藤を体験することになる．

したがって，この段階でのキャンプカウンセラーのカウンセリングは，活動を共にしながら，「共体験」することがクライエントを支える態度として重要になる．このような態度に支えられながら，課題を成し遂げることによって（もちろん時には失敗の経験をしながら）自信を深め様々な自己意識の改善が期待されるのである．自己意識の改善は，⑦振り返りと呼ばれる話し合い（通常毎日行われる）を通して，自己の気づき，自尊心の向上，自己効力感の変化等が期待されることになる．

以上，アウトワード・バウンドにおけるキャンプセラピーの体験過程モデルについて説明した．しかしながら，プログラム中のクライエントにおける現実の体験過程は，理論的モデルのように一直線とばかりにはいかない．それはキャンプセラピーの成果は，ある意味当然であるが，キャンプ中のキャンプカウンセラーとクライエントとの関係性に影響を受けるし，その時々の天候や活動の場となる自然環境にも影響を受けることがあるからである．したがって，クライエントの体験過程はかなり個別なものとなる．クライエントは，成功体験ばかりでなく失敗体験などから様々な心的体験をしながらプログラム過程を進むというのが実情である．途中でやむなく中断してしまうクライエントもいるのも事実である．

## 7.2 キャンプセラピーの事例から

ここでは，筆者が行っているキャンプセラピーの事例を提示したい．まず，キャンプの概要について説明し，次に，情緒的な問題からキャンプに参加することになった生徒の事例を提示したい．

### a. キャンプの概要

キャンプは，①事前説明会（1泊2日），②メインキャンプ（3週間程度），③フォローアップキャンプ（キャンプ1か月後から4か月後で2日：場合によっ

ては，フォローアップキャンプを2度実施することもある）から構成されている．以下に，プログラムの概略を示す．

① 事前説明会：オリエンテーション，趣旨説明，インテーク面接（保護者の面接も実施）
② メインキャンプ：およそ600kmの行程をマウンテンバイクで移動しながらのキャンプ生活，登山，ロッククライミング，沢登り，カヌー，いかだ下り等の冒険プログラム，面接
③ フォローアップキャンプ：メインキャンプ振り返り，軽レクリエーション（釣り，ゲーム），面接（保護者の面接も実施）

キャンプは，クライエント5〜6名にキャンプカウンセラー2名からなるグループの他に，プログラム・ディレクター，マネージメントスタッフ，心理カウンセラーから構成されている．キャンプでの基本的な運営の方針として，①安全第一を原則として，安全に関する介入を最優先すること，②キャンプカウンセラーが常に帯同し，クライエントが安心して活動できるような環境となるように心掛ける．③プログラムでは安全の範囲内において，個人，グループの自己決定，自己責任を重視する．たとえば，日常の活動や毎夜行われる「振り返り」では個人の主張や価値観を尊重する．④プログラムを通じて大きな成功体験（達成感）を与えることができるようにすること，などを確認している．

### b. 事例の紹介

**事例1** 「人の悪口が聞える」と訴え参加した中学生のAさん

【家族構成】　父，母，妹

【問題歴と参加の経緯】　Aさんは，中学3年の修学旅行後，仲よしグループから仲間はずれにされてしまった．その後，グループからは離れて学校生活を送っていた．クラスでは他の友だちと過ごすなどしていたが，その関係も悪くなってしまい孤立してしまう．学校は登校できていたが，教室に入ろうとすると他人からの誹謗中傷が聞えるようになってしまった．また頭痛，腹痛などの身体的不調も訴えるようになった．本人によれば，「誹謗中傷は家や買い物では聴こえないが，教室や塾では聴こえてしまう」のだとのこと．キャンプは，このような状況を心配していた適応指導教室の先生に勧められ，両親の後押しもあって参加を決めた．初回面接では「キャンプは，適応指導教室の先生にもすすめられ，興味が湧い

**図 7.2**

たっていうか」「行くのは嫌じゃないんだけど，人と関わるのに不安がある」と話した．さらに，「今まで学校ではリーダー的だった．なにごとにもポジティブだった．それが無視されるようになった．理由はわからない．急に，ある日突然．そうなったことへの恐れ，怖さ，今はそれが心配」とも語った．また，「お母さんに，キャンプのこと話したら『参加したら』と言われて．その時は迷ったけど，（自分は）変わりたいなぁって思ってる．だから最後までやり遂げたい」と語った．学校生活と同様に，キャンプでも人間関係に不安があるものの，今の自分を変えたいという強い気持ちが伝わった．また，左目の下に絆創膏を貼っていたので，理由を尋ねると「シミのようなあざがあって，悪口を言われるのではないかと思い隠している」と答えた．

　図 7.2 は，初回面接で描いてもらった風景構成法という描画法による作品である．描画は，左半分が全くの空白で何も描かれなかった．この空白部分は，外的な関係ばかりに囚われてしまい，ぽっかりと空いた A さんの内的自己を表しているように思われた．一方，右半分に描かれている風景は，羅列的で，描かれたアイテムそれぞれのつながりが感じられないものであった．まさにクラスの中で，対人的なつながりを失った A さんを想像させるものであった．

【キャンプの経過】
○キャンプ前半　A さんは，グループ内の人間関係を気にせずに活動に集中したいが，なかなかそうできず，自分のペースを作れないようすだった．学校では，リーダーシップを発揮する方だったと語るが，マウンテンバイク等のグループ活動で積極的にリーダーシップを発揮することはなかった．むしろ，どちらかとい

うと，マウンテンバイクをひたすらこぐことや活動に集中することで，自分自身に集中したいようすが窺われた．クラスでリーダーシップを執ることが，仲間外れの原因になった経験がどこか影響しているかのようであった．

キャンプ中に実施した面接では，キャンプ前半を振り返って「なんか大変．キャンプでは，自分のこと自分でやんなきゃいけないし．人の気持ちにつきあうというか，相手が何考えているんだろうとか考えて．疲れる」と人に気遣いながらキャンプをすることの苦労を語った．また「一番怖いのは，悪口．私は，勝手に言ってれば，と思うのだけど」と，頭では悪口を無視できればよいことはわかっていても，なかなか思うようにできないと話した．一方で，「自転車で 70 km 走ったこととかは，普段はありえないことだから，自分がよくやれるなぁと思う」「最後までやれば変われるかなぁという気がする」など肯定的な語りもみられた．

○キャンプ後半　キャンプ後半は，「最後までやれば変われる」という信念とも思われる言葉に支えられているかのようだった．この頃には，自分のペースで活動に集中することができるようになっていた．たとえば，ロッククライミングでは，岩壁途中の困難なところで登れなくなり，しばらく動きが止まってしまった．岩壁の下から，迷っているようにみえる A さんに「どうしたい」「やめる？」などと仲間が尋ねると，A さんは「登りたい！」と大声で返した．長い時間岩壁と格闘していた．そのことについて，夜の振り返りで「登り始めたときは怖いと思ったけど，どうしても登りたいと思って．ここで降りたくないと思って．あんなファイトわいたのは，今日が初めて．こんな自分久しぶり」と語った．忘れかけていた自分を発見したかのようだった．その後，気になっていた悪口に対しても，距離をとることができるようになった語りをしている．「悪口言われていること知って，嫌な思いしてたけど，今は関わらないようにしている」また，「人間関係がいい方に変わってきた」と関係そのものの見方も肯定的に認識できるようになっていた．

キャンプ後の面接では，キャンプを振り返り「最初の頃は人間関係もあって，精神的にも辛かった．自然に接しられなくなっていた．相手のようすを見て話しかけたり，避けていたりした部分もあった．今は自然と話ができるようになった」と話した．また「なんか一所懸命やれるようになった．がんばろーって，前向きさがでてきた．身近なこともそうだし，人に聞かないで自分でやってみようとか．自分のこと一人でやらなきゃいけないから．人には責任あるし」と自信を取り戻

図 7.3

した自分の変化を語った．図 7.3 は，キャンプ後に描かれた風景構成法による描画である．この時は，それぞれのアイテムにつながりのある，一つの風景として，紙面いっぱいを使って描かれた．また，A さんの自己像とも思われるかのような，街灯に照らされた後姿の少女が描かれたことが，とても印象的であった．

【事例を振り返って】 A さんは，同性同年代の友人との関係喪失によって，思春期妄想とも思われるような情緒的混乱に陥ってしまっていた．この年代におけるチャムシップの形成はきわめて重要な課題であり，それにつまずいた A さんの喪失感は，とても大きなものであったことは想像に難くない．学校生活では，他者との関係性にとらわれて悪循環に陥っており，まったく自分自身を見失ってしまっていた．

A さんは，キャンプ前半では，学校生活と同様に他の仲間に気を使いすぎて，戸惑いを見せることもあった．しかし，キャンプ中盤から後半にかけては，過度に他者との関係にとらわれないで，アクティビティに取り組む中で自分を見つめることができるようになっていった．すなわち，キャンプでは人間関係上の問題があっても「自分自身でいられる」ようになっていった．

例えば，マウンテンバイクやロッククライミングなどの活動は，A さんにとって自己関係性を取り戻すためには有効な活動であった．無心でペダルをこぐことや岩壁に向かい合うことは，自己に没頭できる時間となっていた．そして，A さん自らが語っていたように，「それをやり遂げることが自分の変化になる」と自己効力感を強化していった．最終的にはキャンプの人間関係の中で，一人でもいられる自信を獲得した．それは，次なる課題である自他関係性へのつなぎのス

テップとして意義ある体験となったと思われる．

　キャンプ前後に実施した風景構成法は，Aさんの変化をよく表しているように思われる．キャンプ前に描かれた図7.2は，左半分が全くの空白で何も描かれず，また，右半分は，アイテムが羅列的でありそれぞれのつながりが感じられないものであった．しかし，キャンプ直後に描かれた図7.3は，図7.2とは異なり，それぞれのアイテムにつながりのある一つの風景として描かれている．キャンプ体験を通じて空虚であった内面が埋められたことを示しているかのようである．また，後姿ではあるもののAさんの自己像とも思われる街灯に照らされる少女が描かれたが，これは，自信を深めた自分の表現として理解できるのではないだろうか．キャンプの中で「自分自身になること」「自分らしくなること」に取り組んできた成果の一部が風景構成法に示されているように思われる．

**事例2**　からかわれるとカッとなって暴力をふるってしまう中学生のB君
【家族構成】　父，母，姉，兄，姉，妹
【問題歴と参加の経緯】　B君は，5人兄弟の第4子（二男）であり，生まれたばかりの妹がいる．父親は，担任より，「毎日喧嘩になって授業にならない」と言われているとのこと（本人は小2の頃からと述べている）．また，「自分に自信がないのかなぁと思っている」とも言い，「小6のとき同級生からお金を要求され母親の財布からお金を抜き取ることがあった」ことなども語られた．
　面接で，B君は，学校でのことについて「学校で相手が俺のことをいつもちょっかい出してからかってくる．すぐ俺がカッとなって殴ったり，蹴ったりしてしまう」「今は2日にいっぺんぐらい．何発も殴ったり，蹴ったりする」と喧嘩のようすを語った．暴力をふるうことについては，いけないことだと思っているが，段々何も考えられなくなってしまうのだとのこと．そして，「すぐ怒ったりするのは直したいとは思っている」と話した．キャンプは，母親がインターネットで知り，すすめてくれたとのこと．身長は，140 cmと中1にしては小柄である．日頃の喧嘩のせいで，こぶしが傷み赤くなっている．
　図7.4は，面接時に描かれた風景構成法による描画である．作品は，田と太陽を除く山などのアイテムの多くが用紙の下方に押しやられるように配置され，山の麓や山中にアイテムが描かれ窮屈な構成となっている．これらからは，B君が，執拗に自分を護るようにしているようすが想像された．

図 7.4

【キャンプの経過】
○キャンプ前半　B君は，キャンプに慣れてくると，徐々に彼らしさを見せ始め，場面にそぐわない冗談や軽口が目につくようになった．筆者には，B君は，自らからかいの対象となるきっかけを作っているようにみえた．まわりの子どもたちは，それに対して冗談にはツッコミを入れるなどして冷やかし始めた．

4日目ぐらいから，活動の疲労などから，些細な意見の衝突やいさかいがみられるようになり，5日目の夜にB君とC君の喧嘩が就寝前のテント内で起こった．B君は，怒りがおさまらず，C君に殴りかかろうとする．キャンプカウンセラーが止めに入って体を押さえるが，やめようとしない．キャンプカウンセラーは，2時間ほどB君を押さえていた（腰をおろして後ろから腕を回して押さえていた）．いつの間にか，B君は疲れてキャンプカウンセラーの腕の中で眠ってしまった．その後キャンプが終了するまでは，暴力をふるうような喧嘩は見られなかった．

面接では，C君との喧嘩があったり，グループ内でのからかいなどがあったりするものの「キャンプはとても楽しい」と語った．グループ内での小競り合いはあるが，引きずらない性格からか人間関係はある程度良好であった．さらに，キャンプのスタッフがおもしろいことや，キャンプがとても自由に感じると言い「学校の先生は100倍厳しい」とも語っている．

B君は，キャンプ前半のメインともいえる登山で挫折を味わうことになった．7合目あたりから，少しずつグループから離れ後方を歩くようになり，とうとう歩みが止まってしまい，残念ながら登頂はあきらめ，下山せざるをえなくなった．

B君は，さすがにショックだったらしく，しばらくは得意の冗談さえ彼から聞かれることはなかった．

一方で，B君は，マウンテンバイクでは，日に日に走力がアップしていた．峠越えでは「なるべく歩かないこと」を目標に臨んだが，グループ内では3番目にゴールした．走力もさることながら走る姿勢に成長が感じられた．これまでならば，マウンテンバイクをこいでいる途中で，スタッフに余分に話しかけたり注意散漫な感じであったが，自分自身の走りに集中できるようになっていた．振り返りでは，「目標の時間をクリアしたが，歩きすぎた．歩きたい自分とこぎたい自分．天使と悪魔が会話してた．話すどころか闘ってた」と語った．登山では，自己の限界を思い知らされる辛い体験となったが，マウンテンバイクでは，自信を取り戻す体験となった．

○キャンプ後半　B君はこれまで，例えばCくん，あるいはグループへの不満は不機嫌な行動や態度で示すことが多かったが，徐々に言葉で表現することが増えていた．活動中に感じた不満や意見を，毎夜行われている振り返りの場で表現できるようになっていた．

旅のゴールを迎える日の峠越えでは，自分の力を余すことなく走りきった．B君は「峠越えの登りは，がんばった．前の峠より歩かなかった」と述べた．

キャンプ直後の面接では，キャンプを振り返り「とても楽しかった」と語る．具体的に尋ねると「自転車．疲れるけど自分の力で自転車をこぐのが楽しかった」と答えた．また，「まぁ，よくここまでこれたと思う」と感慨深げに語った．その意味を尋ねると「それは，途中でやめようかなと思ったこともあったから．自転車こいでいるときは思わなかったけど，喧嘩したときにはよく思っていたから」と話した．また，途中でやめなかった理由として「友だちとうまくやって，ゴールまで行きたかったから」と述べた．最後に「自分が良く変わったいいキャンプだったと思う．この先も，すぐにカッとならずにみんなで仲良くやってゆきたい」と締めくくった．

1か月後のフォローアップキャンプの面接では，学校での近況が語られ「相手のからかいについて考え方を変えた．前はからかわれると，俺のことをいじめたり馬鹿にしていると思ってキレてた．今は相手のことを殴ったりすることはなくなった」と語る．これは，B君の中に相手のからかいなどを受け止める心の器ができたことを感じさせる語りだった．図7.5は，2度目のフォローアップキャン

プ時に描かれた描画作品である．図の上方に連山が描かれ，空には虹がかかっている．図7.4よりも構成空間に奥行きと広がりがあるものとなった．風景を描く視点が鳥瞰図的になり上方となっていることが理解される．

【事例を振り返って】　B君は「相手がちょっかいをだしてからかってくる」と言う通り，自分の調子のいい態度や真に受ける性格，そして小柄な体格はからかいの対象となりやすかったことが容易に想像された．すなわち，B君は，同性同年代に比べて体格的，情緒的にやや幼く，他者のからかいなどを受け止めるには未成熟であった．学校における頻繁な攻撃性の表出は自らを守るための唯一の手段であったのだろう．

　B君は，キャンプ中も怒りや攻撃性を表出したが，学校場面におけるそれとは質も量も異なっていた．キャンプ中の面接で「キャンプがとても自由に感じる」と言い「学校の先生は100倍厳しい」と語ったようにキャンプの自由な雰囲気やキャンプカウンセラーの受容的な態度は無用な怒りを表出させずにすんだものと思われる．学校では厳しく叱られることはあっても，攻撃性を抱えるような母性的な強い守りの体験をすることはなかったのであろう．キャンプの場は，B君の攻撃性を抱える容器のようになっていた．

　また，マウンテンバイクや登山などの身体活動は，B君の変化に大きな効果があった．B君はマウンテンバイクが好きな活動だったが，そのような活動にエネルギーを集中できたことは，否定的な攻撃性の表出を防ぐことに役立ったと考えられる．特に，登山では懸命に歩くものの，身体的，精神的な限界となり下山を余儀なくされてしまった．山小屋で疲労からザックを背負ったまま眠っていた姿

図7.5

は，身体の限界を超えて頑張ったことを示していた．このような自分の限界を超える体験は，これまでのB君の自己認識を変える体験となったであろう．

最初に描かれた風景構成法の図7.4は，アイテムの多くが用紙の下方に押しやられるように配置され，さらに山の麓や山中に多くのアイテムが描かれるような窮屈な構成であった．日頃のちょっかいやからかいというストレスから自分を守っているようすを想像させるものであった．しかしながら，図7.5では，図7.4よりも構成空間に奥行きと広がりがあるものとなっている．これは，風景を描く視点が上方となっていることが理由として考えられ，物事に対して距離をとって見ることができるようになっていることを示していると思われる．全体的な構成空間の広がりは，B君の他者からのからかいなどを受け入れる心の器の広がりをも想像させるものである．

## 7.3　情緒的課題に対するキャンプの治療的要素

前節では，情緒的な課題からキャンプに参加することになった2事例を提示した．いずれの事例もキャンプセラピーでの取り組みが情緒面の課題の改善となっていたことが理解されたであろう．このようなキャンプセラピーのどのような要素が改善の契機となったのであろうか．ここでは，提示した事例を手がかりに，情緒的な課題に対する治療的な要素について考えてみたい．

### a.　受容的なキャンプの環境

クライエントは，日常生活あるいは，学校生活において課題が問題行動として顕在化しているが，通常，これらはキャンプにおいても再現されることが多い．本事例においても，キャンプの中で課題が再現され，そしてプログラムの進行とともに改善の方向へ向かった．Aさんは，学校と同じようにキャンプでの人間関係の中でも関係念慮の不安にとらわれていたが，マウンテンバイクなどの自然体験活動をやり遂げることが自己の変化につながることに自信を深めていった．また，B君は，喧嘩などの攻撃性を表出していたがしだいに軽減していった．いずれも，クライエントが再び課題を顕在化し，その課題に直面することが課題の改善への契機になっていたと思われる．

このような課題の改善へと変化が生じるキャンプの要素として，キャンプの自由な雰囲気やキャンプカウンセラーの受容的な態度をあげることができる．キャ

ンプカウンセラーは，Aさんの心配事に私見をはさむことなく，その訴えに耳を傾け彼女を受容し支えていた．また，B君が攻撃性を示した時も，対決することなどせずに受容的な態度で接した．彼の攻撃的な行動を「悪いことだから」と叱る関わり方だけでは，攻撃性はより深刻なものとなったであろう．むしろキャンプカウンセラーは，彼の攻撃性をもっともな怒りとして受け止め対応した（本人の中では怒りの理由としてからかわれたなど何らかの理由があった）．B君が，キャンプ中の面接で「キャンプがとても自由に感じる」「学校の先生は100倍厳しい」と語ったように，キャンプのスタッフが作り出す自由な雰囲気やキャンプカウンセラーの受容的な態度は，彼の怒りの感情を鎮めると同時に，自分を見つめる契機になっていたと思われる．

　クライエントの多くは，キャンプに参加するまでは，自分が表現する怒りや不安などの感情の処理について指導やアドバイスされるような体験はあっても，そのような感情を丸ごと抱えてもらえる体験は，ほとんどしていないのではないだろうか．B君の場合で言えば，学校では厳しく指導されることはあっても，攻撃性を抱えるような母性的な強い守りの体験をすることはなかったであろう．

　キャンプは，時にクライエントの課題を顕在化させ内省へと導くように思われる．否定的な感情を周囲に向けていたクライエントは，自分の内側へと意識を向けるように思われる．受容的なキャンプカウンセラーの態度は，クライエントが自分自身に直面化するための，あるいは直面化してもかまわない安全マットのような護りという意味で重要である．

### b. 情緒的な課題を抱えるキャンプの器

　キャンプカウンセラーが課題を持つクライエントを抱えることは，キャンプセラピーを進める上で欠かせない．さらにクライエントは，「グループ」という小集団の枠組でも抱えられることになる．このグループの持つ治療的な要素も見逃すことはできない．グループの効果は多岐に渡るが，なかでも，グループ内における感情体験は，情緒的な課題に対して有効である．例えば，毎夜行われる「振り返り」などのシェアリングはその一つである．振り返りは，キャンプカウンセラーをファシリテーターにして比較的自由な雰囲気の中で行われるが，そのような場で個人やグループに対する感情を言葉にすることには治療的な効果があると思われる．

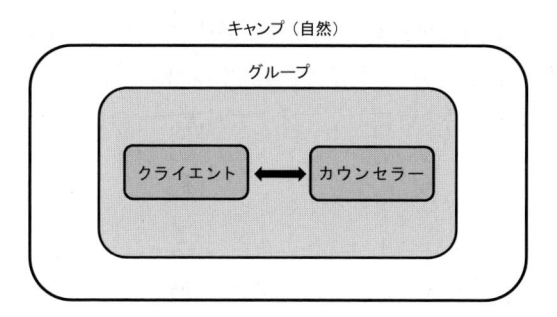

図 7.6 キャンプにおける援助の枠組

ヤーロム[7]は，グループにおける治療的要素として，「感情表出の仕方を学ぶこと，とりわけグループの中で自分の感情を表出しても大丈夫であることを体験的に学ぶこと」を指摘し，グループ内で語ることの意義を述べている．クライエントにとって，グループの中で感情を伴う言葉で語り合う体験をすることは，グループの進展と同時に個人の成長にも役立つといえる．クライエントは，振り返りのグループ体験の中で肯定されたり，時には否定されたりしながら自己理解を深めていくものと考えられるからである．

しかしながら，グループが効果的に機能することは案外難しいことでもある．自由に何を話してもよいということで，誰かの思わぬ発言からクライエントに心理的な傷つきが生じないとも限らない．また，振り返りが別の体験活動などの場面でマイナスに影響しないとも限らない．したがって，グループの持つ機能の負の側面もよく理解しておくべきである．クライエントをグループで抱えるためには，ルールなど相応のバウンダリーが必要で，そうすることによってはじめて，クライエントの感情体験が意味を持つと思われる[6]．ここでは，振り返りを取り上げたが，クライエントは様々なキャンプのグループ体験の中で喜怒哀楽の感情体験をしながら洞察を得ているものと思われる．

キャンプセラピーでは，図7.6に示すように，クライエントとキャンプカウンセラーの関係性を基盤とした体験をグループによって抱え，さらにキャンプという器で抱えることで課題への取り組みを援助することに特徴があるといえる．

### c. クライエントに対峙する「自然」

キャンプセラピーにおける「自然」の影響は，いわゆるキャンプ生活をするう

えでも，冒険プログラムを行ううえでも大きい．自然には，父性的な厳しい側面と，その逆に癒しをもたらすような母性的側面の両面がある．しかし，経験的な印象であるが，思春期のクライエントに治療的であるのは，前者が契機となっていることが多いように思われる．Aさんのロッククライミングにおける「岩壁」，B君の下山を余儀なくした「山」は，彼らの前に絶対的な存在として対峙していた．このようなクライエントに対峙する自然は，心と身体の限界に迫るようなパフォーマンスをクライエントに要求する．また，刻々と変化する天候なども，クライエントに様々な試練を与える．たとえば，風雨は濡れや寒さを凌ぐ準備がないと活動を楽しむどころか，その状況に耐えるだけになってしまうだろう．シュラフなどの寝具を濡らしてしまっては，快適に眠ることさえできなくなってしまう．いかなる自然であってもなんらかの対応を間違ったり，準備を怠ったりしたことによる結果の責任は，しっぺ返しのように自分自身が引き受けなければならない．

人間は不思議であるが，このような自然のなすことに対しては，文句のつけようがなく，あきらめざるをえないことをどこかで了解している．自分に降りかかった災いがとても辛いもので，情緒的な混乱を示すような場合であっても，それが自然によるものであれば，気持ちを収めざるをえないことを知っている．B君は，登山の時に途中で下山したが，悔しさ，情けなさ，ショックなど様々な気持ちがないまぜになっていたのではなかろうか．しかし，これを「山」のせいにしてみたところで仕方がないこともわかっていたのである．むしろ，この時ばかりは自分の力を超えるものの存在を認めざるをえなかったであろう．このような自然を通した世界とのかかわりは，それまでのクライエントの自己認識，あるいは，世界認識さえも変えてしまうことがあるように思われる．

### d. 治療的な媒体としての冒険プログラム

キャンプセラピーにおいては，マウンテンバイク，ロッククライミング，登山，カヌーなどの冒険プログラムは，最も根幹をなす治療的な媒体となりうる．ただし，クライエントにとって意味ある治療的な媒体となるためには，クライエントが活動にコミットできることが必要である．つまりクライエントが，興味や関心を持てない活動をやらせてみても治療的ではない．

冒険プログラムでは，身体面の変化に随伴して心理面にも大きな効果を及ぼす．

まず，身体面でいえば，ほぼ毎日運動するため，体格や筋力，持久力などの体力面の変化が著しい．参加前よりもバランスの良い，ある意味引き締まった身体になるものが多い．キャンプに参加するクライエントは，食事，睡眠など不規則な生活や運動不足からバランスの悪い身体のものが少なくないが，キャンプ後には外見的にみてもかなり変化する．事例のAさん，B君は，マウンテンバイクを通して走力や体型が目に見えて変化した．

　このような体力，体型の変化に随伴して自己意識も大きく変化する．この年代の子どもたちにとって，身体的な変化の持つ意味はきわめて大きい．たとえば，岩宮[3]は，思春期の子どもたちは，体型に対して強いコンプレックスに悩まされることも多いと指摘し，外見の問題が本質と直結していると述べている．確かに，情緒的な課題を抱えるクライエントの中には，自分の顔や体型，体力などの身体への意識が，ある種神経症的なものになっているものが少なくないのも事実である．したがって，体型の変化や体力的にできなかったことができるようになる達成感は，彼らたちの自信，自尊心といった自己意識に変化を及ぼす．筆者には，Aさん，B君いずれも，身体的なコンプレックスを抱えていたが，日々の冒険プログラムを通じて自信を回復し深めていったことがよく理解された．

　また，情緒的に課題となっているような否定的感情は，冒険プログラムを通じて転換されることが多い．B君の衝動的な暴力性は，活動にコミットするにつれて，段々冒険プログラムに取り組むためのエネルギーに転換していったように思われる．人間の攻撃性について詳細に論じているストー[5]によれば，人間の攻撃性は二つに区別することができる．一つは「破壊的敵意としての攻撃性」であり，もう一つは「積極的努力としての攻撃性」としている．本キャンプのプログラムにおける身体的な限界に迫るような挑戦的，あるいは克服的な体験は，ストーに従えば，積極的努力としての攻撃性を発揮させるものといえよう．

　クライエントの多くが，冒険プログラムに没頭する中で消極性や暴力性などのマイナスのエネルギーを，活動を積極的に行うためのエネルギーへと転換させていく．このように，キャンプにおける冒険プログラムは，身体に建設的，創造的なエネルギーの流れを導く活動として大きな意味があると思われる．

## おわりに

　今，思春期にある子どもたちは，とても困難な時を生きていると思われる．自

分自身が，思春期にあって精神的にも，身体的にも不安定な時期を過ごしていることに加えて，自分が生きている社会も不安定だからである．今日の情報化，グローバル化した社会は，これまでの価値や基準を変えてしまい，いつ何が起こるかさえもわからない不安感や恐怖心をもたらしている．このような時代にあって，子どもたちの情緒面の育ちに少なからぬ影響が見られてもなんらおかしな話ではないであろう．一部の子どもたちに見られる過剰なまでの否定的感情の表出は，このような状況における悲痛な叫びとも受け取れよう．

したがって，このような時代だからこそキャンプセラピーのようなプリミティブな生活体験や自然体験が大きな意味をもつように思われる．大自然の中で活動することによって，子どもたちの過剰で不自然な怒り，不安，憂うつなどの否定的感情を，適度で自然な感情に変化させることが可能となる場合がある．

キャンプセラピーでは「自然」が重要なキーワードになるのだが，今日，自然（しぜん）は，西欧における 'nature' の訳語として，人間中心主義的な操作すべき対象としての理解が一般的になっていると思われる．しかし，もともと日本には，自然（じねん）という言葉があり，「自ずから然る」「あるがままの状態」という意味がある．キャンプセラピーにおいて考えている自然は，どちらかと言えば，自然（じねん）という意味で表されるものに近いと思われる． ［坂本昭裕］

## 文献

1) 文部科学省，2013．http://www.mext.go.jp/b_menu/houdou/25/12/1341728.htm.
2) 岩宮恵子：思春期をめぐる冒険．p. 153，日本評論社，2004．
3) 岩宮恵子：思春期におけるからだ．臨床心理学，3(1)：13-19，2003．
4) 坂本昭裕：キャンプを利用したセラピー．pp. 101-116，勉誠出版，2002．
5) Storr A：Human Destructiveness. London：Bureau des Copyrights Francais, 1972. 塚本利明訳：人間の破壊性．法政大学出版局，1979．
6) 武井麻子：グループのバウンダリー．グループという方法．pp. 54-62，医学書院，2002．
7) Yalom ID, Vinogradov S：Concise guide to group psychotherapy. Amer Psychiatric, 1989. 川室優訳：グループサイコセラピー―ヤーロムの集団精神療法の手引き．金剛出版，1997．
8) 山中康裕：子どもの心と自然．東方出版，p. 130，2006．
9) Walsh V, Golins, G：Exporation of the Outward Bound process. Unpublished manuscript, Colorad Outward Bound School, 1976.

# 8 手指の運動はこころを拓く

　現在のわが国は，出生率が低く（1.41），子どもの数が減少し，総人口が毎年減少していく今までに経験したことのない状況に直面している．一方，人口構成では，団塊の世代が定年を迎え，生産人口（18〜65歳）が減り，非生産人口が増えるという典型的な逆ピラミッドになっている．

　そのため医療保険，年金，社会保障という国民の安全安心を支えるセイフティネットが破綻寸前という状況となり，大胆な発想の転換を行って社会・国のあり方の抜本的な改革を行う必要に迫られている．

　子どもの発達や教育においては，一般に一人っ子が多いため，家庭では過保護に育てられ，戸外で伸び伸びと遊べる場が少ないこともあり，以前に比べると体格は大きくなっているが体力は低下している．そしてものを覚える知識の切り売り教育が主体で，自分自身で考え課題を解決していく突破力が弱くなっている．また交通機関が発達したため，とにかく歩かなくなった．このような傾向は成人や高齢者も同じで，車，バス，電車，エレベーター，エスカレーターを頻繁に使い，歩く機会，歩く距離が減っている．

　一方，ゲーム機，ケータイ，スマホなどの，キーボードを叩くような指先だけの単純な運動は行うが，以前のようにいろいろな道具や遊具を使って，手を細かく使い，鍛える機会も少なくなっている．

　コミュニケーションも，互いに向き合って相手の目や表情を観察しながら話す機会が減り，ワン切りのメールで用を済ませ，相手の心を読むことができない．テレビやビデオゲームでは漫画やアニメが氾濫し，これに慣れ切っているので，文字を書き，文章を読む機会も減っている．これは"言外の言"や"行間を読む"という状況からほど遠く，考える力や想像力が養われにくくなってきている．

　他方，高齢になればなるほど，いろいろな身体の不具合や障害，疾病に見舞わ

れることが多くなる．がんや高血圧，心臓病，糖尿病等の生活習慣病は年齢とともに罹患しやすくなり，脳卒中，転倒による骨折，認知障害等で自立できずに，寝たきりで晩年を迎える方も多くなっている．

私たち人間は，二足で立ち，歩き，手を使い，言葉を話し，読み書きすることによって，長い年月をかけて，脳とくに前頭葉を発達させてきた．現在のような生活スタイルが今後続くとすれば，脳は一体どうなっていくのだろうか？

## 8.1 手と口と脳

### a. 手は口腔に次いで感覚・運動神経が豊富である

人類は約600万年前にアフリカの地でサルから分かれて進化し現在に至っている．この間に四足歩行から二足歩行となり，上肢が自由となったので，手をよく使うようになった．直立すると咽頭・喉頭が圧迫されずに広く伸びるため，舌，口腔，咽頭，喉頭の動きにも自由度が増した．そして，集団生活が始まるとともに言葉を獲得するようになった．他の霊長類に比べヒトで前頭葉が大きく発達しているのは，長年にわたり手と口をよく使ってきた結果である．

ヒトの前頭葉では，一次運動野よりも前運動野が，前運動野よりも前頭前野がより大きくなっている[1]．これは，道具を作り，道具を用いて細かい運動をするには，手を動かす順序，力の入れ具合，力の持続，切り換え，左右の手や腕の力配分，全体的なバランスなど，手を上手く動かすための色々な戦略が必要になるためである．そのため手には感覚神経と運動神経が非常に豊富に分布し，これらの運動を行うことが可能となったのである．

### b. 手を使うとなぜ前頭葉が活性化されるのか？

図8.1は脳の前額断面における大脳皮質の感覚野と運動野の広がりを示している．両者ともに手，顔，口の領域が非常に広いのが見てとれる．これは長年にわたり手や口をよく使い続けてきた結果である．

また，手から入って来る感覚入力は大脳皮質の手の感覚野に投射されるだけでなく，隣接する顔や口そして前腕の領域にも投射されることがわかっている．このように，手からの感覚入力は，顔，口，前腕の領域へも影響を与えるのである．

ここで手と顔や口の運動の連関について考えてみよう．

大勢の人の前でスピーチや演説するような時は，大きな声を張り上げるだけで

## 8.1 手と口と脳

感覚野　　　　　　運動野

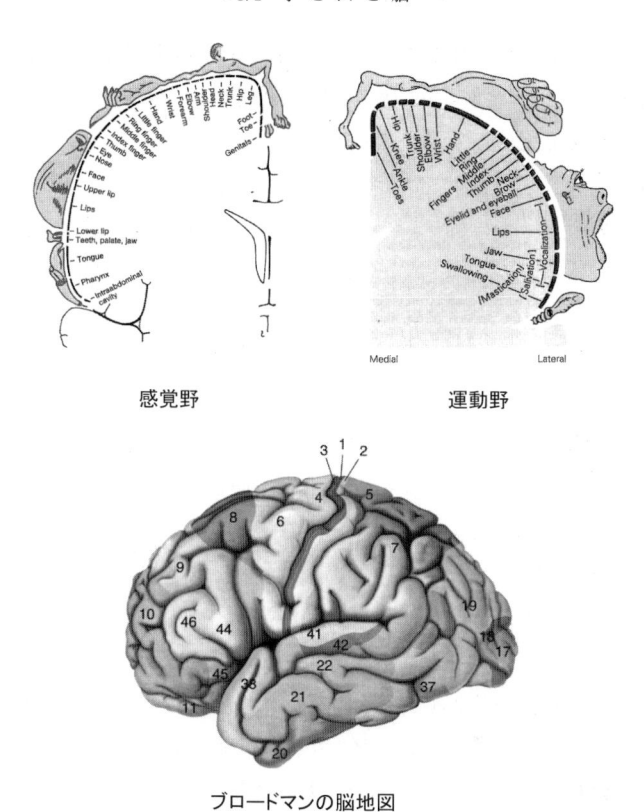

ブロードマンの脳地図

**図 8.1** 上：大脳皮質の感覚野，運動野では手，顔，口の領域が大きく発達した．下：前頭葉では一次運動野（4）より前運動野（6と8），さらに前頭前野（それらより前方部）がより発達した（図 1.2 参照）．

なく，声に強弱をつけ，適度の間合いや緩急をつけて話す．このとき同時に，手を大きく広げたり，指先をかざしたり，握りこぶしを作って動かしたりする動作を行う[2,3]．

一方，手指の細かい運動をする際には，無意識に口元を微妙に細めることが多く，逆に大きな力のいる運動をする時は，口を大きく開いたり，くいしばったりする[4]．

このように，発声（口の動き）と手指の運動はよく連動しているのである．これは，言葉を獲得する以前は，私たちは情報を手振りや身振り（ジェスチャー）によって伝えていて，その後言葉を話すようになったので，手の動きと口の動き

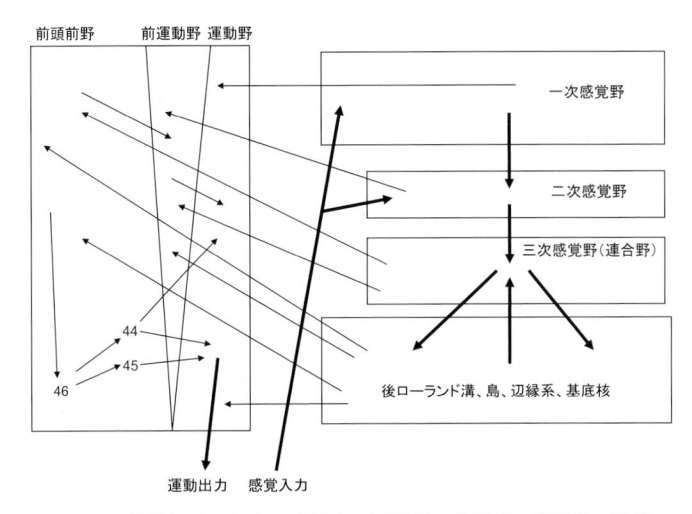

**図8.2** 情報処理における感覚系，辺縁系，前頭葉，運動系の連携

は一体となって発達してきたためと考えられる[5]．

図8.2は手から入ってくる感覚入力が，脳内でどのように伝搬され，処理，統合されているかの大略を示している[6-11]．

触覚や痛覚をはじめとする手からの種々の感覚は，まず大脳皮質の一次感覚野の手の領域に投射される．体性感覚だけでなく視覚，聴覚，味覚等の情報も同様である．各感覚はまずそれぞれの一次感覚野に投射される．その後に二次感覚野を経て，三次感覚野（連合野）に投射され，連合野であらゆる感覚情報が統合される．そしてこれらの情報は頭頂連合野や側頭連合野において今までに蓄えられていた（記憶されていた）情報とも照合されるので，外界の環境や全体像を理解することができるのである．

この統合された情報は次いで前頭前野に投射され，身体の内部情報（辺縁系，視床下部，脳幹や自律神経系からの情報）とも統合される[12]．そして前頭前野でさらに統合された情報は，最終的に前運動野，運動野に投射されて運動の指令として発せられ，一つの目的志向型行動が発現される．

このように感覚情報は段階的に処理統合され，統合されるたびにより複雑な高次の情報にまとめ上げられていく．

他方，神経細胞ネットワークにおいては，一次感覚野と一次運動野，二次感覚野と二次運動野（前運動野）というように，感覚情報と運動情報は各レベルで多

重に連絡し合っている．

このような，縦につながる統合型連絡と横につながる並列型連絡の両者によって，感覚情報が処理され，その結果合目的な運動がスムーズに，細やかに，また力強く発現されるように設計されているのである．

## 8.2 高反発力クッショングリップ

日本は世界一の長寿国である．少子化と高齢化のために人口構成においては逆ピラミッドがますます進む．日本人の平均寿命は現在男性が80歳，女性が86歳であるが，近い将来は90歳に達すると予想されている．これは国をあげて疾病の予防や治療対策を行ってきた成果であり，誠にすばらしいことである．

しかし高齢化が進めば進むほど，疾病や障害に見舞われることが多くなり，健全なQOLを維持していくことが難しくなっていく．また医療・介護保険や社会保障費の適用も大きくなり，社会にとっても大きな課題である．

現在，運動障害をはじめとして種々の疾患のために介護認定を受けている人は500万人を超えている．一方，認知症は460万人，その予備軍は400万人とも推定されている．このような人たちは，人生において長年働き続けてきた末に，病院や施設のベッドの上で寝たきりの生活を余儀なくされていて，悲惨なものがある．そしてこのような状況は今後ますます深刻さを増していくであろう．

科学技術の進歩によって種々のインフラが整備され，我々の運動量は減少している．以前に比べ歩かない，手を使わない，相手と対面して言葉を交わさない生活スタイルが定着してきた．これでは身体はもちろん脳の機能も弱くなっていく．何とかこれに対応しなくてはならない．最も手っ取り早い方法は運動することである．ウォーキング，ジョギング，体操，ストレッチ，自転車こぎ，その他いろいろなスポーツなど，何でもよい．毎日身体を動かすことが身体の健康と脳の活性化のために最も重要である．

5章で詳しく述べられているように，強い反発力を持つJPクッションは，外圧が加わるとそれに抗する反発力を生むため，スポーツ選手がジャンプ力をつけ，下半身を鍛えるために愛用されている．また外圧のかかり具合(踏む場所の違い)により反発力が変わるため，踏んだり跳ねたりするたびに反発力が異なり不安定である．このクッション上でジャンプや足踏みをすると，下肢はもちろん腰や体幹全体の筋肉が強化され，またバランス感覚が養われる．

本クッション上で足踏みすると、床上で足踏みするよりも脳は強く活性化され、前頭葉の血流が増加することがわかった。すなわち筋肉だけでなく脳が大いに活性化されるのである。

### a. 高反発力クッショングリップの開発

筆者らはこの JP クッションの持つ高反発力を、感覚・運動神経が豊富な手に応用すると、脳の活動が一段と強く活性化されるに違いないとの発想のもとに、高反発力クッショングリップを開発した[13] (図 8.3)。

形状については当初、球形、卵形、円柱形等いろいろなものを考えたが、最も握りやすい円柱状とした。目的は、手に心地よいリズミックな刺激を与えること、そして手指の運動（伸展と屈曲）を繰り返し行うことによって脳の働きを高めることである。

### b. 高反発力クッショングリップを着用すると、脳卒中後の手指の拘縮が短期間に改善される

脳梗塞や脳出血の後遺症で手脚の拘縮に悩む人、また終末期の寝たきり生活で廃用性拘縮に陥っている人は全国に多数いる。これらの人の中には指先が手の平にくい込むほど拘縮がひどく爪を切ることもままならず、手掌の感染症（水虫）で悪臭を放つ人もいる。一方、下肢の拘縮では股関節や膝関節が固まり、動く範

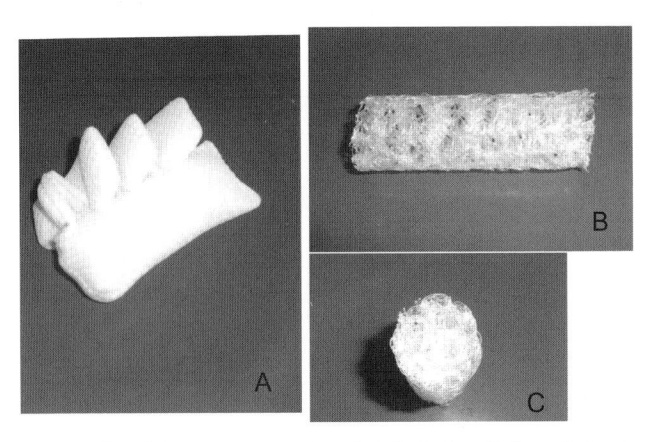

図 8.3 高反発力クッショングリップ (A) とその芯 (B：ポリエチレン線維がからまったもの) および断面 (C)

囲が狭いため，毎日のおむつ交換が大変である．強く下肢を広げようとすると骨折の危険性もある．

　高齢者のこのような手脚の拘縮はリハビリ治療を行ってもなかなか改善されない．また手に物を握らせると一般に筋の緊張が高まり，手首，肘や肩の関節の拘縮がより強くなることもよく見られる．したがって，介護現場では手指の拘縮は手の施しようがなく，半ば放置されてきたというのが現実である．

　これらの重度の拘縮者に24時間にわたって（起きている時も寝ている時も）高反発力クッショングリップを着用していただくと，驚くことに何年間も続いていた拘縮が1か月もすれば軽減され，筋の緊張度が下がり，関節の動きが柔らかくなり，拘縮で強く曲がっていた手指が伸びてくることがわかった[13]．

　これらの改善は，脳出血，梗塞，パーキンソン病，廃用性拘縮，肩手症候群，認知症等，原因疾患の違いを問わず，また罹病期間の長短を問わず認められた．今までの常識を覆す世界初のデータである[14]．

　なかには，脳梗塞後の手指の拘縮，手および肘関節の過屈曲，斜頸に悩んでいた人が，このグリップをつけた瞬間に肘関節が伸び，斜頸が正常化した例がある．一方，脳梗塞後に言葉を失い，筋の緊張が強いため表情が硬く暗かった人が，グリップの着用によって表情が柔和になり，口元や目元を動かし，発語ができるようになった症例も数例認められた[14]．後者は，グリップを着用することにより屈筋が伸ばされるため屈曲性のバイアスが除かれて，手指にリズミックな自然刺激が入ってきたために，これらの情報が大脳皮質感覚野の顔面や口の領域にも投射されて，顔面や口の自然な運動が可能となった（表情が柔らかくなった）と考えられる[15]．まさに"手指の運動によってこころが拓かれた"といえる．このように手指の運動と顔面や口腔の運動は密接に関連しているのである[5,14]．

### c. こころが拓かれるとは

　"こころが拓かれた"と表現したが，"こころ"は大変複雑・深遠な概念で，簡単に定義することはできない．主に心理学，哲学，宗教の分野で取り扱われるテーマである．"こころ"にはいろいろな局面があるが，ここでは以下のように大別して考えてみよう．

　**論理的なこころ**：知識，記憶，意識，言語，計算，決断などの知的で冷静なこころ（mind, spirit）．これらは主に大脳皮質の働きによって生まれると考えられ

ている．

**情緒的なこころ**：喜怒哀楽，情緒，もののあわれ，快感，モチベーションなどの情感を伴うこころ（heart, feeling）．これらの発生には大脳辺縁系が大きく関わる．

**倫理的なこころ**：倫理観や宗教観のようなより深遠なこころ．これには前頭葉が関与すると考えられる．

したがって，"手指の運動によってこころが拓かれる"という際の"こころ"とは，苦痛がなくなり，心地よく，顔の表情が和み，言葉が発せられるようになったのであるから，主として情緒的なこころが高まってきたと考えてよい．

このように，手指を動かすことによって，手の平に自然な心地よい刺激が加わると，脳が活性化され，自ずとこころが拓かれてくるのである．

#### d. どうして拘縮が改善されるのか？

開発した当初は，本グリップはこれほど劇的な効果（拘縮が改善され手指が伸びる，筋の緊張が緩む，関節の可動域が大きくなる，表情が和み失っていた言葉を取り戻す）を生むとは想像もしなかった．グリップの表面を抗菌・防黴剤で処理しているので，手の平の感染症が良くなること，また脳機能が幾分とも活性化されることは期待していたが，予想をはるかに超えた効果が得られたことに驚いている．そういう意味でこの高反発力クッショングリップはまさに「天からの贈り物，授かり物」である．そして生体の持っている再建・再生能力の偉大さ，すごさを今さらながら実感している．

このような効果は，脳梗塞，脳出血，廃用性萎縮，パーキンソン病，認知障害など原因疾患の如何にかかわらず認められたことは注目される．早い人では着用後1〜2週間で症状が軽減し始めたが，多くの場合は1か月前後で症状が改善した．なかには，手にグリップをつけた瞬間にななめに傾いていた頸（斜頸）がしゃきっと正常の位置に戻り肘関節の屈曲が軽減されるケースもあったが，この時グリップを離すと，頭は再びななめになり肘の屈曲が現れ，元に戻った．

これらを総合すると，拘縮改善のメカニズムには，①脊髄レベルの反射（感覚入力-脊髄-運動神経）に基づいて現れてくる一過性の早い回復機構と，②脊髄，脳幹，小脳，大脳を介して徐々に起こってくるもの，の二つのメカニズムがあるようだ．後者は，筋肉や靱帯，腱などの軟組織の異常な緊張やバイアスがしだい

に正常化されてはじめて現れてくるもので,時間を要すると考えられる.

### e. 拘縮のメカニズム

拘縮がどうして起こるのか? 一般的には屈筋の$\gamma$運動神経の過興奮によると言われてきたが,詳しいメカニズムについては現在もまだ不明な点が多い.脳出血や脳梗塞の発症直後には手や脚の弛緩麻痺が起こるが,数日経つと修復機構が働き始める.しかし修復過程においては屈筋と伸筋両者のバランスのとれた回復が起こらず,屈筋系が強く働くため,屈筋の緊張が時間とともに強くなり,拘縮状態に陥ると考えられている.最近では,拘縮は$\gamma$運動神経の過興奮だけでなく,$\alpha$運動神経,Ia神経,Ib神経,さらに種々の介在神経の活動のアンバランスによって起こると考えられている.

### f. 拘縮の治療法

いったん拘縮が起こると,それを軽減し回復させるのはなかなか難しい.唯一の有効な治療法は,早期からリハビリテーションを根気よく行うことである[16].拘縮した手指を伸ばす,固まった筋肉をマッサージする,関節を伸ばす等,毎日精力的にリハビリを行うことが最も重要である.最近では,筋肉の緊張を下げるべく,ボツリヌス毒抽出物を筋肉に注射する治療が行われている.しかし,これは筋肉を一時的に麻痺させるものであり,根本的な治療法ではない.

一方,出血や梗塞の起こった側の脳機能は低下し,反対側の機能は高まっていることが多いので,健常側の脳に磁気刺激を加えて一時的にその機能を抑え,その直後に障害側の機構を高めるべくリハビリを集中的に行うという治療も行われている.また障害側の一次運動野や前運動野に刺激を加えて運動野の再建を促進し,機能回復を目指す方法等も開発されている.

しかし,これらの方法は大掛かりな装置を必要とする.筆者らが開発した高反発力クッショングリップは,非常に簡便でただ着用するだけで1か月もすれば拘縮が改善される.まさしく"ミラクルグリップ"と言える.

### g. 筋電図変化

高反発力クッショングリップを握った際の前腕,上腕,顔の筋電図変化を表面電極で記録した.グリップを握る(手を握る)ためには,手首の関節を固定する

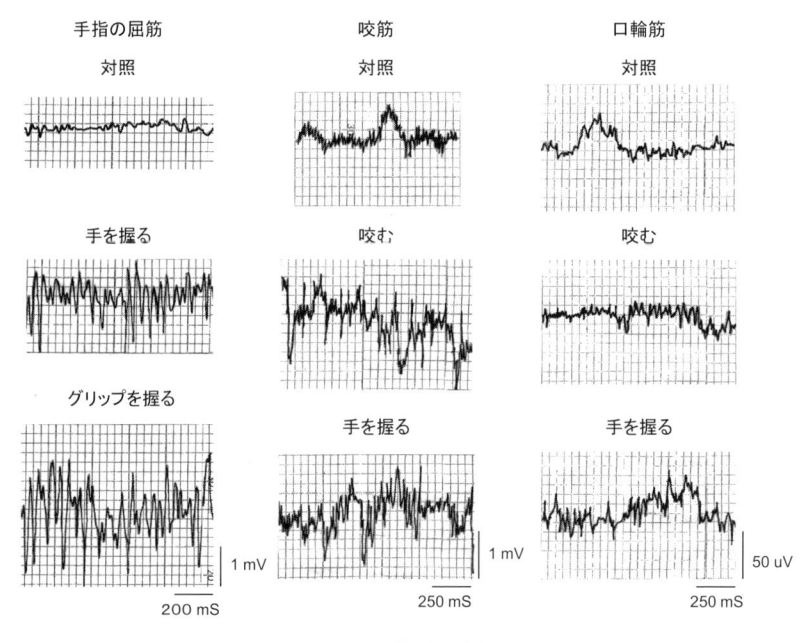

図 8.4　筋電図変化

必要があるので，前腕と上腕の屈筋及び伸筋がともに活動する．図 8.4 は前腕の屈筋の筋電図である．グリップを間欠的に握る（on, off する）と，静止時に比べ活動が大きく上がっているのがわかる．この活動上昇は，タオルを丸めて握った時よりも高反発クッショングリップを握った時の方が大きかった．

グリップを握ると前腕や上腕の筋活動が上がることは予想されたが，咬筋や口輪筋の活動も手を握ると活動が活発になっていることは興味深い（図 8.4）．表面電極で記録した筋電図においてこのような変化が得られるということは，深部（針）電極で記録するともっと活発な活動上昇が起こっているに違いない．

このように手指を握り開く運動には，前腕，上腕，肩，胸等，多くの筋肉の働きが必要となるが，同時に顔の筋肉（咬筋や口輪筋）の活動も活発になることがわかった[14]．

### h. 脳血流変化

脳の活動変化は，脳波，脳磁図，NIRS, fMRI, PET 等によって捉えることができる．空間分解能，時間分解能，時間的なラグ等，それぞれに長所，短所があ

るが，無侵襲的に脳の各局所の活動変化を捉えることができるという利点があり，人を対象とする際には大変有用な方法である．

今回は，高反発力クッショングリップを間欠的に握る運動を行う時の脳血流変化を NIRS を用いて解析した．NIRS では照射プローブから発射された近赤外光を 3 cm 離れた部位に置かれた検出プローブで捉え，その変化度より脳表面の Oxy-Hb（血流）変化を推定する．そして，94 個，47 ペアのプローブを頭皮に装着して各部位の血流変化を検出した．

測定の時間経過は，まず安静開眼時の脳血流レベルを 30 秒間記録，続いて運動中（グリップあるいはタオルを間欠的に握る）の血流を 30 秒間記録，そしてその後 30 秒間の血流（運動後血流）を記録した．この試行を 3 回繰り返して行い，加算して血流変化を求めた．

図 8.5 には代表的な血流変化を示している[14]．安静時には全脳にわたって血流量は低いレベルにある．タオルを間欠的に握ったり緩めたりする時は，前頭葉の弱い血流上昇が認められた．一方，高反発力クッショングリップを間欠的に握ったり緩めたりする運動時には，運動野～感覚野領域だけでなく前頭葉全体にわたって血流が増加することがわかった．被験者は主に 20 歳代の若い男女であったが，同様な血流変化は 50～70 歳代の人においても認められた．

脳は，ルーティーン化した繰り返す単純な刺激に対しては，活動変化を起こさないが，新規な"あれ，あれ"というような刺激に対してはよく応答することが知られていて，このような新規な意外性に対する活動変化は前頭葉において強く現れる．高反発力クッショングリップを握ると，強く押し返す力が働くので，手

静止時　　　タオルを握る　　　グリップを握る

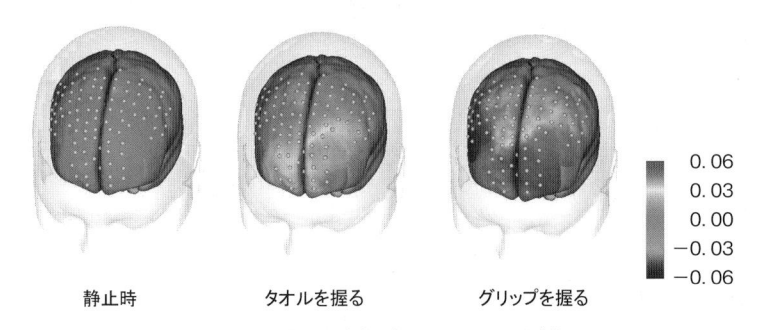

図 8.5　脳血流変化（NIRS による測定）
スケールの数値：標準設定レベルを 0 とし，それより Oxy-Hb（血流）が増えると＋に，減少すると－になる．単位は mM×cm．

の平，手首，腕の筋肉や皮膚が強く刺激される．前頭葉には"おや，おや"，"これは一体どうしたことか"と予期しない情報が入ってくるために，このような血流の上昇が起こってくると考えてよい．

## 8.3 手の運動と表情，言葉の連動

手を使えば，脳の手の領域の感覚・運動野の活動が上がる．口を動かせば口の領域の変化が起こる．これは当然のことである．しかし，脳の働きはそんなに単純なものではない．異なる感覚野どうし，運動野どうし，また感覚野と運動野は互いに密接に連絡し合っていて，上のような1対1の対応ではなく，脳全体として総合的に働いているのである．

### a. 手の運動はこころを拓く

高反発力クッショングリップを着用すると，ひどい拘縮による手の平の感染症が消失することは予想された．期待通り2週間前後で感染症が弱まり，1か月もすると皮膚が乾燥して悪臭も消えた．一方，グリップを握ると手指の屈曲と伸展が自然に起こるため，睡眠中もずっと持続的に着用すると，脳機能の活性化が起こることは期待していたが，拘縮した手指が開くという予期しなかった効果が認められた．

しかしグリップの効果はそれに留まらなかった．現在まで70症例を超す患者さんが着用しているが，6名（約10％）の方では顔のこわばりが和らぎ，表情が柔和となり，失っていた言葉を話せるようになった．これは，手指に自然な心地よい刺激が持続的に加わると，脳のいろいろな統合過程を経て，顔面筋や発声関連筋の働きにもこの心地よい刺激が伝わり，その結果これらの筋肉の働きも滑らかになったと考えられる．また同時に言葉を話そうとするモチベーションも高まってきた．まさに，手指の運動は私たちのこころを拓くのである．

### b. こころが拓かれるメカニズム

図8.1に示したように感覚野および運動野における手の領域と顔面の領域は隣接している．また手からの刺激（感覚入力）は感覚野の手の領域に入るだけでなく顔の領域や前腕の領域にも投射されている．

一方，前頭葉では他の脳部位から入ってくる情報が処理，統合され，種々の判

断が行われ,その結果が運動系に指令として出される(図8.2).前頭葉の46野においても種々の情報が集約され,その統合された結果は44野および45野に送られる.45野からは口,唇,舌,咽頭,喉頭など発声に関係する運動野に情報が送られ,発声,発語が可能となる.一方,44野からは手の領域と顔・口の両領域に出力が送られる[17,18].したがって,手からバイアスのかからない自然な刺激が持続的に脳の感覚野に入ってくると,それらは各段階で処理された後に前頭葉の46野に送り込まれ,44野と45野を経て手の動きおよび顔や口の動きにも影響を与える.

このように手から心地よい自然でリズミックな刺激が脳に入ると,手指の拘縮が改善されるとともに顔面筋の緊張が緩み,口の周りの筋肉の緊張もほぐれ,その結果表情が柔和になり,口の動きも滑らかになり,発語が可能となった.

このような効果には以下のようなメカニズムが関係していると考えられる.

① 手のstaticで固定的な姿勢は筋の活動や運動に影響を与える[19].
② 手指が拘縮に陥っている時は,屈筋,伸筋ともに強い興奮状態である.腱や靱帯にも強いバイアスがかかっている.これらの異常な感覚入力は脳にも達するので脳は正常に働かない(maladaptation)[20].その結果,手指はますます固くなり,表情も固く,言葉を失ってしまう(失語には白質の障害も関係する)[21].
③ グリップを着用すると,屈筋,伸筋ともに緊張が緩むので,偏位を起こしていた腱や靱帯は正常位にもどる.
④ 手に心地よい刺激が入ると,感覚系や辺縁系が活性化され,前頭前野においてこの手からの情報と顔面や口腔の情報が統合され,また辺縁系からの情報も加わって表情の和みとなって現れる[6,15].

### c. 感覚情報は運動に影響を与える

運動を滑らかに行うには,脳および脊髄の多くの神経細胞が関与するが,脳ではとくに大脳基底核(基底核)と小脳の果たす役割は大きい.

基底核は,感覚情報(一次・二次・三次感覚野からの情報),運動情報(一次・二次運動野からの情報),辺縁系および前頭葉からの情報を受けて,これらを統合・圧縮した後,その結果を一次運動野の出力細胞に送り返している.すなわちこの神経回路は,運動の出力情報に対して側路系として働き,運動のプログラ

ミング，調整，切り換え，安定性，自動化などに関係する．その中でとくに腹側基底核（腹側線条体，腹側淡蒼球，腹側被蓋野）は，感覚系，運動系，前頭葉および辺縁系からの情報を統合的に処理していて，情動行動の発現に中心的な役割を果たしている[22-24]．

　小脳は基底核と異なり，末梢から種々の感覚情報を受け取っている．すなわち表面感覚（種々の皮膚感覚）や深部感覚（筋，腱，関節や靭帯からの感覚）が脊髄を通って常に小脳に送り込まれている．したがって，運動をするとこれらの感覚情報（筋の収縮状態，皮膚感覚や腱の伸び具合など）が時々刻々小脳に入ってくる．一方，小脳には一次・二次運動野からの運動出力が脳幹を介して送り込まれてくる．小脳はこれらの感覚および運動情報を照合・統合することによって，運動出力系に感覚情報を反映させ，運動を微妙に調節している．

　このように，運動を円滑に行うにはあらゆる感覚情報と運動情報の統合が不可欠である[25-27]．

## 8.4　高反発力クッショングリップのもたらす効果

　上で述べたように，高反発力クッショングリップを夜間眠っている時も含め連続して着用すると，1か月もすれば，何年間も悩んでいた手指の拘縮，筋の緊張，関節の固さがたちまち改善された．"拘縮した手指は伸びない"という今までの通説を覆したことになる．

　患者さん本人も半ばあきらめていた障害が見事に改善されるので，その驚きと喜びは大きい．不具合や障害が少しでも改善されることは本当にうれしく，こころを和ませ，勇気と前向きな気持ちをもたらしてくれる．

　本人だけでなく家族にとっても同様である．言葉を失いこわばった表情をしていた人が表情を和ませ，一言，二言言葉を発し，コミュニケーションがとれることは，面会に来た家族にとってはこの上もない喜びである．

　また，グリップの効果はケアに携わっている看護師や介護士，ヘルパーさんたちにとっても大きな安らぎをもたらす．手の平の清掃のために強く拘縮した手指を伸ばそうとすると，痛みが生じ，悪くすると骨折を起こすことがある．常に細心の注意を払う必要があり，精神的な負担はたいへん大きい．したがって手指の曲がりが軽減し，筋や関節が柔らかくなると，安心してケアを行うことができる．

　リハビリテーション現場における恩恵も大きい．強く曲がり固まった手指を1

本，1本伸ばすリハビリには細心の注意が必要で，多大の時間を要する．それぞれの患者さんの症状や特徴を熟知した介護士や理学療法士でないとリハビリを行えない．しかし，筋の固さがほぐれ，手指が少しでも伸びてくると運動訓練が行いやすくなり，より強いリハビリを行うことが可能になる．

一方，拘縮のため手の平に感染症が起こっていると，悪臭が出るので病室や病棟内に臭いが漂い環境的によくないが，グリップの着用とともに感染症が消失するので，この問題も解決する．そして介護費，医療費も大いに節減できる．

## 8.5　今後の展開—脳の活性化と認知症の予防に向けて

先進国は軒並みに高齢社会となっている．健康管理，社会保障等が充実している結果であり，結構なことである．しかし，高齢社会にはいろいろな課題がある．現在，全世界で3500万人の認知症患者がいると推定されていて，わが国では認知症が460万人，軽度の認知障害（認知症予備軍）が400万人いると言われ，近い将来1000万人を超えると予想されている．

一方，運動器官のいろいろな障害のために寝たきりになっている人も増えている．私たちの身体は普段からよく使い動かさないと，働きがどんどん下がり，ついには廃用性萎縮に陥ってしまう．同様に，脳卒中後の手や脚の拘縮のために運動ができずベッド上で生活される人も多くなっている．高齢社会の宿命かもしれないが，長い人生を働き続けて，最後にこのようないろいろな障害で寝たきりになられる人が多いという現実は悲惨と言わざるをえない．人はどんな状態になっても，目的，希望，夢がないと生きていけない．生きる力が湧いてこないのである．したがって，寝たきりにならないようにすることが大事である．

高反発力クッショングリップは，着用するだけで強度の手指の拘縮が改善された．また筋の緊張も緩まり，関節の動きも柔らかく滑らかになった．驚くべき効果である．このように，感覚神経および運動神経の最も豊富な手に，自然で心地よい繰り返すリズミックな刺激を与えることが，脳の活性化のためにいかに重要であるかが再確認できた．驚くことに，無表情になり言葉を失っていた患者さんの表情がまろやかになり，視線が定まり，言葉を発するようになったことである．このように，手指の運動はこころを開いたと言える[28]．

ここで注目すべきは，今回のこれらの効果は，拘縮の患者さんがグリップを24時間にわたり持続して着用しただけで認められたことである．この結果を演

繹すれば，この高反発力クッショングリップを着用して，握ったり緩めたりする手指の運動を日頃から繰り返すことを習慣にすると，脳が一段と活性化されることが予測される．

そういう観点から，今後は拘縮の人たちだけでなく，物忘れが始まった軽度認知症の方はもちろん，健康な高齢者や成人にも健康増進グッズとして日常的に使用していただきたいと考えている．年齢を重ねるにつれ，必ず低下してくる脳の働きを普段から活性化するように努めることは，本人はもちろんのこと社会にとっても大変大事なことである．　　　　　　　　　　[山内将照・白木基之・西野仁雄]

## 文　献

1) 久保田競：手と脳，紀伊国屋書店，1982.
2) Gentilucci M, Campione GC：*Plos One*, **6**(5)：e19793, 2011.
3) Meister IG et al：*Eur J Neurosci*, **29**(10)：2074-2082, 2009.
4) Waters GS, Fouts RS：*Neurol Res*, **24**(2)：174-180, 2002.
5) Gentilucci M, Corballis MC：*Neurosci Biobehav Rev*, **30**：949-960, 2006.
6) Hennenlotter A et al：*Neuroimage*, **26**(2)：581-591, 2005.
7) Young MP et al：*Rev Neurosci*, **5**(3)：227-250, 1994.
8) Halgren E et al：*J Physiol Paris*, **88**(1)：51-80, 1994.
9) Augustine JR：*Neurol Res*, **7**(1)：2-10, 1985.
10) Cavada C, Goldman-Rakic PS：*J Comp Neurol*, **287**(4)：422-445, 1989.
11) Chavis DA and Pandya DN：*Brain Res*, **117**(3)：369-386, 1976.
12) Nowak M et al：*Hum Brain Mapp*, **25**(2)：259-265, 2005.
13) Yamauchi T et al：*J Physiol Sci*, **63**(Suppl 1)：S150, 2013.
14) Nishino H et al：*SFN Sci Session Listings*, **249**：17, 2013.
15) Bruce IC, Siu LY：*Electromyogr Clin Neurophysiol*, **38**(7)：405-409, 1998.
16) 久保田競：運動の神経科学（西野仁雄, 柳原　大 編），pp. 199-210, NAP, 2000.
17) Binkofski F et al：*Hum Brain Mapp*, **11**(4)：273-285, 2000.
18) Heiser M et al：*Eur J Neurosci*, **17**(5)：1123-1128, 2003.
19) Hoffman G et al：*J Neurophysiol*, **106**(5)：2546-2556, 2011.
20) Neufeld J et al：*Neural Plast*, 281561, 2009.
21) Naeser MA et al：*Brain*, **112**(1)：1-38, 1989.
22) Haber SN：Neurobiology of Sensation and Reward（Gottfried JA ed），Taylor and Francis, 2011.
23) Howe MW et al：*Nature*, **500**：575-579, 2013.
24) 西野仁雄：脳と運動（伊藤正男 編），pp. 331-355, 平凡社, 1983.
25) Mima T et al：*Brain*, **122**(10)：1989-1997, 1999.
26) Williamson JW et al：*J Appl Physiol*, **81**(5)：1884-1890, 1996.
27) Cordo PJ et al：*J Neurophysiol*, **105**(4)：1879-1888, 2011.
28) Nishino H et al：*J Neurosci Neuroeng*, **4**：1-8, 2015.

# 9 運動とメンタルヘルス

● 運動とメンタルヘルスの関係を考える

　近年，わが国では，空前のジョギングブームが起きている．もともと走るのが好きだった人たちだけでなく，学校での持久走を嫌った人たちも含めて，多くの老若男女が，マラソン大会などに参加して，走ることを積極的に楽しんでいる．また，走るまでいかなくても，ウォーキング（散歩）を楽しんでいる人は多い．

　多くの人は，「運動すると気持ちがいい」という体験をしたことがあるだろう．この現象は，スポーツ心理学や健康心理学という学問領域で，詳細に研究されてきた．本章では，これらの領域の知見をもとに，身体を動かすことがメンタルヘルス（精神的な健康）とどのように関連するか，最新の知見を踏まえながら紹介する．

　なお本章では，ルールに基づいて実施する「スポーツ」，ジョギングなど反復する身体の動きである「運動」，階段昇りや家事などを含む身体を動かすこと全般を表す「身体活動」の三つを扱う．図9.1に，「スポーツ」，「運動」，そして，「身体活動」の三つの関係を示す．

● 運動の実施がメンタルヘルスにもたらす効果の概要

　現在までに，スポーツ，運動，または身体活動を行うことによって，メンタル

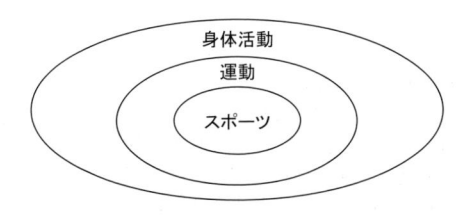

図 9.1　スポーツ，運動，身体活動の関係

**表9.1** 身体活動とメンタルヘルスとの関係（Biddle[1]より一部抜粋）

・身体活動，運動への参加は，肯定的気分および肯定的感情と一貫して関連している．
・有酸素運動は，小～中程度の肯定的な効果を活気にもたらし，小～中程度の否定的な効果を疲労と混乱にもたらすことを示している．
・1回の運動後または運動プログラム後における状態，特性，および心理生理学的な不安に対する効果は，小～中程度である．
・有酸素性体力は，心理社会的ストレッサーに対する生理学的反応を減少させる．
・運動は，非臨床的抑うつの中程度の減少と関連している．

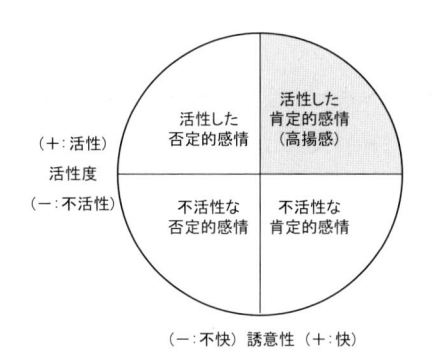

```
                活性した    活性した
                否定的感情   肯定的感情
                            （高揚感）
    （＋：活性）
       活性度
    （－：不活性）
                不活性な    不活性な
                否定的感情   肯定的感情

              （－：不快） 誘意性 （＋：快）
```

**図9.2** 感情の円環モデルにおける高揚感の位置づけ（ReedとOnes[9]を改変）

ヘルスが良い方向に変化したり，良い状態が維持されたりすることが，多くの研究によって明らかにされている．ビドル[1]が提示した，エビデンス（研究成果）に基づく身体活動とメンタルヘルスとの関係を表9.1に示す．

●**身体活動の実施は肯定的な（ポジティブな）心理的側面に何をもたらすか？**

20世紀の終盤から，ポジティブ心理学（positive psychology）が注目を集めている．高齢者の身体活動がメンタルヘルスに与える影響について言及した安永[2]は，「幸福感や生活満足度などのメンタルヘルスの積極的要素に対する身体活動の効果に関する研究成果の蓄積を増やすこと」を取り組むべき課題としてあげている．先行研究[3]では，肯定的感情が増加すると，冠状動脈性の心疾患の発症が抑制されることが明らかにされており，抑うつを低減させるだけでなく，肯定的な感情を増加させることの重要性が示唆されている．

リードとバック[4]は，105の研究を概観して，定期的な有酸素運動の実施が「高揚感（活性した肯定的感情，図9.2）」にもたらす効果に注目した．その結果，定期的な有酸素運動の実施によって，高揚感が増加することを明らかにしている．

さらに，望ましい運動実施方法は，10～12 週間にわたって，週当たり 3～5 回の頻度で，低強度かつ 30～35 分間の運動を行うことであると示唆している．

## 9.1 一過性の運動の実施が感情にもたらす効果

本節では，身体活動がメンタルヘルスに与える影響を詳細に検討するために，身体活動の中でも運動に着目して，1回ごとの運動，すなわち，一過性の運動の効果を詳しく紹介する．ここでは，一過性の運動の研究において最も検討されているメンタルヘルス指標の一つである「感情」の効果を見てみよう．

感情とは，有光[6]によれば，「情動（emotion：比較的持続時間が短く，強度の強い感情）」と「気分（mood：比較的時間が長く，強度が弱い感情）」を包括する概念とされている．

### a. 一過性の運動の実施は感情にどのような影響をもたらすか

現在，ポジティブ心理学の展開に伴って，肯定的な心理的側面に注目が集まっている．そのため，以下では，感情の肯定的な側面に着目して，知見を紹介したい．山崎[7]によれば，肯定的な感情が様々な疾患予防的ならびに健康増進行動と結びついている．しかし，とくにわが国では，肯定的感情の機能やそのメカニズムに関する研究がほとんど行われていない．また，感情の肯定的な側面には未解明な点が多いという指摘があり[6]，肯定的感情の機能については，明らかにされていない点も多く，さらなる検討が大いに期待されている[8]．

一過性の有酸素運動が高揚感にもたらす効果に注目して，158 の研究を総括したレビュー論文[9]がある．その結果，運動の実施直後や運動の強度が低い場合には，一貫して運動が高揚感に与える効果が確認されている．また，得られた効果は運動後少なくとも 30 分間維持されるなどの知見を導いている．この研究において，高揚感が行動の促進と関連することなど，高揚感を運動場面で検討することの意義が複数示されている．

一方，運動ではなく，日常生活における身体活動の効果について検討した研究[10]では，身体活動後の肯定的感情は，身体活動の終了後 180 分間まで増加した．しかし，身体活動の否定的感情に対する効果は認められていない．

続いて，わが国で行われた研究を紹介する．満石ら[11]は，一過性運動を実施する際，高揚感が高まると，全末梢抵抗が低下するため，血圧の上昇が心拍数の

上昇の割に低く抑えられることを明らかにした．つまり，運動に伴って高揚感を得ることで，安全に運動することが可能になることを強調している．

大学体育授業（週1回の頻度で12週間継続）に参加した男子大学生37名を対象とした研究[5]もある．この研究の参加者は，授業終了時に，授業中の感情を評価し，授業期間終了時には，過去1か月間における日常生活全般の感情状態を評価した．その結果，毎回の授業終了時に測定された高揚感の平均値は，授業期間終了時の肯定的感情と関連していた．つまり，日常生活における普段の感情状態を好ましく保つには，運動によって高揚感が高まったという体験が重要だと考えられる．

### b. 何を使って一過性運動に伴う感情を測るのか？

多くの場合，運動場面における感情は，自記式の評価尺度を用いて測定される．感情尺度には，一般的な感情尺度と，運動場面に固有の感情尺度がある．

#### 1) 運動固有の感情尺度が開発されるようになった経緯

本研究では，一過性運動に伴う感情を検討する際に用いられる運動固有の感情尺度について紹介する．まず，運動固有の感情尺度が開発されるようになった経緯を記述した上で，国内外における代表的な運動固有の感情尺度を解説し，それらを用いる際の留意点について整理する．

従来の感情を扱った一過性運動研究では，抑うつや不安などの否定的な感情を指標とすることが多かったが，このことについて，荒井ら[12]が注意を促している．具体的には，一過性運動場面において，一般的な抑うつや不安の尺度を使用することは，①測定内容が否定的感情に偏重してしまうこと，②不安測定の妥当性が担保できなくなること，および③項目数が多くなってしまうことという三つの問題点が指摘されている．そこで，運動固有の感情尺度が開発され，使用されるようになった．

#### 2) わが国で開発された運動固有の感情尺度

わが国で開発された四つの尺度と，その尺度を用いて行われた研究の一部を紹介する．

①**Mood Check List（MCL-3）**：MCL-3[13]は，「快感情」「リラックス感」および「満足感」の3因子からなる尺度である．項目数は，「快感情」が14項目，「リラックス感」5項目，「満足感」3項目に，得点化されない1項目を含めた合

計23項目からなる尺度である．「楽しい-苦しい」などの項目に対してSD法（7件法）で回答する形式を採用しており，複数の妥当性と信頼性（内的整合性）が確認されている．

なお，MCL-3の因子名は，「快感情」「リラックス感」および「満足感」であるが，「楽しい-苦しい」などSD法によって評価するので，実際は因子名よりも幅広い内容（否定的な感情など）を測定している可能性（因子名が測定している内容をそのまま表していない可能性）に注意が必要かもしれない．

②**Mood Check List-Short Form（MCL-S.1）**：MCL-3が運動前後に使用されるのに対して，運動中の測定に用いるMCL-S.1[14]は，「リラックス感」「快感情」および「不安感」の3因子からなる尺度である．項目数は，「リラックス感」4項目，「快感情」4項目，そして「不安感」が2項目であり，合計10項目である．回答方法は，1点（まったくそうである）から7点（まったくそうでない）までの7件法である．MCL-3は，肯定的な感情の因子のみを含んでいるが，MCL-S.1では，肯定的な感情と否定的な感情の関係を検討することも目指している．そのために，否定的な感情として，「状態不安」を測定する項目を追加している．基準関連妥当性と，「リラックス感」因子および「快感情」因子の信頼性（内的整合性）が確認されている．

③**日本語版主観的運動体験尺度（Subjective Exercise Experiences Scale-Japanese-version：SEES-J）**：鍋谷ら[15]によって作成されたSEES-Jは，SEES（McAuley and Courneya, 1994）の日本語版である．そのため，尺度の構成は原版と同様であり，3因子12項目で構成される．すなわち，「積極的安寧」「心理的ストレス」および「疲労感」の3因子である．回答は，1点（まったく感じない）から7点（とても強く感じる）までの7件法である．SEES-Jでは，各項目について2〜4の訳語を対応させて提示し（1語のみを対応させた1項目を除く），因子負荷量が最も高い項目を，もとの項目に対応させて12項目選出している．複数の妥当性と信頼性（内的整合性）が確認されている．

SEES-Jは，SEESの日本語版であるが，海外版のデータと日本語版のデータを単純に比較することは好ましくない可能性がある．今田[16]は，日本語において，「不安」の経験は「恐怖」の経験よりも「憂うつ」の経験との類似性が高いことなどを示し，異なる言語において，ある言葉が意味する概念と，その言葉に対応する邦訳の意味する概念が一致すると考えても，測定を目指している感情を完全

下の各項目について，現在あなたはどの程度感じていますか？
当てはまる数字に○をつけてください．

|  | 全く感じない | 余り感じない | どちらでもない | 少し感じる | かなり感じる |
| --- | --- | --- | --- | --- | --- |
| 1. 燃え上がった | 1 | 2 | 3 | 4 | 5 |
| 2. 安心した | 1 | 2 | 3 | 4 | 5 |
| 3. 安らいだ | 1 | 2 | 3 | 4 | 5 |
| 4. 夢中な | 1 | 2 | 3 | 4 | 5 |
| 5. 沈んだ | 1 | 2 | 3 | 4 | 5 |
| 6. いやがった | 1 | 2 | 3 | 4 | 5 |
| 7. 落ち着いた | 1 | 2 | 3 | 4 | 5 |
| 8. のんびりした | 1 | 2 | 3 | 4 | 5 |
| 9. わくわくした | 1 | 2 | 3 | 4 | 5 |
| 10. 心苦しい | 1 | 2 | 3 | 4 | 5 |
| 11. うろたえた | 1 | 2 | 3 | 4 | 5 |
| 12. 胸おどる | 1 | 2 | 3 | 4 | 5 |

**図 9.3** 一過性運動に用いる感情尺度[17]
高　揚　感：項目番号 1, 4, 9, 12 の得点を合計する．
落ち着き感：項目番号 2, 3, 7, 8 の得点を合計する．
否定的感情：項目番号 5, 6, 10, 11 の得点を合計する．

には捉えられない可能性を指摘している．SEES-J については，この点を注意しておくべきであろう．

④**一過性運動に用いる感情尺度**：日本人が使用している感情語彙（単語集）を用いた感情尺度の方が，翻訳された感情尺度よりも妥当性が優れている[6]という指摘に基づいて，『感情表現辞典』[17]から感情語を抽出して作成された，一過性運動に用いる感情尺度[18]は，「否定的感情」「高揚感」および「落ち着き感」の3因子（1因子あたり4項目）から構成される12項目の尺度である（図9.3）．

回答の際は，1点（まったく感じない）から5点（かなり感じる）までの5段階の得点幅から，自分の感情に当てはまる数字を選択させる．この尺度は，否定的感情を測定できることと，活性-不活性の次元を踏まえて肯定的感情を評価できる．複数の妥当性と信頼性（内的整合性）が，荒井ら[18,19]によって確認されている[20]．

**3) 運動固有の感情尺度を選択する際の留意点**

従来の感情尺度の問題点を解決すべく，運動固有の感情尺度が開発されてきたが，その固有尺度を選択する際の留意点として，否定的感情を測定する因子の有無，活性-不活性を測定する因子の有無という二つがあげられる．以下では，二つの留意点について解説する．

①**否定的感情を測定する因子の有無**：MCL-3 では，感情の否定的側面を測定

することはできない.感情研究の知見に従えば,感情を多面的に検討できないことは注意が必要である.なぜならば,これまでの研究では,肯定的感情と否定的感情は独立して変化することが示唆されているためである.山崎[7]によれば,肯定的な感情と否定的な感情は,1次元上の両端にある関係にはなく,両感情は負の関係にあるものの,その相関はかなり低い.荒井と竹中[21]の実験研究においても,一過性運動に伴って肯定的感情と否定的感情は独立性を保つことが示唆されている.これらのことから,運動実施者が否定的な感情を経験しているのにもかかわらず,運動に伴って MCL-3 の得点が変化しなければ,運動実施者の感情に変化がなかったと結論づけられてしまうおそれがある.否定的感情を測定する感情尺度のみを用いているにもかかわらず,単に「感情が変化した」と結論づけることは,感情全般が変化していると結論づけていると考えられてしまうかもしれず,注意が必要である.

ところで SEES-J は,「疲労感」を測定する因子を含む.疲労感は,肯定的もしくは否定的というように単純に区分ができない[15].竹中[22]の言葉を借りれば,運動の実施に伴って,悪玉の疲労感を持つこともあれば,善玉の疲労感を経験することもある.このように,「疲労感」は,その状況によって肯定的にも否定的にもなりうる感情である.

②活性-不活性の次元を測定する因子の有無:SEES-J は,感情を肯定的-否定的(快-不快)と単純に分けて捉えるために,活性-不活性の次元については検討することができない.とりわけ,運動と関連が強いといわれる肯定的感情は,活性-不活性の次元にも分けて検討できることが望ましいであろう.なぜならば,運動場面での感情の変化には,覚醒状態が主な役割を果たしており,運動に伴って増加する覚醒状態は,肯定的感情と関連するといわれるためである[23].肯定的感情の水準が等しいとしても,その得点が表す肯定的感情が活性した感情なのか,不活性な感情なのかは,活性-不活性の評価軸がなければ判断することができない.さらに,高揚感が行動の促進と関連することなど,高揚感を運動研究の文脈で検討することの意義が複数示されている[9].荒井[5]も,一過性の運動に伴って高揚感を得ることが,長期間の運動プログラム終了後における長期的な肯定的感情と関連することを明らかにしている.一方,不活性な肯定的感情(落ち着き感など)ではこれらの関連は認められなかったことからも,活性-不活性の次元を含めながら肯定的感情を検討することの重要性が示されているといえる.

ここまで，運動固有の感情尺度を概観してきたが，荒井ら[12]が指摘しているように，運動場面で運動固有尺度を用いることは必須ではない．いつでも，誰にでも，万能な測定尺度は存在しないことを認識しておくことが重要であろう．そして，研究において，感情の一部分を測定しているにすぎない場合は，感情全体が変化したと誤解されないように，どのような感情が変化したのかということを明記することが望まれる．

## 9.2 運動によるメンタルヘルスの改善：現場での実践

近年，いくつかの現場において，運動によるメンタルヘルスの改善を目指した実践が行われている．ここでは，障害のある者を介護する「家族介護者」を対象とした実践と，「東日本大震災の被災者」を対象とした実践を紹介する．

### a. 障害者の家族介護者に対する支援
### 1） 家族介護者という存在

従来，障害者の家族介護者は，障害者に支援を提供する重要な資源として位置づけられてきたが，その一方で，介護の負担が大きいことから，支援を受ける対象としても捉えられ始めている．実際，障害者が家族にいる者は，健康関連の生活の質が低いことが明らかになっている[24]．よって，現在では，家族介護者に対する支援が必要であると考えられている．

### 2） 家族介護者におけるスポーツ参加とスポーツ参観の比較

そこで，荒井と中村[25]は，家族参加型（知的障害者とその家族）のスポー

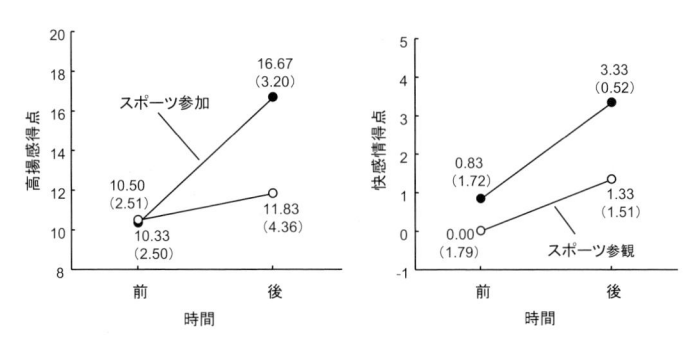

図9.4 家族介護者のスポーツ参加・スポーツ参観に伴う感情の変化
カッコ内は標偏差．

プログラムを実施し，そのプログラムが，知的障害者の親の感情に与える影響を検討した．具体的には，親もスポーツ活動に参加した場合（家族もスポーツに取り組む）と，親は子どものスポーツ活動を参観するだけの場合（家族はスポーツに取り組まない）の感情の変化を比較している．

この研究では，スポーツ参観条件よりもスポーツ参加条件によって，高揚感と快感情が増加することが明らかになった（図9.4）．つまり，知的障害者の親が，障害のある子どものスポーツを参観するよりも，親子でスポーツに参加した方が，メンタルヘルスを改善・向上させることができることが明らかとなった．

### b. 東日本大震災の被災地での活動
#### 1) 被災地での運動支援の実際

2011年3月11日にわが国を襲った東北地方太平洋沖地震は，東北地方の太平洋沿岸に甚大な被害をもたらした（東日本大震災）．この震災を受けて，厚生労働省は，災害対策基本法に基づいて，精神保健支援組織として「こころのケアチーム」を設置した．

認定NPO法人「世界の医療団」は，「医療チーム」と「運動チーム」の二つのチームからなる，「こころのケアチーム」を創設した．「医療チーム」は精神科医や看護師で構成され，「運動チーム」は健康運動指導士や体力科学の実践研究者によって構成されていた．「こころのケアチーム」は，岩手県上閉伊郡大槌町にて活動を行った[26]．

震災直後の2011年4月より活動を開始した運動チームの方針は，身体のケアが心のケアにつながることを被災者が実感できること，および，被災者の自立支援を重視し，医療的な処置が必要な場合は，医療チームに引き継ぐこととしていた[27]．

運動チームは，避難所，仮設住宅集会所，または学校の体育館などにおいて，ヨガを応用した軽いストレッチ運動や有酸素運動を中心として支援を行った．現地での運動指導においては，対象者の身体的・精神的状況，要望，環境を考慮して，運動チームのメンバーが精通している手技も活用された[26,27]．

#### 2) 被災地での運動支援の効果

泉水ら[26]によれば，被災者のほとんどは，暗く沈んだ表情であることも多かったが，運動後は，明るい表情に変わることが多かった．さらに，身体のケアが心

のケアにつながるという感想も多かったとされている．

　運動教室の後には，「すっきりした」「リラックスできた」「気持ちよかった」「ずっと部屋の中でおかしくなりそうだったけど，気持ちがぱっと晴れやかになった」「運動を続けてよく眠れるようになったし，少し前向きな気持ちになった」「皆で運動すると楽しい，挫折しない」等の感想が得られたと報告されている[26,27]．

　上記の二つの実践は，運動がメンタルヘルスの改善に貢献することを示す重要な事例であると考えられる．運動はこのように，様々な場面で，メンタルヘルスに対して効果を発揮する可能性を持っている．

## 9.3　運動の参加・継続を促す感情要因

#### a.　運動の参加・継続に感情は貢献するか

　ここまで，運動の参加・継続が，感情にもたらす効果を紹介してきた．では反対に，感情が運動への参加・継続に与える影響には，どのようなものがあるのだろうか．以下では，「予測された感情，その後の運動への参加・継続との関連」を見た研究と，「運動を実際に行った後の感情と，その後の運動への参加・継続との関連」を見た研究に分けて，得られている知見を紹介する．

#### 1)　予測された感情との関連

　自分の将来の感情を予期してもらい，その感情と，将来の身体活動実施の関連を検討した研究がある．3か月の縦断的研究を実施したダントンとヴォーン[28]は，「3か月後，あなたが定期的な身体活動を続けることに成功していたら，あなたはどのような気分になっていると思いますか？」という質問に対して肯定的な感情語を評価させ，一方で，「3か月後，あなたが定期的な身体活動を続けることに失敗していたら，あなたはどのような気分になっていると思いますか？」という質問に対して否定的な感情語を評価させた．その結果，肯定的な感情語に対する評価は，3か月後の定期的な身体活動実施を予測するが，否定的な感情語に対する評価は，3か月後における身体活動の実施を予測しないことがわかった．他には，「運動を行おうと考えた時の感情」が，その後の運動への参加を予測することを明らかにした研究もある[29]．つまり，身体活動の実施に伴って，感情が肯定的になると考えている者ほど，身体活動を継続しやすいことがわかる．

#### 2)　運動を実際に行った後の感情との関連

　マッコーレーら[30]は，高齢者を対象とした研究において，運動後の感情が，

他の変数を介して，その後の運動実施を予測することを示している．ウィリアムスら[31]は，縦断的な検討を行い，中等度の強度の一過性運動に対する感情が，6か月後および12か月後の身体活動を予測することを明らかにした．一過性運動（中等度の強度での30分間のトレッドミル走）によって，肯定的感情，否定的感情，および疲労感が改善した者ほど，3か月後において，運動に対する肯定的な態度や運動実施に対する意図が高くなることもわかっている[32]．

続いて，わが国で行われた研究を紹介する．荒井[5]は，大学体育授業の授業期間（週1回の頻度で12週間継続）終了時に，運動継続に対するセルフ・エフィカシー（運動を行いにくい状況でも，運動習慣を維持できるという感覚）を測定している．毎回の授業終了後に測定された高揚感の平均値と，授業期間終了時の運動継続に対するセルフ・エフィカシーとの関連を検討したところ，両者が関連していることが明らかとなった．すなわち，毎回の授業で高揚感を感じていた者ほど，運動を継続できるという感覚が高まっていることが確認された．つまり，運動に伴って高揚感を感じることで，運動を習慣化できるという感覚が高まることが予想される．

大学生または大学院生の男女38名を対象に行った研究[21]では，「ややきつい」と感じる強度で20分間のサイクリング運動を行うことが，感情に与える効果を検討した．その結果，ウォームアップ時・運動実施中・運動終了時のすべての測定時期に高揚感が高い人ほど，運動終了後に，運動を長時間続けて行えるというセルフ・エフィカシー（「ややきつい」強度の運動を長時間継続して行える感覚）が高いことが明らかとなった．つまり，運動に伴って高揚感を体験することによって，運動を長時間続けられるという感覚が高まることが示された．

### 3) 運動の参加・継続のために感情を改善する

これらの結果が示唆していることは，運動の参加・継続のために，感情を改善

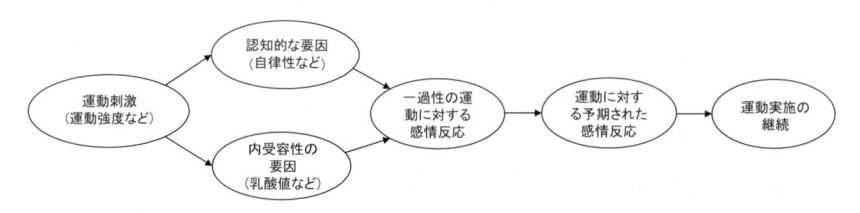

**図 9.5** 運動に対する感情反応と運動継続との関係（Williams[31]を改変）

することの重要性である．運動の継続に関する意思決定は，運動に伴う感情によっても導かれることが示されているため，行動の実践を変容させるための手段として，感情を活用する方法を検討することが必要である[33]．最後に，「運動に対する感情反応と運動継続との関係を示したモデル」[34]を示す（図9.5）．

## 9.4 メンタルヘルスに効果的な運動とは？

ここまで，運動を行うことが，メンタルヘルスに好ましい影響をもたらすことを確認してきた．それでは，どのような運動を，どのように行えば，メンタルヘルスに与える影響は大きくなるのであろうか．以下では，二つの視点を紹介する．

### a. 運動中に認知的な方略を用いる

あなたは運動中に，どこに注意を向けながら運動を行っているだろうか．自分の身体や行っている運動そのものに注目していた人もいるだろうし，反対に，運動と関係ないことを考えたり，景色を眺めたり，頭の中で歌を歌ったりと，運動以外に注意を向けていた人もいるだろう．身体に注意を向ける，または身体から注意をそらすなどの「運動中に生じる問題に対処するための方略」を，認知的方略と呼ぶ[35]．認知的方略は，二つに大別できる．一つは，身体内部の感覚に注意を向ける方略で，これを「連合的方略」と呼ぶ．もう一つは，身体から注意をそらす方略で，これを「分離的方略」と呼ぶ．

わが国においても，認知的方略を上手に活用することが，運動時に良い感情を獲得するために重要であることが指摘されている．荒井ら[36]は，サイクリング運動中において身体内部の感覚に注意を向ける方略（連合的方略）を用いた場合と，肉体疲労などの身体徴候から注意をそらす方略（分離的方略）を用いた場合の快感情得点を比較している．2種類の方略を用いた場合において，運動終了5分後の快感情得点に違いはなかったが，運動終了直前の快感情得点は，分離的方略を用いた場合の方が高かった．さらに，荒井と堤[37]では，「いっしょに運動する人」および「まわりの景色」という二つの分離的な要因の影響を受けていた者の方が，ウォーキング後の感情が好ましいことが示されている．大平ら[38]は，小学校5～6年生の児童を対象として研究を行い，分離的方略の方が，感情改善効果は大きいことを明らかにしている．

一方，横断的な調査研究ではあるが，園部ら[39]は大学生を対象として調査を

行い，身体への気づきが高い者ほど運動時に肯定的感情を感じていることを示しており，連合的方略が感情に好ましい影響を与えている可能性を示唆している．

「どのような認知的方略が，メンタルヘルスに最も効果的なのか」を明らかにするためには，さらなる研究の実施を待たなければならない．ただし，運動中に何らかの認知的な方略を使用することによって，メンタルヘルスがさらに好ましく変化することは確かなようである．

### b. 運動の負荷を自己選択する

これまで，運動の負荷（きつさ）は，その人の最大酸素摂取量や最高心拍数などの客観的な指標に基づいて決定される場合が多かった．その一方で，運動の負荷を決定する際，言語教示に従って負荷を自己選択する方法も開発されてきている．この運動実施者の自覚的な判断に基づいて負荷を調節する方法は，「運動負荷自己選択法」として整理されている（表9.2）[40]．運動負荷自己選択法は，運動に対する心理的な満足度・快感情をもたらすことが推測されることから，林と田中[40]は，運動習慣化のために，または，運動行動を開始するきっかけとして，個人の主観に基づいて運動を実施する運動負荷自己選択法の意義を強調している．

橋本[41]は，自身が提唱し始めた「快適自己ペース」の研究の成果をまとめている．快適自己ペースとは，肯定的な感情の獲得と運動の継続化を意図して提唱された，自己決定・自己選択された主観的な運動強度のことである．快適自己ペースは，

表 9.2　わが国における代表的な運動負荷自己選択法（林と田中[40] を改変）

| 著者 | 負荷選択のための教示 |
|---|---|
| 中村（1996） | 「できるだけ『快適』と感じるペースで」 |
| 橋本（2013） | 「こころとからだと相談しながら快適と感じるスピードを探してください．しかし，ここでいう『快適』というのは『不快を感じない』という意味です」 |
| 林ほか（2003） | 1）運動を20分継続できること<br>2）筋や呼吸に苦痛がないこと<br>3）やりがいのある強度であること<br>4）呼吸循環器系への効果が期待できること |
| 大藏ほか（2000） | 1）20分の運動が続けられる負荷<br>2）痛みが生じない程度で<br>3）低すぎて単調にならないように<br>4）呼吸循環器系に効果のある程度に |

日々の心身のコンディションや運動中の疲労度に応じて調整される[41]．橋本[41]は，快適自己ペースでの走運動が，ランニングの好き嫌いにかかわらず，短時間の運動でも肯定的な感情を高めることができるため，学校体育の中での応用を提案している．大平ら[45]は，小学校5～6年生においても，快適自己ペース走には再現性があり，快感情とリラックス感に対して安定的に恩恵をもたらしてくれることを示している．

## 9.5 今後の課題

本章では，身体活動とメンタルヘルスとの関連について紹介してきた．最後に，身体活動に関わる私たちが直面している課題として，以下の3点をあげる．

一つ目は，「長期間にわたって，縦断的に，身体活動とメンタルヘルスの関連を検討すること」である．この論点に着目した研究は少ないため，より多くの研究の実施が望まれる．

二つ目は，「一過性の身体活動の効果と，長期的な身体活動の効果との関連を検討すること」である．リードとバック[4]は，一過性の身体活動の効果と長期的な身体活動との相互作用を検討することで，身体活動とメンタルヘルスとの関連をさらに理解することができることを示唆している．

三つ目として，「多くの現場において，身体活動とメンタルヘルスの関連についての知見を積み重ねること」をあげたい．わが国において，身体活動の促進を課題としている現場や，メンタルヘルスの改善を課題としている現場は多く存在していると推察される．現場の課題を解決するために，現場で教育や指導にあたっている教育者・指導者・支援者と，基礎研究・応用研究に関わる研究者が協同して，現場の問題解決に取り組み，そこで得られた知見を積み重ねることを期待したい．

[荒井弘和]

## 文　献

1) Biddle SJH：The feel-good factor. In Psychology of physical activity (Biddle SJH, Mutrie N ed)：determinants, well-being and interventions. pp. 167-201, Routledge, 2001.
2) 安永明智：健康寿命とメンタルヘルス．体育の科学，**63**：22-26，2013．
3) Davidson KW et al：Don't worry, be happy：positive affect and reduced 10-year incident coronary heart disease：the Canadian Nova Scotia Health Survey. *European Heart Journal*, **31**：1065-1070, 2010.

4) Reed J, Buck S：The effect of regular aerobic exercise on positive-activated affect：a meta-analysis. *Psychology Sport Exercise*, **10**：581-594,2009.
5) 荒井弘和：大学体育授業に伴う一過性の感情が長期的な感情および運動セルフ・エフィカシーにもたらす効果. 体育学研究, **55**：55-62, 2010.
6) 有光興記：質問紙法による感情研究. 感情心理学研究, **9**：23-30, 2002.
7) 山崎勝之：ポジティブ感情の役割―その現象と機序. パーソナリティ研究, **14**：305-321, 2006.
8) 大竹恵子：ポジティブ感情の機能と社会的行動. ポジティブ心理学. 21世紀の心理学の可能性（島井哲志 編), pp.83-98, ナカニシヤ出版, 2006.
9) Reed J, Ones DS：The effect of acute aerobic exercise on positive activated affect：a meta-analysis. *Psychology Sport Exercise*, **7**：477-514, 2006.
10) Wichers M et al：A time-lagged momentary assessment study on daily life physical activity and affect. *Health Psychology*, **31**：135-144, 2012.
11) 満石 寿ほか：一過性運動実施に伴う感情および心臓血管反応の時系列的変化とその関係. 健康心理学研究, **23**：52-60, 2010.
12) 荒井弘和ほか：一過性運動研究における代表的な感情測定尺度：STAIとPOMSの特徴と限界. ストレス科学, **21**：172-178, 2006.
13) 橋本公雄, 徳永幹雄：感情の3次元構造論に基づく身体運動特有の感情尺度の作成―MCL-3尺度の信頼性と妥当性. 健康科学, **17**：43-50, 1995.
14) 橋本公雄, 徳永幹雄：運動中の感情状態を測定する尺度（短縮版）作成の試み. 健康科学, **18**：109-114, 1996.
15) 鍋谷 照ほか：日本語版主観的運動体験尺度の作成とその適用の試み. スポーツ心理学研究, **28**：31-43, 2001.
16) 今田 寛：不安について―基礎心理学の立場から. 行動科学, **35**：45-52, 1996.
17) 中村 明 編：感情表現辞典. 東京堂出版, 1993.
18) 荒井弘和ほか：一過性運動に用いる感情尺度―尺度の開発と運動時における感情の検討. 健康心理学研究, **16**：1-10, 2003.
19) 荒井弘和ほか：Waseda Affect Scale of Exercise and Durable Activity（WASEDA）における構成概念妥当性および因子妥当性の検討. 体育測定評価研究, **4**：7-11, 2004.
20) 堀 洋道 監修, 吉田富二雄, 宮本聡介 編：一過性運動に用いる感情尺度. 心理測定尺度集V, pp.81-83, サイエンス社, 2011.
21) 荒井弘和, 竹中晃二：一過性運動に伴う感情：セルフ・エフィカシーとの関連および感情間の関連性. 体育学研究, **55**：111-124, 2010.
22) 竹中晃二：運動と精神的疲労―「悪玉」,「善玉」としての疲労感. 体育の科学, **52**：191-197, 2002.
23) Ekkekakis P et al：Measuring state anxiety in the context of acute exercise using the state anxiety inventory：an attempt to resolve the brouhaha. *Journal Sport Exercise Psychology*, **21**：205-229, 1999.
24) Arai H et al：The relationship between health-related quality of life and social networks among Japanese family caregivers for people with disabilities. *BioPsychoSocial Medicine*, **2**：17, 2008 (online journal).
25) 荒井弘和, 中村友浩：知的障害のある者の親がアダプテッド・スポーツプログラムに参加することによる感情の変化. 体育学研究, **51**：793-799, 2006.
26) 泉水宏臣ほか：東日本大震災における運動を活用したこころのケア活動―岩手県大槌町で

の実践. 日本健康教育学会誌, **20**：111-118, 2012.
27) 甲斐裕子ほか：被災地における運動を活用した健康づくり. 体育の科学, **62**：436-441, 2012.
28) Dunton GF, Vaughan E：Anticipated affective consequences of physical activity adoption and maintenance. *Health Psychology*, **27**：703-710, 2008.
29) Mohiyeddini C et al：The role of emotion in bridging the intention-behaviour gap：the case of sports participation. *Psychology Sport Exercise*, **10**：226-234, 2009.
30) McAuley E：Predicting long-term maintenance of physical activity in older adults. *Preventive Medicine*, **37**：110-118, 2003.
31) Williams DM et al：Acute affective response to a moderate-intensity exercise stimulus predicts physical activity participation 6 and 12 months later. *Psychology Sport Exercise*, **9**：231-245, 2008.
32) Kwan BM, Bryan AD：Affective response to exercise as a component of exercise motivation：attitudes, norms, self-efficacy, and temporal stability of intentions. *Psychology Sport Exercise*, **11**：71-79, 2010.
33) Kiviniemi MT et al：How do I feel about the behavior? The interplay of affective associations with behaviors and cognitive beliefs as influences on physical activity behavior. *Health Psychology*, **26**：152-158, 2007.
34) Williams DM：Exercise, affect, and adherence：an integrated model and a case for self-paced exercise. *Journal Sport Exercise Psychology*, **30**：471-96, 2008.
35) 高井和夫：長距離走者の認知的方略. 体育の科学, **50**：38-44, 2000.
36) 荒井弘和ほか：認知的方略を用いた一過性運動に対する感情反応. 行動医学研究, **10**：59-65, 2004.
37) 荒井弘和, 堤 俊彦：一過性のウォーキングに伴う感情の変化とウォーキングに伴う感情を規定する認知的要因. 行動医学研究, **13**：6-13, 2007.
38) 大平誠也ほか：心地よい走運動中に用いる認知的方略の違いが児童の感情に与える影響. 体育の科学, **55**：955-960, 2005.
39) 園部 豊ほか：大学生における運動場面の感情を規定する身体への気づきの検討－運動行動の変化ステージから. スポーツ産業学研究, **21**：121-131, 2011.
40) 林 容市, 田中喜代次：運動処方における運動負荷自己選択法. 教育医学, **51**：215-222, 2006.
41) 橋本公雄：快適自己ペース運動の効果. 体育の科学, **63**：32-38, 2013.
42) 中村好男：運動処方における「快適強度」の意味. 早稲田大学人間科学研究, **9**：31-45, 1996.
43) 大藏倫博ほか：自己選択した運動強度に対応する呼吸循環器系反応および心理的反応に与える運動習慣の影響. 体育学研究, **45**：201-212, 2000.
44) 林 容市ほか：中・高強度運動が強度を自己選択した有酸素性運動中の強度認知および生理学的指標に及ぼす影響. 体育学研究, **48**：299-312, 2003.
45) 大平誠也ほか：子どもにとっての心地よい走運動－心地よさはくり返されるのか. 子どもと発育発達, **4**：184-188, 2006.

# IV 編

## 快適な運動遂行

# 10

# 情動・覚醒とパフォーマンス

## 10.1　情動・覚醒とパフォーマンスのつながり

　ヒトの運動は，パフォーマンスの出来栄えについてのフィードバック（FB）を伴う運動と伴わない運動に分けることができる．図10.1のように，FBのない開回路制御システムであれ，FBがある閉回路制御システムであれ，高次の認知過程と精密な運動系を含んでいる．これらの運動制御システムは，一見，機械のようにみえるが，その過程は精巧かつダイナミックである．これは，"こころ（脳）"の機能と呼べる．したがって，ヒトの運動を考えるとき，こころの働きを抜きにして考えることはできない．また，開／閉回路という制御システムの捉え方は，運動の知覚やパターン認識，意思決定などの認知過程と適切な状況判断の関係を規定する重要な特長を示している．そして，認知過程では「情動」の影響

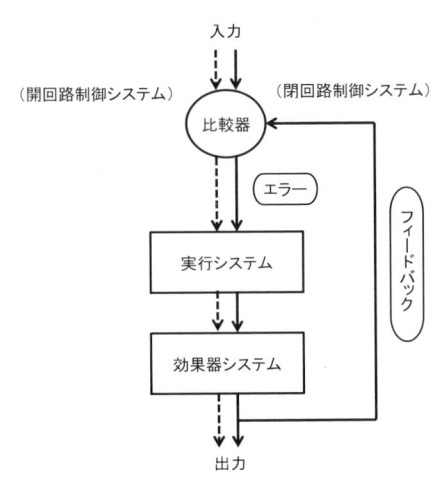

図10.1　開／閉回路制御システム

を強く受けていると一般にいわれている．そこで，「覚醒」とパフォーマンスの関係からその影響をみていくことにする．

### a. 運動にみる「情動」と「覚醒」

　まず，本章で扱う「情動」と「覚醒」の定義をしておきたい．情動については普遍的な定義はなく，研究者によって相違がみられる．大平[19]は情動（emotion）を，その「原因」や「始まりと終わり」が比較的はっきりしていて，生理的覚醒（physiological arousal）を伴う強い感情（feeling）であると定義している．ここでいう「生理的覚醒」は交感神経系や内分泌系の活動に伴う身体の興奮状態をいい，情動には，怒り，恐れ，悲しみ，喜びなどがある．なお，感情は「人が心的過程の中で行う情報処理のうちで，人，物，出来事，環境についての良し悪しなどの評価的な反応である」とし，情動の上位概念として一般に位置づけられている．これらの定義を概観すると，「対象の知覚によって脳を含めた身体に生じた生理的な反応が情動であり，そうした反応が脳によって知覚され意識される経験が感情」としたDamasio[7]の定義が比較的理解しやすいようである．いずれにしても，情動には生理的な反応が伴い，ヒトの運動は情動（感情）の影響を受けているといって間違いない．したがって，ヒトの運動における情動の理解にあたっては，生理的な反応機序をもとにみていくことは有効であろう．

　また，これまで「感情」という語は心理学の分野で用いられて，「情動」という語は生理学，最近では神経生理学や脳科学でよく用いられている．他方，スポーツ心理学における情動研究では，生理心理学や脳科学などの基礎的な機構を含んでいるので「情動的感情（emotional feeling）」という用語を用いた方がよいと思う．加えて，最近の生理心理学や神経心理学，情動の脳科学の分野では，神経や脳の働きを基礎にして心理的な感情の表出について研究が行われており，そこでは「情動的感情」という語を用いているからである．用語の問題は，議論しながら変更していけばよいが，ここでは「情動」という語を用いることにする．

　覚醒（arousal）は，網様体賦活系を中心とした大脳皮質の興奮状態を意味し，加えて交感神経系や内分泌系の活動に伴う身体の興奮状態もさす．また，覚醒水準は眠りのような低い水準から，競技場面での強烈なストレスにされされるような高い水準まで，それぞれの状況により絶えず変化している．また，「パフォーマンス（performance）」は，一般的にいわれる「成績」をさし，ここでは，運

[図: 覚醒水準とパフォーマンスの逆U字関係を示すグラフ。縦軸「運動成績」、横軸「覚醒水準（低・中・高）」。低い方から「眠り」「覚醒」「注意の増加」「最適水準」「情緒の混乱」]

**図 10.2** 覚醒水準とパフォーマンスの逆 U 字関係

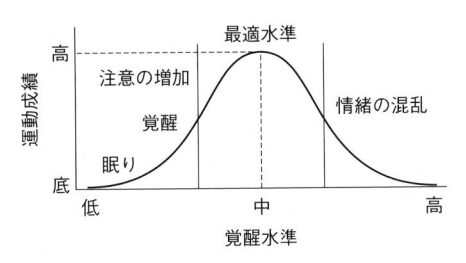

動成績の意味で使用している．

#### b. 覚醒水準とパフォーマンスの間の逆 U 字関係について

　課題を行っている時の心理状態とパフォーマンスの関係を示す説明概念で，一般的に用いられているものに，覚醒水準とパフォーマンスの関係を逆 U 字で表した「逆 U 字仮説（inverted U hypothesis）」がある[12]．図 10.2 に示すように，課題の実行中，覚醒水準が（低すぎず，高すぎず）最適な水準である時に，最高のパフォーマンスが発揮されるというものである．

### 10.2　情動理論と覚醒，パフォーマンスに関する諸理論

　感情心理学の分野では，いくつかの情動理論が提唱されている．これらについては，他章で詳細に述べられているので，ここでは代表的な理論について簡単に触れ，覚醒とパフォーマンスに関連するものについて詳しくみていきたい．

#### a. 情動理論の遷り変わり（末梢から中枢へ，そして相互関係へ）

　まず，特定の対象を知覚し，その時に生起する身体的変化の体験が情動であるとする「情動の末梢起源説（ジェームズ＝ランゲ説）」と，これに対して情動経験と身体反応は同時に，かつ独立して生じるとする「情動の中枢起源説（キャノン＝バード説）」の相反する二つの理論をあげることができる．ただし，意識される情動経験は脳が刺激を知覚した結果であり，その知覚自体は非意識的になされるという点と，刺激の知覚に続く身体反応は非随意的に起こるという 2 点で，これらは共通している．そして，この相反する二つの説を折衷し，情動が生じるためには身体的要因（情動の発生には生理的覚醒）と認知的要因（原因の帰属）が必要であるという情動二要因説があり，これに注目したい[20]．この説は，情動

の生起には「生理的な変化」と「その原因の認知」の二つの要因が必要であるということに準拠している．さらに，ダマシオ[7]は神経科学的感情理論を提唱している．彼は，脳で知覚された身体反応を情動と呼び，その反応を生起させた対象と同時に体験したものを感情と呼んだことは前述したが，加えて感情が意思決定に関わっていると仮定した．代表的なこれらの理論で大切なことは，身体的要因としての「生理的覚醒」が不可欠なものとして取り上げられている点である．このことは，情動と覚醒の間に相互に因果関係があることを示している．

### b. 覚醒とパフォーマンス

次に，覚醒とパフォーマンスの逆U字関係に関する理論を概観しながら，情動とパフォーマンスの関係をみていくことにする．先にも述べたが，これまでの研究では，覚醒とパフォーマンスの間には一定の規則性が示されている．つまり，覚醒水準が低い時はパフォーマンスが低く，覚醒水準が上がるにつれてパフォーマンスも向上して最高の成績に達する．これは覚醒の"最適水準"といわれている．しかし，覚醒水準がさらに高くなると，パフォーマンスは逆に低くなっていくのである．そして，縦軸にパフォーマンスを，横軸に覚醒水準をとるとUの字を逆にしたような曲線が得られる．この関係についても，多くの研究者によって検証されている．

覚醒水準の変化がパフォーマンスにどのような影響を及ぼすかについて，Martensら[15]は，トラッキング課題を用いて実験を行った．この実験で用いられた覚醒水準の操作は，課題を行う前にストレスを引き起こす教示を実験参加者に与えるものであった．高ストレス条件群には，成績が悪いと罰として強い電気ショックを与えると教示した．中程度のストレス条件群にも同様に電気ショックの予告を行ったが，その程度は軽いものであると教示した．低ストレス条件群には電気ショックの教示は行わなかった．このような教示によって，覚醒水準が操作されたかをみるために生理的指標（脈拍，GSR）で確認した．図10.3は実験結果を示したものであり，中程度のストレス条件群のパフォーマンスは低ストレス・高ストレス条件群のそれよりも優れており，覚醒水準とパフォーマンスの間に逆U字の関係を認めることができる．

また，荒木ら[1-4]は筋緊張に伴う覚醒水準の変化とパフォーマンスの関係を実験的に検討した．実験では，運動開始前もしくは運動中の覚醒水準のあり方がパ

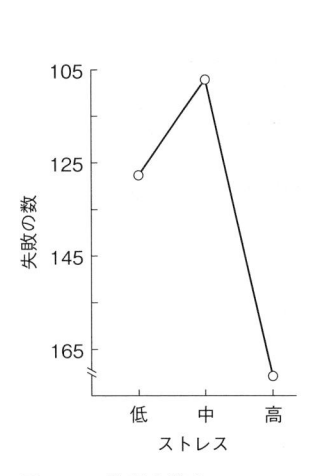

**図 10.3** 覚醒水準とパフォーマンスの関係[15)]

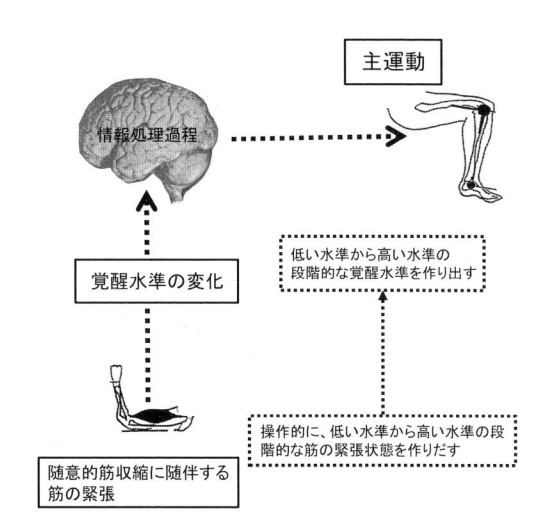

**図 10.4** 筋の緊張による覚醒水準の変化と運動成績に関する実験モデル

フォーマンスに影響すると仮定した．生理的覚醒を伴う強い感情が情動であると一般的に定義されていることから，覚醒水準の程度を検討することは同時に情動の振る舞いを検討することにもなる．そこでは，筋緊張に伴う覚醒水準を独立変数とし，パフォーマンスを従属変数とした時に，両者の間に逆U型の関係がみられ，筋緊張に伴う覚醒水準が運動の情報処理過程に影響を及ぼすと仮定し，図 10.4 のようなモデルを作成した．

　主課題は，2 種類の音刺激に合わせて行う膝の伸展動作であった．従属変数として，伸展動作の反応時間，運動時間と総合運動時間，そして筋電潜時と反応遅延時間を測定した．筋緊張に伴う覚醒水準の操作は，主課題に随伴して行う上腕二頭筋の等尺性筋収縮であり，実験参加者個人の最大筋力の 0%，10%，20%，30%，40%，50%，60% の 7 段階であった．すなわち，非緊張条件（0%MVC）から強緊張条件（60%MVC）まで段階的に筋を緊張させることで覚醒水準の操作を行った．この操作の効果をみるために，筋緊張時の脳波成分の分析を行った．その結果，筋緊張の水準が上がるにつれ，$\alpha$ 波が減少し $\beta$ 波が増加し，ピーク値も増加した．このことは，筋緊張の水準が高まることで覚醒水準が上昇したことを示している（図 10.5）．この結果から，筋緊張に伴う覚醒水準と反応時間の間に逆U型の関係がみられた（図 10.6）．

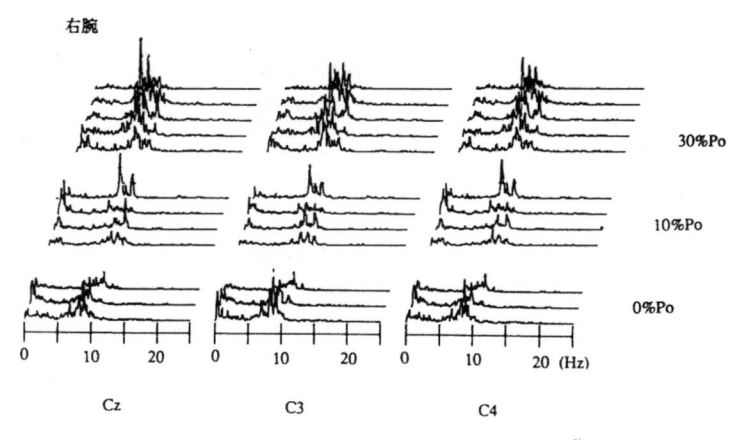

**図 10.5** 筋緊張時のパワースペクトルアレー[3]

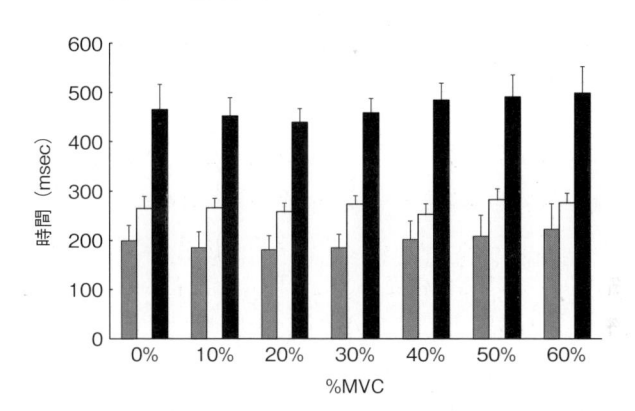

**図 10.6** 筋の緊張が弁別反応課題（確率 50%）に及ぼす影響（荒木[2] を改変）
■弁別反応時間，□運動時間，■総合反応時間．

### c. 注意（意識）とパフォーマンス

一方，覚醒水準とパフォーマンスの間にみられる逆 U 字関係を注意のメカニズムを用いて説明したのが，Easterbrook[8] の手がかり利用仮説（cue-utilization hypothesis）である．この仮説では，覚醒水準が低いと注意の範囲は広く，課題の実行に必要な手がかりだけでなく，課題とは無関係な手がかりにも注意が向けられ，その結果，注意が拡散しパフォーマンスは低下する．覚醒水準がしだいに上がっていくと注意の範囲が徐々に狭くなり，課題に関係のない手がかりには注意は向けられなくなり，課題の実行に必要な手がかりに注意が向けられて，それ

に伴ってパフォーマンスは向上していく．しかし，覚醒水準がさらに高くなると注意が向けられる幅がさらに狭くなり，課題の実行に必要な手がかりまでも失ってしまい，パフォーマンスは逆に低下していくとしている．例えば，注意の範囲を懐中電灯の光が当たる範囲とすると，真っ暗な場所で懐中電灯をつけて，そのフォーカスを徐々に絞っていくと光の当たってみえる範囲が徐々に狭くなっていくことをイメージすると理解しやすい．光の当たる範囲が狭くなることが，「注意の狭小化（attentional narrowing）」といわれるものである．

これは，覚醒水準の変化によって起こる「注意の狭小化」と「手がかり範囲」の変化によって，それらとパフォーマンスとの間に逆U字関係を見い出そうとするものである．加えて，この仮説から主課題以外の周辺課題や無関係課題のパフォーマンスも，予測することができる．つまり，注意の狭小化によって周辺の手がかりは漸減的に少なくなっていくから，主課題以外のパフォーマンスは覚醒水準が上がるにつれて直線的に低下していくことになる．

山本ら[23]は，手がかり利用仮説の検証を行った．用いた主課題は，的の中心に向かって移動する光点の速度を見越して，的の中心に達したと同時にボールを的に投げさせた．この時の光点の速度の見積もりと的当ての得点を測定した．周辺課題として，主課題の実行中に呈示される光刺激の位置を正確かつ素早く弁別させた．また，無関係課題として，主課題と周辺課題を行っている間に呈示された聴覚情報を試行終了後に報告させた．実験参加者は，周辺課題が検査されることは知らなかった．覚醒水準の操作として，低ストレス条件の実験参加者には，「練習試行の成績が他の被験者より優れていた」と知らされた．中・高ストレス条件の実験参加者には，「他の人よりも劣る成績だった」と知らされた．加えて，高ストレス条件の実験参加者には，主課題の成績は運動センスを予測するための重要な指標となること，また試行の過程をVTR撮影し評価の対象とするという教示を与えた．結果は主課題において，覚醒水準とパフォーマンスの間に逆U字の関係が見い出され，周辺課題と無関係課題においてはストレス水準が高くなるにしたがってパフォーマンスが直線的に低下することが示された（図10.7）．また，覚醒水準の操作によって3群の状態不安は有意にコントロールされた（図10.8）．

意識状態は，図10.9のように三つに分けることができる．覚醒の問題を扱う場合，意識状態は重要な要因となる．例えば，運動を行う時一つには「意識して

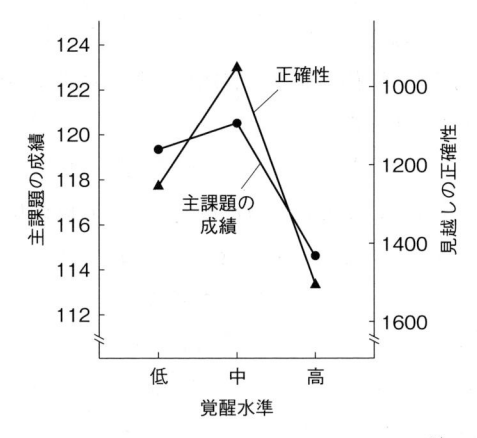

10.2 情動理論と覚醒，パフォーマンスに関する諸理論　　175

**図 10.7**　覚醒水準とパフォーマンスの関係[23]

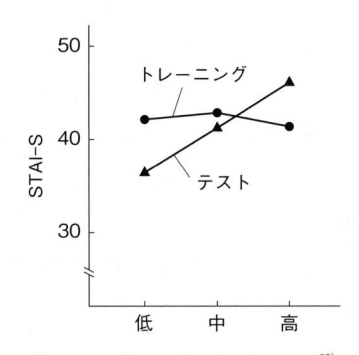

**図 10.8**　覚醒水準の操作の効果[23]

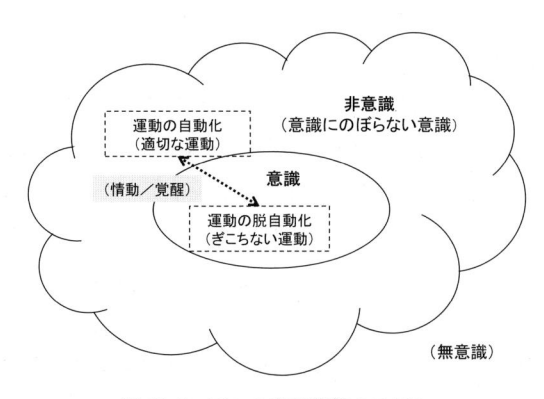

**図 10.9**　三つの意識状態のモデル

いる」という状態であり，逆U字関係が成り立つことはこれまでの研究でも検証されている．ここでは，注意の配分がパフォーマンスの良否に影響する．もう一つは，「意識にのぼらない意識」の状態である．これは，「非意識」と呼ばれる．運動の練習において同じ動作を繰り返し行うことで，非意識状態で運動を実行することができるようになる．これを，運動の「自動化」という．しかし，何らかの情動体験が原因で覚醒水準が上がることで，非意識状態から意識状態に移ると，練習（学習）によって自動化された運動の実行に注意を向けすぎることになり「脱自動化」という現象が起こり，パフォーマンスが低下する．つまり運動課題の実行過程に過剰な注意が配分されると，自動化された適切な運動ができなくなる．このように説明する仮説には，自己焦点化モデル（self-focus model），意識的処理仮説（conscious processing hypothesis），顕在モニタリング理論（explicit monitoring theory）があり意識的処理仮説と呼ばれている．これに対して，注意散漫説（distraction theory）がある．これは，課題以外の対象（不安やあがり）を意識することによって，課題に向けられる注意が不足し，そのためにパフォーマンスが低下するとしている[9,22]．覚醒水準の変化によるパフォーマンスの低下については，このように認知的側面である注意の配分量からも説明することができる．三つめの意識は，「無意識」といわれる意識であるが，ここでは取り上げない．

その他の理論として，逆U字関係からMartens[16]は，多次元不安理論を提唱した．この理論は，パフォーマンスを決定する要因として，生理的覚醒水準，認知的不安，自信の三つを取り上げている．そして，生理的覚醒水準とパフォーマンスの間には逆U字の関係が認められ，認知的不安傾向が上がるにつれてパフォーマンスは減少し，逆に自信が高まるとパフォーマンスは増加することを示した．一方，Hardy[10]は状態不安である認知的不安と身体的不安の関係からパフォーマンスを予測するカタストロフィー理論を提唱した．ここでは，認知的不安が低いと，身体的不安とパフォーマンスの間に逆U字関係がみられるが，認知的不安が高いと身体的不安が閾値を越えた途端，パフォーマンスが低下することを示している．

## 10.3 情動・覚醒とパフォーマンスにみられる相互関係

### a. 情動と覚醒の相互関係の問題

　これまで，情動と覚醒とパフォーマンスの関係をみてきた．そこでは，逆U字型の関係がみられた．先の荒木らの実験では，筋の緊張水準を操作することで覚醒水準が変化すると仮定して実験を行い，その結果パフォーマンスとの間に逆U字関係がみられることを検証した．この関係は変数間の相関関係からみたものであり，単一因果関係といえる．覚醒とパフォーマンスの関係をみた研究の多くは，直線的に近い系列モデルを研究手法に用いているものが多いようである．覚醒とパフォーマンスの関係から情動の問題を扱う場合，単一因果関係での説明に加えて，各要因間の相互因果関係による説明を行っていく必要があると考える．言い換えると，随伴する筋緊張を独立変数とし，主課題の総合運動時間を従属変数とした場合，「A.随意的筋収縮（原因）が，B.覚醒水準に影響する（結果）か」という仮定を従来の単一因果関係を用いて説明しようとしたとき，説明できないことが生じる可能性がある．このことは，「A.随意的筋緊張（原因）」が，「B.覚醒水準に影響する（結果）」という要因間の相関係数を求めるだけでは証明できないことを意味する．「相関関係は因果関係を含意しない」ということは，二つの変数の相関が自動的に（B）が（A）の原因を意味するものでないことをさしている．この関係を完全に否定するわけではないが，たとえ相関係数が有意であり，分散の大部分が説明されたとしても，因果関係の存在を証明するには，要因間の関係を慎重に吟味する必要がある．したがって，「A.随意的筋緊張（原因）」と「B.覚醒水準に影響する（結果）」が相互に作用し，その相関関係が循環しながら新しいパターンが形成される可能性も否定できない．

　この相互関係は，「相互循環因果関係」と呼ばれている[17,21]．ここでは，「逸脱解消相互因果関係（ネガティブフィードバック）」と「逸脱増幅因果関係（ポジティブフィードバック）」の二つの因果関係があると述べられている．逸脱とは，目標値と実行値の差をいう．つまり，差を要因間で相互に影響しあいながら解消し安定させていくものを逸脱解消相互因果関係といい，逆に差を要因間で相互に影響しあいながら増幅させて，新しいものを生成していくことを逸脱増幅相互因果関係という．この逸脱増幅を示すシステムは至るところでみることができ，特に人の心身相関関係の説明には重要な考え方である．逸脱解消の相互因果的シス

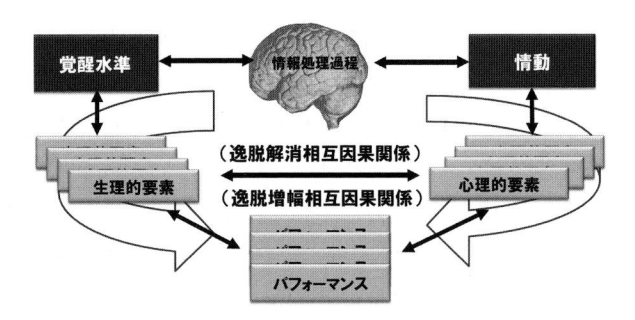

**図10.10** 情動・覚醒とパフォーマンスの相互循環因果関係のモデル

テムと逸脱増幅の相互因果的システムは，相反するシステムのように思われるが，共通点は相互因果的なシステムでありシステム内の諸要因は同時にあるいは交替しながら互いに影響を及ぼし合うことであり，相違点は逸脱解消システムが内部の要因間に相互的なネガティブフィードバックを持つのに対して，逸脱増幅システムのそれはポジティブフィードバックを持つことである．しかし，二つ以上の要因間の双方向の影響の存在は，必ずしも相互的因果性を含むものではない．つまり，双方向の影響が独立している場合や，二つの要因間の相関性が見せかけのものであり，第3の要素による相関性である場合が考えられるからである．実際は，ある方向の影響の大きさが反対方向の影響の大きさを左右する，また逆に左右される場合にのみ，"相互因果性"が存在する．相互循環因果関係を情動・覚醒とパフォーマンスの要素間に当てはめて，逸脱解消因果関係と逸脱増幅因果関係を各要因間に定義してモデルを作ると，システム内では要因間で直接的あるいは間接的に影響を与えることが考えられる（図10.10）．このように，情動・覚醒・パフォーマンスについて，要因間の「相互因果関係」を用いて説明していくことは，これからの情動研究には欠かせないと思われる．しかし，それを安易に用いることは避けるべきであり，荒木らの実験を例にして，その適用上の注意を検討する．

### b. 「情動−パフォーマンス研究」における実験パラダイムの変換

先のモデルから，各要因間の相互循環因果関係の観点から説明が可能ではないかと思われるが，Maruyama[17]は逸脱解消と増幅の相互因果関係の中に「循環」という用語を用いてはいない．その理由は，複数個の要因間の相互作用には，それらの相互作用が循環するものとしないものが存在するからである．大切な点は

相互作用において，どの要因とどの要因が循環するのかを明確に同定する必要がある．荒木らの実験は，各要因間の相互作用の循環をできる限り排除した実験手続きで行っており，直線的に近い系列情報処理モデルによって説明している．その説明は，逸脱解消的相互因果関係に近く，逸脱増幅的相互因果関係からの説明は困難である．その理由は，主課題は3種類の反応課題であり，それらに共通する主目的は要求された情報処理と反応動作をできるだけ早く実行することであった．このような実験手続きを用いる背景には，これまでの心理実験では主要因以外のコントロールが厳しく求められ，その実験パラダイムは実験参加者に多くの拘束条件が設定されていて，反応の自由度はきわめて低いものであったことがある．このような条件下では，実験参加者は自身の内部情報にしか依存することができない．したがって，その反応戦略は筋緊張の水準や，他の複合した実験条件に依存した多くの外部拘束条件下で，できるだけ反応時間を短縮するという戦略をとることしかできないのである．このような反応戦略をとらざるをえない実験参加者にとって，逸脱増幅的相互因果過程は生じにくいと思われる．つまり，相互作用がないように単に随意的筋収縮の強度に反応時間が対応しているからである．もし，これらの2要因（筋の緊張水準と覚醒水準）が相互に作用しているのであれば，特定の筋緊張の強度に対して，パフォーマンスは多様に変化すると考えられる．したがって，逸脱増幅的相互因果関係を生じさせる課題では，実験条件に対して多様で自由度の高い反応出現が可能なパフォーマンスの測定が保証される必要がある．

　情動・覚醒とパフォーマンスの関係をみる研究では，反応過程を時系列的に測定する必要があり，その場合の脳や末梢神経の生理的な相互作用の測定も不可欠である．それらを測定すれば，筋緊張や覚醒水準，運動プログラムの形成や変更等との関連で逸脱増幅的相互因果関係のモデルの検証が可能となる．スポーツ場面での「あがり」「人間関係の感情的もつれ」「チームワーク」「ピークパフォーマンス」など情動に関係する研究では，その変化を時系列的に測定し，要因間の相互作用を丹念にみていく必要がある．

　情動理論においても，末梢起源説や中枢起源説から始まり，情動の生起には生理的な変化とその原因の認知の二つの要因の相互関係を重視する情動二要因説へ，そして神経科学的感情理論へと変化していることは，情動に関連して生起する現象の多様性，相互性を問題にしている証左であろう．

## 10.4 スポーツ現場で用いられる情動のコントロール

スポーツ現場で行われている心理サポートとしては，カウンセリングとメンタルトレーニング（MT）がある．いずれも，選手が試合で最高のパフォーマンスを発揮できるようにすることが目的であり，情動のコントロールもその一つである．心理サポートで用いられている手法は，主として臨床心理学的手法と認知行動療法的手法がある．

臨床心理学的手法では，カウンセリングをベースにして投影法など種々の技法が用いられる．芸術療法の一つである風景構成法（landscape montage technique）は，描き手の心象風景を一定の順序で描いてもらうというもので，接近の可能性と適用性の追求という実践的な見地から中井久夫によって創案された．この技法を用いることで，傾聴することで語られる表面上の課題だけではなく，強い競技ストレスに曝される選手の揺れ動く心身の状態の深層にある心理を理解することができる．

認知行動療法的手法では，選手のこころの状態を覚醒とパフォーマンスの間にみられる逆U字関係に倣って，「ゾーン」もしくは「フロー状態」と呼ばれる覚醒の最適水準に持っていくことを目的としている．この手法は，これまで述べてきたいくつかの理論を背景にして行われている．ここでは，IZOF理論（最適機能帯；individualized zones of optimal functioning）を用いたMTと，第3の流れといわれているマインドフルネス-アクセプタンス技法（mindfulness and acceptance approaches）を用いたMTについてみていくことにする．

### a. 不安とうまく付き合うためのメンタルトレーニング

競技直前の不安や興奮は，競技のパフォーマンスに大きな影響を与える．このような不安や高ぶりは，情動の経験といえる．情動とパフォーマンスの関係を扱った研究の中で，不安はパフォーマンスを低下させる要因として研究がなされてきた．そして，不安とパフォーマンスの関係を分析したデータを体系的に整理すると，不安の有無がパフォーマンスの低下に直接影響するのではなく，最高のパフォーマンスの発揮には最適な不安の水準（強度）があり，不安の水準が最適な範囲から外れた場合にパフォーマンスが低下することが明らかになってきた．そしてHanin[11]は，このような情動状態とパフォーマンスの関係を整理し，IZOF

理論を提唱した．これは，後に修正が加えられ，現在では選手のパフォーマンスの発揮に最適な情動の種類や状態が存在するという理解が浸透してきている．換言すれば，パフォーマンスに影響する情動の種類は個人によって異なり，最適な情動の水準にも個人差があるということである．この理論には，次の五つの特徴がある．

① 情動を2軸［ポジティブ（肯定的）-ネガティブ（否定的），プラス（有益）-マイナス（有害）］で分割し4象限で表し，否定的な情動が有益にもなる可能性を示した．
② 個人差・状況を考慮することを可能にした．
③ 主観的な体験である情動・感情を数値化・可視化することを可能にした．
④ 情動の水準を想定しゾーン（イン-アウト）という概念を導いた．
⑤ 不安などの否定的な情動のみならず多様な情動の取り扱いを可能にした．

また，この理論に基づいて開発された情動プロファイリングテスト（Emotion-Profile test）は，競技場面における心身の状態を把握することに役立つため，トップアスリートを中心として活用されている．さらに研究が進んで，競技場面での情動状態をモニターすることやコントロールすることが，その場の心理的コンディショニングの調整や運動パフォーマンスの向上に貢献することが示されている[18, 24]．

**b．マインドフルネス-アクセプタンス技法を用いたメンタルトレーニング**

近年，MTにおいて20数年間用いられてきた認知行動療法的手法の効果に対する批判が起こり，「マインドフルネス-アクセプタンス技法」が注目されてきた．「マインドフルネス（mindfulnes）」は，「現時点で生起する経験に対して，注意を非判断的に当てること」と定義される[14]．市村は，試合前に心臓の高鳴りを経験した時，その高鳴りを試合に有害な状態と判断せずに，高鳴りをそのままにして知覚することは，仏教の「静慮」といった状態であり，また，マインドフルネスという用語はインドの古代言語からの翻訳であり，仏教の思想を反映していると説明している．これらの定義や説明は，競技場面における情動のコントロールのあり方に非常に関係している．このように，マインドフルネスの起源は東洋の瞑想から始まり，それを実践することで身体感覚や認知，情動を含む「内的な経験」や視覚・聴覚を通して感じられる様々な刺激に対して，「非判断的

意識」を向けることができるようになる[6]．また，「現在の経験の感覚的・精神的・認知的・情動的側面に対する評価を行わない注意の自発的焦点づけ」ともいえる．さらに，欧米では鬱や不安，慢性痛やPTSDなどの治療法に，上記の宗教性や文化的伝統と切り離してマインドフルネスを適用している．

スポーツ心理学では，マインドフルネスとスポーツの実践・成績の関係について研究が行われている[13]．その結果，マインドフルネスと注意の集中との間に明確な関連があり，ピークパフォーマンスを達成するために有効な手法であることが報告されている．さらに，マインドフルネスとメンタルスキル（注意コントロール・情動コントロール・目標設定・セルフトークなど）の実行の間には有意な関係があることが確かめられた[5]．

一般心理学においても，マインドフルネスと呼ばれる認知行動療法的手法が臨床心理的技法として取り入れられている．伝統的な心理状態の変化を求める手法はこれからも役に立つだろうが，スポーツ心理学は新しい流れに注目する必要がある．マインドフルネス-アクセプタンス技法は，いろいろなバリエーションを作ることができるので，様々なスポーツの中で選手の個性に合わせて，独自の技法によって情動のコントロールがなされるように研究を進める必要がある．

## おわりに

主要な情動理論では，身体要因としての「生理的覚醒」を不可欠なものとして取り上げている．このことは，情動と覚醒の間に相互に因果関係があることを示し，加えて覚醒の問題を扱うとき意識状態も重要な要因になることも示している．そして，意識および非意識下の運動において，パフォーマンスとの間に逆U字関係が成り立つことは多くの研究で証明されている．しかし，情動の研究における覚醒とパフォーマンスの関係は，個々の変数間の相関関係からみたものが多く単一因果関係であり，直線的系列モデルを研究手法に用いているものが多いようである．

覚醒とパフォーマンスの関係から情動の問題を扱う時は，単一因果関係での説明に加えて，各要因間の相互因果関係による説明を行っていく必要があると考える．たとえ相関係数が有意であって分散の大部分が説明されたとしても，因果関係の存在を明らかにするためには，要因間の関係を慎重に検討することが重要である．そのためには，反応過程を時系列的に測定する必要があり，その時の中枢

や末梢神経の生理的な作用も合わせて測定すれば，意識や覚醒，運動様式の形成や変化等に関連する相互因果関係モデルの検討も可能になるであろう．同様にスポーツ場面での情動の研究でも，その変化を時系列的に丹念に測定して要因間の相互作用を検討していくことが重要であり，スポーツ事象での情動の理解にさらに近づくことが可能になると思う．　　　　　　　　　　　　　　　[荒木雅信]

## 文　献

1) 鷹野健次：スポーツ心理学研究，**15**(1)：29-34，1988．
2) 荒木雅信：日本スポーツ心理学会第18回大会研究発表抄録集，D-02，1991．
3) 荒木雅信：大阪体育大学紀要，**24**：9-17,1993．
4) Araki M, Choshi K：*Perceptual Motor Skills*，**102**：736-746, 2006．
5) Bernier M et al：*Journal Clinical Sport Psychology*，**4**：320-333, 2009．
6) Baer RA：Clinical Psychology：*Science Practice*，**10**：125-143, 2003．
7) ダマシオ：生存する脳―心と脳と身体の神秘（田中光彦　訳），講談社，2000．Damasio AR：Descartes'error, Emotion, reason, and the human brain, New York, William Morris Agency. 1994．
8) Easterbrook JA：*Psychological Review*，**66**：183-201, 1959．
9) Eysench MW：*Journal Research Personality*，**13**：363-385, 1979．
10) Hardy L：Stress and Performance in Sport，(Jones JG, Hardy L ed.), pp.81-106, John Wiley, 1990．
11) Hanin Y：European Yearbook of Sport Psychology，**1**：29-72, 1997．
12) ヘッブ：行動学入門（白井　常　監訳），紀伊国屋書店，1970．Hebb DO：A Textbook of Psychology. 2nd Ed. WB Saunders, 1966．
13) Kee YH, Wang CKJ：*Psycology of Sport and Exercise*，**9**：393-411, 2008．
14) Kabat-Zinn J：*General Hospital Psychiatry*，**4**：33-42, 1982．
15) Martens R et al：*Journal of Personality and Social Psychology*，**16**：29-37, 1970．
16) Martens R et al：Competitive Anxiety in Sport, pp.117-190, Human Kinetics, 1990．
17) Maruyama M：*American Scientist*，**51**，304-313, 1963．
18) 蓑内　豊：北星論集（北星学園大学文学部），**43**(1)：1-20, 2005．
19) 大平英樹：感情心理学事始め．感情心理学・入門（大平英樹編），pp.5-6, 有斐閣アルマ，2010．
20) Schachter S, Singer J：*Psychological Review*，**69**：379-399, 1962．
21) 佐藤敬三：現代思想，**12**(14)：198-214，青土社，1984．
22) Wine J：*Psychological Bulletin*，**76**：92-104, 1971．
23) 山本裕二，中込四郎ほか：体育学研究，**30**：117-127，1985．
24) 吉田聡美，蓑内　豊：スポーツ心理学研究，**33**(1)：15-26, 2006．

# 11 スポーツとフロー

本章では，スポーツにおけるポジティブな体験の代表的な概念であるフロー (flow) を紹介する．まず，フローの特徴と条件，フローの生起を説明するフローモデル，フローの研究方法を概観する．次に，スポーツ心理学において，フローがどのように位置づけられるかを解説し，フローと情動の関係について説明する．そして，スポーツにおけるフローの特徴と，それを促進，中断，抑制させる要因，フローを向上させる介入方法などを紹介する．最後に，今後の研究の方向性を論じる．

## 11.1 フローについて

**a. フローとは**

"フロー"とは，ハンガリー出身のアメリカの心理学者チクセントミハイが提唱した概念で，「人がある活動に全人的に没入しているときに感じられる包括的感覚」と定義される最適体験である[7]．フローという用語は，内発的に動機づけられて活動を行っている人々（作曲家，チェスプレイヤー，外科医，ロッククライマー，ダンサー，そしてホッケー，サッカー，ハンドボール，バスケットボールなどのスポーツ選手など）に対するインタビューの中で，彼らが，その瞬間を「"flow（流れ）"に運ばれた」と表現したことに由来している[6]．

チクセントミハイ[6]は，フローを「深く没入しているので他のことが問題とならなくなる状態．その経験自体が非常に楽しいので，純粋に多くの時間や労力を費やすような状態である」と説明している．より平易に表現すれば，フローとは，ある活動に対して「無我夢中になっている」あるいは「のっている」時の感覚であるといえる．

スポーツにおけるフローは，スポーツ選手がしばしば「『ゾーン』に入った"in

the Zone"」と表現する体験や,"楽しさ enjoyment"や"喜び pleasure"の体験であり,さらには,人が能力を最大限に発揮することを意味する"ピーク・パフォーマンス peak performance"や,幸福感の絶頂や悟りの体験を意味する"至高体験 peak experience"とも密接に関連する概念である（11.2.a項,b項参照）.

### b. フローの要素：条件と特徴

チクセントミハイ[7]によれば,フローは9要素から構成されている.これらの9要素は,さらに,フローが生じる条件とフローにおいて主観的に体験される感覚の特徴に分類することができる[10].

#### 1) フローの条件

フローが生じる前提条件には,①挑戦とスキルのバランス"challenge-skill balance",②明確な目標"clear goal",③明白なフィードバック"unambiguous feedback"の3要素がある.

①**挑戦とスキルのバランス**：挑戦（行為の機会）とスキルが高い水準で釣り合いがとれている時にフローが生じる.挑戦とスキルの水準は客観的なものではなく,あくまで主観的なものである.

②**明確な目標,**③**明白なフィードバック**：活動の目標が手近でかつ明瞭であり,目標をどれくらい達成できているか,またそのためにはどのように調整すべきかに関するフィードバックが即時に得られることである[10].これらの2要素は,まとめて「首尾一貫した無矛盾な要求」[6]として扱われることもある.チクセントミハイ[7]は,これらの条件を備えた活動をフロー活動と呼んでいる.フロー活動は,スキルの習得を必要とするルールと目標をもち,フィードバックをもたらし,コントロールすることなどを特徴とする活動である.そして,フロー活動の例として,宗教的儀式,瞑想,演劇などとともにスポーツをあげている.

#### 2) フローの特徴

フローにおいて主観的に体験される感覚の特徴には,①行為と意識の融合"merging of action and awareness",②今の課題への集中"concentration on the task at hand",③統制感"sense of control",④自己意識の消失"loss of self-consciousness",⑤時間感覚の変容"distortion of temporal experience",⑥自己目的的体験"autotelic experience"の6要素がある.

①**行為と意識の融合**：そこで起こっていることが,自発的かつ自動的に生じて

いるように感じられることである．スポーツにおいては，「自然に身体が動いた」「勝手に身体が動いた」などの動作の自動化や，「チームメイトと一体になった感じ」「歯車が噛み合った感じ」などの一体感として表現される．チクセントミハイ[6]は，この要素をフローの最も明白な兆候であるとしている．

②**今の課題への集中**：その瞬間に行っていることに注意が完全に集中し，活動に関係のない思考や感情が意識の中に全く存在しないことである．

③**統制感**：自分の行っていることを完全に統制している，統制できるという感覚である．統制を失うことに対する不安や心配もなくなる．

④**自己意識の消失**：自己意識のうち，公的な側面，つまり社会や他者からの評価に対する内省的な自己意識が消失することである．他人からどう思われているかなどが気にならなくなる．

⑤**時間感覚の変容**：時間の流れ方が普段とは違って感じられることである．通常，フローにおいて時間の流れ方は，「あっというまに終わってしまった」，「気づいたら終わっていた」などと早く感じられるが，「ボールが止まって見えた」など遅く感じられることもある．

⑥**自己目的的体験**：活動を行うことが非常に楽しく，その経験自体が内発的報酬となることである．外発的な目的や報酬がなくても，「楽しい」からその活動を行うようになる．

### c. フローモデル

挑戦とスキルのバランスは，フローの最も重要な前提条件とされており，挑戦とスキルに基づくモデルがいくつか提案されている．

#### 1) フローの力動論モデル

最初に提唱されたモデルを図 11.1 に示した．このモデルは挑戦とスキルが釣り合っている時に「フロー」が生じ，挑戦がスキルよりも高い時には「不安」が，逆に挑戦がスキルよりも低い時には「退屈」が生じることを示している．これはフローの力動論モデルと呼ばれている．人がある活動を始めた時には，低い挑戦と低いスキルで釣り合いがとれ，「フロー」が体験される．しかし，活動を継続してスキルが高まっていけば，同じ課題（挑戦）では「退屈」を感じるようになる．あるいは，難しすぎる課題を与えられれば「不安」を感じる．そのため，人は挑戦あるいはスキルのレベルを調整することで，「退屈」と「不安」を回避し，「フ

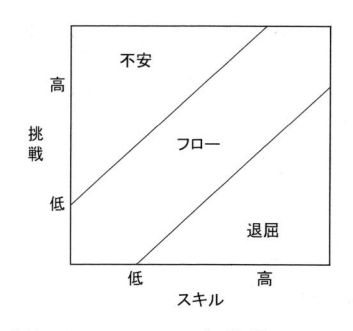

**図 11.1** フローの力動論モデル
（Csikszentmihlayi[7]を改変）

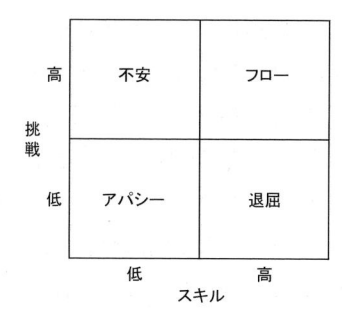

**図 11.2** 4チャンネル・フローモデル
（浅川[3]を改変）

ロー」に戻ろうとする．この一連の過程を繰り返すことで，人はより高度なスキルを身につけていく．

スポーツには，レクレーションから競技まで幅広い参加の仕方があり，また競技レベルも市町村大会レベルから国際大会，オリンピックレベルまで多様である．スポーツ選手がチームを移籍する時に，しばしば「もっと高いレベルで自分の力を試したい」などとその動機を語ることがあるが，この動機は，このモデルによって，非常にうまく理解することができる．

### 2）4チャンネル・フローモデル

2番目に提唱されたモデルが4チャンネル・フローモデルである（図11.2）．このモデルでは，個人の挑戦とスキルの平均値を基準として，挑戦とスキルがともに平均値よりも高い状態を「フロー」，両者がともに低い状態を「アパシー」，挑戦が高く，スキルが低い状態を「不安」，逆に挑戦が低く，スキルが高い状態を「退屈／リラックス」としている．このモデルは，挑戦とスキルのバランスが低いレベルではなく，一定レベル以上で取れている時にのみフローが生じることを示唆している．ある活動を始めたばかりのころは覚えることが多く「つまらない」が，慣れてくると「楽しい」と感じられるようになる．

スポーツ場面におけるこのモデルの妥当性を検討した研究[45]によると，体育授業として行われたバスケットボールでは，「フロー」にいた人が，「アパシー」「不安」「退屈」にいた人よりも，楽しさ，満足感，注意の集中，統制感を感じていたことが示されている．

### 3）体験変動モデル

Massiminiら[29]は，体験変動モデルを提唱している．このモデルは，8チャン

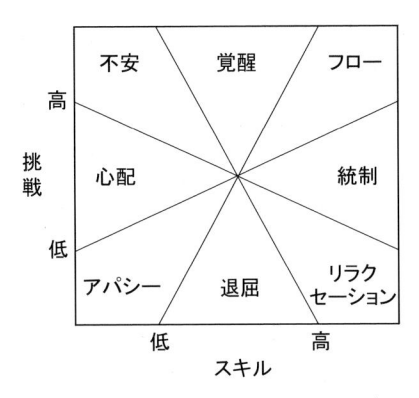

図 11.3 体験変動モデル（Csikszentmihlayi[8] を改変）

ネルを持ち，フローはより狭く操作化され，フロー以外の状態も詳しく説明しようとするものである（図 11.3）.

### d. フローの研究方法

フローの研究方法には，主として①インタビュー，②経験抽出法，③質問紙法がある．

#### 1) インタビュー

構造化面接調査によってインタビューを行うものである．チクセントミハイがフローの研究の最初期において採用した方法でもある．スポーツにおけるフロー研究においても，ジャクソン[23,24]をはじめとして多くの研究者が用いている．スポーツにおいては，主として一流スポーツ選手が体験するフローの記述から，スポーツにおけるフローがチクセントミハイのフローにどの程度当てはまるか，そして，フローを促進・中断・抑制する要因などが検討されている．

#### 2) 経験抽出法

経験抽出法（experience sampling method：ESM）は，インタビュー調査によってフローの概念が確立された後，チクセントミハイら[9]が，日常生活における様々なフローを調査するために開発した研究方法である．

ESM では，被験者に一定期間，アラーム機能を持つデバイス（腕時計や携帯電話）と質問紙を持たせ，1日に8回，1週間で56回，ランダムな時間にそのデバイスを鳴らす．被験者は，いつ，誰と，どこで，何をしていたか，何を考えていたか，といった状況に関する情報と，楽しさ，幸福感，活動度，集中力，満足

感，充実感といった心理状態に関する情報を，ESM リポートと呼ばれるポケットサイズの質問紙に記入する[3]．

ESM の問題点は，ESM のアラーム音が体験や心理状態を阻害してしまうことである．そして，この問題点は，スポーツにおけるフローを研究する際に，致命的なものとなる．実際，スポーツにおいて ESM を採用し，回答の信頼性と妥当性を確立することの困難さは，多くの研究者が指摘している[17]．例えば，スポーツの試合中に，アラームが鳴ったからといって，試合を中断して，質問紙に回答することは現実的ではないし，またそのこと自体がスポーツ体験を阻害してしまう．そのため，スポーツにおいて ESM を用いた研究はほとんど行われていない．

**3) 質問紙法**

現在，主流となっている調査方法が質問紙法である．ほとんどの研究でフローを測定する質問紙が使用されている．フローの測定の仕方には，①フローのすべての要素を測定する，②いくつかの要素を測定する，③フローを包括的な方法で示し直接的に測定する，などがある．

スポーツにおいては，最初のアプローチが採用されることが多い．代表的な質問紙は，ジャクソンとマーシュ[23]が開発したフロー状態尺度（flow state scale：FSS）および，その改訂版である FSS-2[21]，そして，フローを体験する頻度・傾向を測定する気質的フロー尺度（dispositional flow scale：DFS）[22]および改訂版の DFS-2[21]である．これらの質問紙は，フローの条件と特徴の 9 要素を，各 4 項目計 36 項目に対して，5 件法によって回答を求めるものである．

2 番目のアプローチには，集中，自己意識，統制感などの要素を，フローの指標として測定することが該当する[11]．スポーツにおいては，筆者ら[50]が，フローの特徴である行為と意識の融合，今の課題への集中，統制感，自己目的的体験の 4 要素のみを測定するスポーツ・フロー尺度を開発し，一定の妥当性・信頼性を確認している．

3 番目のアプローチは，実際のスポーツ選手のフローの記述（「私はゾーンに入った」など）を項目内容とするものである．代表的な質問紙に中核的フロー尺度（core flow state scale）[28]がある．

## 11.2 スポーツにおけるフロー

フローの研究は，1970 年代にスポーツを含む身体活動を対象として始められ

たが，その後，フロー研究の関心が，より日常的な活動にシフトしたため，スポーツにおけるフローが専門的に研究されることはなかった．スポーツ・身体活動領域におけるフローの研究は1990年代初頭，ニュージーランドのスポーツ心理学者ジャクソンを中心として再開された．それ以降，スポーツ心理学におけるポジティブな体験に対する関心の高まり，2000年代のポジティブ心理学の成立と隆盛に関連して，現在では世界中で研究が行われている．スポーツにおけるフローの研究は，パフォーマンス発揮時の心理状態とスポーツの楽しさの二つの異なる文脈に位置づけることができる．

### a. ピーク・パフォーマンス時の心理状態としてのフロー

スポーツ心理学では，ピーク・パフォーマンス時の心理状態，あるいは，パフォーマンスを最大限に引き出すことができる最適心理状態を明らかにし，メンタルトレーニングによって，その心理状態を実現することでパフォーマンスを向上させようとする試みが多く行われてきた．そして，そのような最適心理状態を記述するために，非常に多くの用語が提案され，用いられてきた．その代表的なものに，理想的競技遂行状態（ideal performance state：IPS）[49]，至高体験[39]，ゾーン[31]，そしてフロー[24]がある．

IPSは，スカンジナビアのスポーツ心理学者ウネスタルが提唱したもので，催眠状態に似た意識変容状態（altered state of consciousness）の一つとされている．

至高体験は，人間性心理学の提唱者マズローが彼の自己実現理論の中で提出した概念で，自己実現の瞬間に生じる周囲の環境との一体感や満足感，幸福感に溢れた状態をさす．主に，宗教的体験や瞑想などの領域で研究が行われているが，スポーツ領域でも，いくつか研究が散見される．近年では，ドーバー海峡横断水泳[16]などの再現性の低い，一回性の非常に特異なスポーツ体験に対して，この用語が用いられる傾向がある．

ゾーンとは，スポーツ選手がしばしば「ゾーンに入った」などと表現するスポーツ特有の用語であり，本質的にフローと同一のものとされている[20]．なお，このゾーンという用語は，IZOF理論[15]（10章参照）におけるゾーンとは異なる文脈から提唱されており，両者に直接的な関連性はない．

フローはこれらの概念と多くの特徴を共有しているが[38]，フローと類似概念の最大の相違点はフローの連続性である．一般に，フローはピーク・パフォーマ

ンスや至高体験と同様に，まれにしか生じない特殊な状態であると誤解されているが，本来は，日常において頻繁に生じる「熱中した」「のっている」といった"浅いフロー micro flow"から，ピーク・パフォーマンスや至高体験にきわめて類似した"深いフロー deep flow"までの，幅広い体験を含む連続的な概念である[7]．このフローの連続性を理論的根拠として，質問紙などによるフローの量的測定と実証的検討が可能となったのである．

表 11.1 はフローとピーク・パフォーマンス時の心理状態の特徴[5,7,13,27]を比較したものである．ピーク・パフォーマス時の心理状態には，「精神的平静」や「活気に溢れた」などの情動の要素があるが，フローには情動の要素が含まれていないことがわかる．これは，フローがあくまで包括的な感覚であり，情動ではないためである．

**表 11.1** フローとピーク・パフォーマンス時の心理状態の比較（Jackson[19]を参考に作成）

| 次元 | | フロー | ピークパフォーマンス | | |
|---|---|---|---|---|---|
| | | Csikszentmilhalyi, 1990 | Loehr, 1982 | Garfield & Bennet, 1984 | Cohn, 1991 |
| 前提条件 | 個人×環境条件 | 挑戦とスキルのバランス | | | |
| | 環境条件 | 明確な目標 明白なフィードバック | | | |
| 主観的心理状態の特徴 | 認知的要素 | 行為とアウェアネスの融合 | 自動化 努力感の消失 | 異常な感知 | 今への没頭 |
| | | 今の課題への集中 | 心理的集中 警戒 | 今の状態への集中 心理的警戒 | 注意狭窄 |
| | | 統制感 | コントロール 自信 楽天的 | コントロール感 自信・楽天的 繭に包まれた感覚 | コントロール感 自信 |
| | | 自己意識の喪失 時間感覚の変容 自己目的的体験 | | | |
| | 情動的要素 | | 低い不安 身体的リラックス 精神の平静 活気にあふれた | 身体的リラックス 活気にあふれた | 恐怖のなさ |

前述したように，スポーツ心理学では，フローはピーク・パフォーマンス時の心理状態とされ，高いパフォーマンスと関連すると考えられてきた．しかし，実証的研究では，フローとパフォーマンスの関連は明確に示されていない．例えば，マラソンレースにおいて，フローはパフォーマンスと関連しておらず，トレーニングに対する動機づけとのみ関連していたことが報告されている[42]．

**b. 楽しさとしてのフロー**

スポーツにおける"楽しさ enjoyment"は，スポーツ参加の主要な動機づけとしてされてきた．しかし，楽しさの定義は，スポーツ心理学者の間でも一致しておらず，大きく①ポジティブな情動と，②活動に夢中で取り組んでいる時の感覚（フロー）とする二つの立場がある[26]．

前者は，楽しさをポジティブな情動として捉えるものである．例えば，スカンランとシモンズ[40]は，楽しさを「"快楽 pleasure"，"好意 liking"のような感情と認識をもたらすスポーツ体験に対するポジティブな感情的応答」と定義している．

一方，後者の立場は，楽しさをポジティブな情動ではなく，感覚であるフローとするものである．例えば，キミエシックとハリス[26]は，スポーツの楽しさを「ポジティブな感情と関連する，活動すること自体を目的として活動するように導く最適心理状態，すなわちフロー」と定義している．チクセントミハイ[7]は，生理的欲求を満たすホメオスタティックな快楽と楽しさを伴う充足感を明確に区別し，快楽などのポジティブな感情的応答は楽しいイベントに伴って生じるものであるとしている．

フローとしての楽しさは，ポジティブな情動ではなく，スポーツ活動に夢中に取り組んでいる時の心理状態であり，活動後に活動中の体験を振り返って，幸福感や満足感とともに「楽しかった」と表現されるものである．チクセントミハイ[8]は，「我々がフローにある時，我々は幸福ではない．なぜなら，幸福を体験するためには，内的な状態に集中しなくてはならないし，それは注意を今の課題から逸らさせるだろう．課題を完了した後でだけ，我々は起こったことを振り返る余裕を持ち，その体験の洗練さに対する感謝が溢れる．その時，回顧的に，我々は幸福である」と述べている．また，チクセントミハイとともにポジティブ心理学を創始したセリグマン[44]は，「フローの核心は，まさにポジティブな感情と意識

|  | calm energy | tense energy |
|---|---|---|
| エネルギー覚醒 高 | calm energy | tense energy |
| エネルギー覚醒 低 | calm tiredness | tense tiredness |
|  | 低　緊張覚醒　高 | |

図 11.4　気分モデル[37]

の欠如にある．(中略) 感情と意識は行動を修正するために存在するので，休みなく完璧に物事を行っている時には必要ない」とまで述べている．

　フローと情動の関係を検討した研究によると，チクセントミハイの記述と一致して，ロック・クライミング中のフローが，その後の幸福感と関連していることが報告されている[2]．また，スポーツ以外の活動におけるフローが幸福感の情動よりも高い「活性化」とより強く関連していることが示されている[41]．「活性化」は感情の中でも，情動ではなく気分に相当するものである．

　気分の研究者であるセイヤー[47]は，気分を自己報告質問紙法によって測定可能な主観的覚醒と捉え，エネルギー覚醒と緊張覚醒を因子とする気分モデルを提唱している．エネルギー覚醒とは「活気に溢れた」(+)，「無気力な」(−)などと形容される覚醒であり，緊張覚醒とは「イライラした」(+)，「リラックスした」(−)などと形容される覚醒である．さらに，セイヤー[37]は，エネルギー覚醒が高く，緊張覚醒が低い状態をカームエナジー (calm energy) と呼び，この状態がフローの基礎となっている可能性を示唆している (図 11.4)．

　筆者ら[50]は，スポーツにおけるフローと気分の関係の検討を行い，エネルギー覚醒とフローの正の相関関係，緊張覚醒とフローの負の相関関係を確認し，この仮説を支持している．しかし，フローと情動の間には，IZOF 理論 (10 章参照) のような個人差がある可能性も指摘されている[46]．

### c.　スポーツにおけるフローの特徴

　スポーツにおけるフローでは，チクセントミハイのフローの9要素すべてが体験されるわけではない．スポーツにおけるフロー研究のシステマティック・レ

ビュー[46]によると，今の課題への集中が最も頻繁に体験され，続いて，行為と意識の融合，統制感，自己目的的体験が体験されやすい．前提条件である明白なフィードバック，明確な目標，挑戦とスキルのバランスがそれに続き，特徴である自己意識の消失，時間感覚の変容は最も体験されにくい（表 11.2）．筆者らが体操，サッカー，マラソンなど 15 種目の大学生のスポーツ選手 360 名を対象に実施した質問紙調査においても，今の課題への集中，行為と意識の融合，統制感，自己目的的体験が多く報告され，自己意識の消失と時間感覚の変容は報告が少なかった[50]．

体操やフィギュアスケートなどの採点競技においては，審判などの他者から自分がどう見られているのかを意識することが，活動の課題（挑戦であり目標）の一部であることがある．同様に，バスケットボールやサッカーなど多くのスポーツにおいては競技時間が決められており，時間帯に応じて戦略を変更する必要がある．また，マラソンやトライアスロンなどの持久的スポーツにおいては，正確な時間感覚を保持することが活動の課題の一部となる．このようなスポーツの特徴のために，スポーツにおいては，自己意識の消失と時間感覚の変容が体験されにくいのではないかと推察される．そのため，筆者ら[50]は，今の課題への集中，行為と意識の融合，統制感，自己目的的体験がスポーツにおけるフローの中核的・本質的特徴である一方，自己意識の消失と時間感覚の変容は周辺的・偶有的特徴であると考えている．前述のスポーツ・フロー尺度はこのような仮定の下に開発されたものである．

また，スポーツにおけるフローの特徴には，チクセントミハイがあげたフロー

**表 11.2** スポーツにおけるフローの要素の体験頻度（Swann ら[46] を改変）

| 順位 | フローの要素 | 体験頻度 (%) |
|---|---|---|
| 1 | 今の課題への集中 | 80.70 |
| 2 | 行為とアウェアネスの融合 | 74.56 |
| 3 | 統制感 | 67.54 |
| 4 | 自己目的的体験 | 66.67 |
| 5 | 明白なフィードバック | 57.89 |
| 6 | 明確な目標 | 44.74 |
| 7 | 挑戦とスキルの目標 | 41.23 |
| 8 | 自己意識の消失 | 29.82 |
| 9 | 時間感覚の変容 | 28.95 |

の特徴に当てはまらないものがある．ジャクソン[18]は，①努力感，②観衆の声が聞こえた，③体外離脱感覚，④観察自己がチクセントミハイのフローに当てはまらなかったとしている．また，シェイヴス[4]は，①リラックス感，沈静感などの情動と，②身体感覚の亢進がチクセントミハイのフローに当てはまらないとしている．

身体感覚の亢進は，一見，自己意識の消失と矛盾するように感じられる．しかし，チクセントミハイ[7]は，「フローにおいては，体や心の中で起こっていることがわからないということでもない．実際，その正反対であるのが普通である」と述べている．心理学において，自己意識とは意識の対象・焦点が自己にあることを意味し，さらに自己の私的で内面的な側面に注意を向けた私的自己意識と公的で外面的な自己側面に注意を向けた公的自己意識とに分類されている[12]．スポーツにおけるフローにおいて消失するのは，自己意識の公的側面のみであり，私的側面はむしろ強まると予想される．

### d. スポーツにおけるフローを促進，抑制，中断させる要因

一般的に，スポーツにおけるフローは，フローの各要素を高めることによって促進され，低下させることによって抑制ないし中断される[19]．例えば，フローの条件である挑戦とスキルのバランスを整えることや，目標を明確化すること，フィードバックを即時的に与えることによって，あるいは，フローの特徴である集中力を高めることで，フローは促進されると考えることができる．

先行研究では，フローを促進・抑制・中断させる要因として，①注意の集中，②動機づけ，③覚醒，④思考と情動，⑤自信，⑥環境・状況条件，⑦フィードバック，⑧パフォーマンス，⑨チームプレイと相互作用が提示されている（表11.3）．これらの要因は，ポジティブであれば，フローは促進され，ネガティブであればフローが抑制もしくは中断される．例えば，適切な注意の集中はフローを促進し，不適切な注意の集中はフローを抑制・中断する．また，最適な動機づけや覚醒はフローを促進するが，動機づけの欠如，最適ではない動機づけや覚醒はフローを抑制・中断する．

### e. スポーツにおけるフローに対する介入

一般のフロー研究においては，介入によってフローを向上させる試みは，フロー

表 11.3 スポーツにおけるフローに関連する要因（Swann ら[35]を改変）

| 要因 | 機能 | | |
| --- | --- | --- | --- |
| | 促進 | 抑制 | 中断 |
| 集中 | 適切な集中 | 不適切な集中 | 不適切な集中 |
| 準備 | 効果的な準備とレディネス（身体的，心理的，競争的） | 非最適な準備とレディネス | 不十分な準備と非最適なレディネス |
| 動機づけ | 最適な動機づけ | 動機づけの欠如 | 非最適な動機づけ |
| 覚醒 | 最適な覚醒 | 非最適な覚醒 | 非最適な覚醒 |
| 思考と情動 | ポジティブな思考と情動 | ネガティブな思考と情動 | ネガティブな思考と情動 |
| 自信 | 自信 | 自信の欠如 | 自信喪失 |
| 環境的・状況的条件 | 最適な環境的・状況的条件 | 非最適な環境的・状況的条件 | 非最適な環境的・状況的条件 |
| フィードバック | ポジティブなフィードバック（内的あるいは外的） | ネガティブなフィードバック | ネガティブなフィードバック |
| パフォーマンス | 良い出足 | 低いパフォーマンス | パフォーマンスのミス |
| チームプレイと相互作用 | ポジティブなチームプレイと相互作用 | ネガティブなチームプレイと相互作用 | ネガティブなチームプレイと相互作用 |

の研究が開始されて以来，25年間行われていなかった[30]．これは，実験状況でフローを引き起こすこと，自然状況で条件を適切に統制することが難しすぎると考えられていたためである．

　スポーツ領域では，1990年代において，フローがピーク・パフォーマンス時の心理状態として，あるいはパフォーマンスと正の関連性を持つという仮説のもとで，スポーツにおけるフローの特徴およびフローに関連する要因の検討が行われてきた．2000年代に入ると，実際にスポーツ選手に介入を実施し，スポーツにおけるフローとパフォーマンスを向上させようとする試みが行われるようになった．そして，そこでは，主としてフローとの現象学的類似性や相関関係に着目して，介入技法の選択が行われてきた．

**1) 催眠**

　ペーツらは，他者催眠を用いた介入によるフローとパフォーマンスの向上を検討している．介入は，漸進的筋弛緩法，アメリカの催眠療法家ミルトン・エリクソンの催眠技法[14]として知られる階段技法，催眠退行，トリガー・コントロールから構成されていた．トリガーとは，催眠中に体験した反応や心理状態を催眠後に再現させる引き金，きっかけとなる音や言葉である．ペーツらは，スポーツ選手がスポーツ活動中にトリガーを使用することによって，フロー状態が誘発されると仮定していた．ゴルフ・パッティングを課題とした実験では，3名の被験

者が介入時にパフォーマンスの向上を示し，2名がフローの向上を示した[36]．また，同じくゴルフ・パッティングを課題とした類似の実験では，5名の被験者全員が介入時にパフォーマンスとフローを向上させた[37]．さらに，バスケットボールにおけるシュートパフォーマンスを課題とした実験においても，5名の被験者全員が介入時にパフォーマンスとフローを向上させた[34]．

### 2) マインドフルネス

マインドフルネスとは，現在の瞬間に生じている体験に対する無評価的な注意を意味する[25]．アハーネら[1]は，マインドフルネスを用いた介入を行っている．大学生スポーツ選手13名が，6週間のマインドフルネス・トレーニングを実施した結果，対照群と比較して，フロー（「明確な目標」と「統制感」）を向上させたことが報告されている．

### 3) 自律訓練法

自律訓練法（autogenic training：AT）とは，1932年にドイツの精神科医シュルツによって創始された心理・生理的治療法である[43]．スポーツ・体育領域においてもATの適用は古くから行われており，東京オリンピックにおいて，「あがり」の問題を有する56人の選手に対して組織的・計画的にATが指導されている[32]．筆者らは，高校生スポーツ選手9名に，6週間，自律訓練法を練習・習得させた結果，対照群と比較して，スポーツ活動中のフローが向上したことを報告している[51]．

### 4) 音　楽

スポーツ活動中に選手が音楽を聴くことによるフローの向上も検討されている．ペーツら[35]は，選手が自身で選択した音楽を聴くことによって，バスケットボールに類似した競技であるネットボール中のフローとパフォーマンスを向上させるかどうかを検討している．その結果，3名中2名の被験者がフローを向上させ，3名全員がパフォーマンスを向上させたことを報告している．同様に，ペインら[33]は，サッカーの競技前に選手が好む音楽とイメージスクリプトが競技中のフローとパフォーマンスを促進させることを検討している．その結果，音楽とイメージの組み合せによって5名の男性サッカー選手のフローとパフォーマンスが向上したことを報告している．

## 11.3 今後の方向性

　今後のスポーツにおけるフロー研究の方向性として，チクセントミハイのフローモデルをよりスポーツ特有のモデルに改良することがあげられる[46]．伝統的なフロー研究においては，主として挑戦とスキルを反復測定することによって，それらの平均値を算出し，その値に基づいて体験を「フロー」「アパシー」などに定性的に分類する．しかし，スポーツにおけるフローの研究をより活性化し，実証的な検討を可能にするためには，個々のスポーツ体験がどれくらいフローであるのかを定量的に測定することが有効である．筆者らは，そのフローの定量的測定にあたっては，チクセントミハイのフローの条件と特徴を明確に区別した上で，特徴のみを測定対象とすべきであると提案している[50,51]．そのことによって，スポーツにおいて，チクセントミハイのフロー理論において仮定されたフローの条件（挑戦とスキルのバランス，明確な目標，即時的なフィードバック）とフロー状態そのものの関係を実証的に検討することが可能となる．さらに，スポーツにおけるフローを独立変数／説明変数ではなく，従属変数／被説明変数として扱うことが可能となり，フローとパフォーマンスの関係をより実証的に検討することができるだろう．

　次に，スポーツにおけるフローと情動の関係をより詳細に検討することがあげられる．スポーツ活動中のフローが，スポーツ活動前，中，後の情動とどのように関連しているのかを検討することによって，パフォーマンスや楽しさなどに対する示唆が得られる．また，そのことがひいてはIZOF理論などの情動とパフォーマンスの関係を説明する理論とフロー理論の統合につながることが期待される．

[谷木龍男]

## 文　献

1) Aherne C, Moran A, Londsale C : The effect of mindfulness training on athletes' flow : An initial investigation. *Sport Psychol*, **25**, 177-189, 2011.
2) Aellig S : Über den Sinn des Unsinns : Flow-Erleben und Wohlbefi nden als Anreize für autotelische Tätigkeiten : Eine Untersuchung mit der Experience Sampling Method (ESM) am Beispiel des Felskletterns [On the sense of nonsense. Flow experiences and well-being as incentives of autotelic activities], Waxmann, 2004.
3) 浅川希洋志：フロー経験と日常生活における充実感．フロー理論の展開（今村浩明・浅川希洋志 編），pp. 177-213, 世界思想社, 2003.

4) Chavez E : Flow in sport : A study of college athletes. *Imagin Cogn Pers*, **28** : 69-91, 2008.
5) Cohn PJ : An exploratory study on peak performance in golf. *Sport Psychol*, **54** : 1-14, 1991.
6) Csikszentmihalyi M : Beyond Boredom and Anxiety. Jossey-Bass, 1975.
7) Csikszentmihalyi M : Flow : The Psychology of Optimal Experience. Harper & Row, 1990.
8) Csikszentmihalyi M : Finding Flow : The Psychology of Engagement with Everyday Life. Basic Books, 1997.
9) Csikszentmihalyi M, Larson R : Validity and reliability of the experience sampling method. *J Nerv Ment Dis*, **175** : 526-536, 1987.
10) チクセントミハイ M, ナカムラ J : フロー理論のこれまで. フロー理論の展開（今村浩明・浅川希洋志 編), pp. 1-39, 世界思想社, 2003.
11) Delle Fave A, Bassi M : Sharing optimal experiences and promoting good community life in a multicultural society. *J Posit Psychol*, **4** : 280-289, 2009.
12) Festinger A, Scheier M, Buss A : Public and private self-consciousness : Assessment and theory. *Consult Clin Psychol*, **43** : 522-527, 1975.
13) Garfield CA, Bennett HZ : Peak performance : Mental training techniques of the world's greatest athletes, Tarcher, 1984.
14) Haley J : Uncommon Therapy : The Psychiatric Techniques of Milton H. Erickson, M. D., W W Norton, 1983.
15) Hanin Y : Emotions and athletic performance : Individual zones of optimal functioning model. *Eur Yearb Sport Psychol*, **1** : 29-72, 1997.
16) Hollander DB, AcevedoEO : Successful English Channel swimming : The peak experience. *Sport Psychol*, **14** : 1-16, 2000.
17) Jackson SA : Athletes in flow : A qualitative investigation of flow states in elitefigure skaters. *J Appl Sport Psychol*, **4** : 161-180, 1992.
18) Jackson SA : Toward a conceptual understanding of the flow experience in elite athletes. *Res Q Exerc Sport*, **67** : 76-90. 1996.
19) Jackson SA : Joy, fun, and flow state in sport. In Hanin YL (ed). Emotions in Sport, Human Kinetics, 1999.
20) Jackson SA, Csikszentmihalyi M : Flow in Sports : The Keys to Optimalexperiences and Performances, Human Kinetics, 1999.
21) Jackson SA, Eklund RC : Assessing flow in physical activity : The flow state scale-2 and dispositional flow scale-2. *J Sport & Exerc Psychol*, **24** : 133-150, 2002.
22) Jackson SA, Kimiecik JC, Ford SK, Marsh HW : Psychological correlates of flow in sport. *J Sport Exerc Psychol*, **20** : 358-378, 1998.
23) Jackson SA, Marsh H : Development and validation of a scale to measureoptimal experience : The Flow State Scale. *J Sport Exerc Psychol*, **18** : 17-35, 1996.
24) Jackson SA, Roberts G : Positive performance state of athletes : Towards a conceptual understanding of peak performance. *Sport Psychol*, **6** : 156-171, 1992.
25) Kabat-Zinn, J : Wherever You Go, There Are You : Mindfulness Meditation in Everyday Life. Hyperion, 1994.
26) Kimiecik JC, Harris A : What is enjoyment? A conceptual/definitional analysis with implications for sport and exercise psychology. *J Sport Exerc Psychol*, **18** : 247-263, 1996.

27) Loher JE : Mental Toughness Training for Sports. Achieving Athletic Excellence, A Plume Book, 1982.
28) Martin AJ, Jackson SA : Brief approaches to assessing task absorption and enhanced subjective experience : Examining 'short' and 'core' flow in diverse performance domains. *Motivation and Emotion*, **32** : 141-157, 2008.
29) Massimini F, Csikszentmihalyi M, Carli M : The Monitoring of Optimal Experience : A Tool for Psychiatric Rehabilitation. *J Nerv Ment Dis*, **175** : 545-549, 1987.
30) Moller AC, Meier BP, Wall RD : Developing an experimental induction of flow : Effortless action in the lab. In B. Bruya (ed.), Effortless Attention : A New Perspective in the Cognitive Science of Attention & Action, pp. 191-204, MIT Press, 2010.
31) Murphy M, White R : In the Zone, Penguin Books, 1995.
32) Naruse G : Hypnotic treatment of stage fright in champion athletes. *Int J Clin Exp Hypn*, **13** : 63-70, 1965.
33) Pain MA, Harwood C, Andrson R : Pre-competition imagery and music : the impact on flow and performance in competitive soccer. *Sport Psychol*, **25**(2) : 212-232, 2011.
34) Pates J, Cummings A, Maynard I : The effects of hypnosis on flow states and three-point shooting performance in basketball players. *Sport Psychol*, **16** : 34-47, 2002.
35) Pates J, Karageorghis CI, Fryer R, Maynard I : Effects of asynchronous music on flow states and shooting performance among netball players. *J Sports Sci*, **4**(4) : 357-358, 2003.
36) Pates J, Maynard I : Effects of hypnosis in flow states and golf performance. *Percept Mot Skills*, **91** : 1057-1075, 2000.
37) Pates J, Oliver R, Maynard I : The effects of hypnosis on flow states and golf-putting performance. *J Appl Sport Psychol*, **13** : 341-354, 2001.
38) Privette G, Bundrick CM : Peak experience, peak performance, and flow : Correspondence of personal descriptions and theoretical constructs. *J Soc Beha Pers*, **6** : 169-188, 1991.
39) Ravizza K : Peak experience in sport. *J Humanist Psychol*, **17**(4) : 35-40, 1977.
40) Scanlan TK, Simons JP : The Construct of enjoyment. In Roberts, G. C. (ed.), Motivation in Sport & Exercise, Human Kinetics Books, pp. 199-215, 1992.
41) Schallberger U, Pfister R : Flow-Erleben in Arbeit und Freizeit : Eine Untersuchungzum 'Paradox der Arbeit' mit der Experience Sampling Method (ESM) [Flow experiences in work and leisure : An experience sampling study about the paradox of work]. *Zeitschrift für Arbeits-und Organisationspsychologie*, **45** : 176-187, 2001.
42) Schüler J, Brunner S : The rewarding effect of flow experience on performance in a marathon race. *Psychol Sport Exerc*, **10**(1) : 168-174, 2009.
43) Schultz JH : Das Autogene Training 20th Ed Auflage, Georg Thieme Verlag, 2003.
44) Seligman MEP : Authentic Happiness : Using the New Positive Psychology to Realize Your Potential for Lasting Fulfillment. Free Press, 2002.
45) Stein G, Kimiecik J, Daniels J, Jackson S : Psychological antecedents of flow in recreational sport. *Pers Soc Psychol B*, **25** : 125-135, 1995.
46) Swann C, Keegan R, Piggott D, Crust L : A systematic review of the experience, occurrence, and controllability of flow states in elite sport. *Psychol Sport Exerc*, **13** : 807-819, 2012.

47) Thayer RE: Factor analytic and reliability studies on the activation -deactivation adjective check list. *Psychol Rep*, **42**: 747-756, 1978.
48) Thayer RE: Calm Energy, Oxford University Press, 2001.
49) Uneståhl LE: The ideal performance. Sport psychology in theory and practice. Veje, pp. 21-38, 1986.
50) 谷木龍男, 坂入洋右: ポジティブなスポーツ体験に関わる心理的要因—スポーツ中の主観的覚醒とフローの関係. 健康心理学研究, **21**(1): 24-32, 2009.
51) 谷木龍男, 坂入洋右: 高校運動部員のセルフ・モニタリング, リラクセーション, フローに及ぼす自律訓練法の効果. 自律訓練研究, **29**(2): 14-24, 2009.

# ●索 引

5-HT　16
5-HT$_{1A}$受容体　18
5-hydroxytryptamine　16
ACTH　18
amygdala　15
basol ganglia　20
BTBI　43
CRH　18
execution　4
fMRI　43
GABA　19, 33
GABA$_A$受容体　34
HPA軸　18
IZOF理論　180
MCL-3　154
MCL-S.1　155
MEP　12
MFB　20
motivation　21
muリズム　48
nigrostriatal pathway　20
NIRS　145
raphe nucleus　16
reinforcement learning　22
SEES-J　155
SN　20
SSRI　18
striatum　20
VTA　20

## ア　行

アウトワード・バウンド　118
握力把握　7
遊び空間　61, 62
遊び調査　60
アドレナリン神経系　16
アラインメント　84
意識的処理仮説　176
一次運動野　136
逸脱解消相互因果関係　177
逸脱増幅因果関係　177
イメージトレーニング　48
ウィルダネス　116
うつ病　17, 19
運動遊び　56
運動意図　48
運動イメージ　48
運動学習　48
運動行動　63
運動系ループ　20
運動固有の感情尺度　154
運動再現野　6
運動準備電位　46
運動の自動化　76
運動負荷自己選択法　163
運動プログラム　40
運動野　3, 8, 136
運動誘発電位　12
運動要素　68, 69
オシレーション　34
鬼ごっこ　59
援助構造　119

## カ　行

開回路制御システム　168
外受容感覚刺激　30
快情動　29
快情動系　21
外側核　31
快適自己ペース　163
海馬　16
海馬体　15
海馬傍回　14, 15
覚醒　169
　　――の最適水準　169
かくれんぼ　58
下行性疼痛抑制系　19
下垂体　18
家族介護者　158
カタストロフィー理論　176
カルシウム結合タンパク質　34
カルビンディン　34
感覚知覚処理　50
感覚野　136
眼球運動ループ　20
感情　11, 153, 169
感情尺度　156
感情体験　130
感情表出　57
感じるこころ　62
間接的スポーツ観戦者　97
観戦行動　99
観戦動機　103
ガンマ帯域　34

機械学習　42
機械受容器　88
基底核　147
基底外則核　21
喜怒哀楽　11
機能結合　47
機能的磁気共鳴画像法　43
気分　153
逆転移　119
逆転オメガ曲線　9
逆U字仮説　170
キャノン＝バード説　170
旧運動野　7
嗅球　20
弓状核　20
嗅内野　22

強化学習　22
競技行動　62
競技生活　69
競合要因　102
共体験　118
恐怖条件づけ　31
恐怖反応　30
筋固縮　20
筋電図変化　143

クリューバー・ビュシー症候群　29
グルココルチコイド　18

経験抽出法　188
経験の胎盤　59
経頭蓋直流電気刺激法　51
ゲーム世代　60, 70
嫌悪刺激　32
健康心理学　151
顕在モニタリング理論　176
原体験　62
原風景の意味づけ　69

コアファン　108
抗うつ薬　17
交感神経系　30
攻撃性　19
拘縮　140, 143
口唇傾向　29
肯定的感情　153
肯定的情動　57
広汎性発達障害　19
高反発力クッションリップ　140
高揚感　152
こころのケアチーム　159
黒質　20
黒質-線条体路　20
コーフィング　104
コミュニティにとってのスポーツ価値　102
コルチコステロン　28

**サ　行**

再現　6

サンマ　60
三位一体脳　14

ジェームズ=ランゲ説　170
視覚性過敏応　29
自己意識　120
視交差上核　16
自己効力感　120
自己焦点化モデル　176
自己制御　52
自己投入　67
事実の連続性　66
視床下核　20
視床下部　16, 18
視床下部外側野　19, 30
視床下部室傍核　30
視床下部背内側核　19
事象関連脱同期　48
視床前核群　15
視床背内側核　15, 19, 22
姿勢異常　20
自然体験活動　58, 117
視知覚　50
執行　4
実行　4
室傍核　19
質問紙法　189
シナプス可塑性　45
自閉症　34
周期的皮質活動　34
集団遊び　58
重要な他者　68
シュルツ　21
条件刺激　32
条件づけ　32
情動　153, 169
　――の中枢起源説　170
　――の末梢起源説　170
情動行動　148
衝動性　19
情動体験　57
情動的価値判断　13
情動的感情　169
情動二要因説　170, 179
情動反応　12
小脳　16, 148
自律訓練法　197

ジーン・アルバン・ラテロータ　8
新運動野　7
神経科学的感情理論　169, 179
神経活動　43
人工神経接続技術　45
人口統計の要因　102
振戦　20
心的痛み　52
身体運動　41

推進力　68
錐体路　3
すくみ反応　30
スタジアム要因　102
ストー　133
ストレス　18
スペクテーター　100
スポーツ関与　103
スポーツ観戦　100
スポーツ原体験　63
　――の各タイプ　65
　――の評価観点　64
スポーツコンテンツ　97
スポーツ心理学　151
するスポーツ　95

生活満足度　152
精神盲　28
正中縫線核　16
生物学的価値判断　13, 29, 30, 31
精密把握　7
生理的覚醒　169
静慮　181
脊髄損傷　45
セロトニン　16
セロトニン受容体　16
前運動野　136
線条体　20
選択的セロトニン再取り込み阻害薬　18
前頭眼窩野　22
前頭前野　3, 16, 21, 22, 136
前頭前野系ループ　20
前頭葉　136
前頭葉眼窩皮質　15

索　引

前補足運動野　3

早期体験の空間　69
相互循環因果関係　177
側坐核　16
側頭葉極部　15
側頭葉皮質　21
足部アラインメント　89

**タ　行**

第一次運動野　44
体験教育　118
体験知　59
体験の連続性　64
体験変動モデル　187
帯状回　14
帯状回後部　15
帯状回前部　15
体性感覚野　8
大脳基底核　20, 47
大脳皮質　16
大脳皮質-大脳基底核ループ　20
大脳辺縁系　14, 142
大脳辺縁葉　14
多次元不安理論　176
単一因果関係　177
淡蒼球　20

力試しの運動　63
チクセントミハイ　184
窒息死　36
チーム・アイデンティティ　107
チーム・ロイヤリティ　107
注意の狭小化　174
中隔核　21
中心核　31
中心灰白質　30
中枢起源説　179
中脳皮質辺縁系　21
中脳辺縁系　21
治療的要素　129
チロシンヒドロキシラーゼ　19
陳述記憶　15

つながり体験　61
手がかり利用仮説　173, 174
デコーディング　42
デューイ　118
手指の運動　150
転移　119
伝承遊び　56, 58

動機づけ　21
統合失調症　34
糖質コルチコイド　18
頭頂連合野　21
トップアスリートの自伝本　67
ドーパ脱炭酸酵素　19
ドパミン神経系　16

**ナ　行**

内受容感覚刺激　30
内側視索前野　19
内側前脳束　20
内部モデル　40

二極化　60
乳頭体　15
ニューロフィードバック　42
認知行動療法的手法　180
認知症　139, 149
認知的方略　162

脳弓　15
脳血流変化　145
脳情報復号化技術　42
ノルアドレナリン神経系　16

**ハ　行**

背外側前頭前野　51
背側縫線核　16
廃用性萎縮　149
バウンダリー　119
バーギング　104
パーキンソン病　20
発達障害　117
花いちもんめ　56
パペッツ　15
パペッツの回路　15

パルブアルブミン　34
ハロペリドール　24

ピエール・ポール・ブローカ　14
被殻　20
東日本大震災　158
ピククリン　33
皮質脳波　45
尾状核　20
非侵襲的脳活動計測法　43
ヒスタミン神経系　16
尾側縫線核群　16
ピーター・ストリック　8
ヒッチヒ　4
否定的感情　153

ファン　99
ファン集団への関与　108
不安障害　19
フィリプス　23
フィードバック　168
風景構成法　122, 180
不快情動　29
副腎　18
副腎皮質刺激ホルモン　18
副腎皮質刺激ホルモン放出ホルモン　18
腹側線条体　22
腹側被蓋野　20
振り返り　120
フリッチュ　4
分界条床核　19
吻側縫線核　16
吻側縫線核群　16
分離的方略　162

閉回路制御システム　168
辺縁系　147
辺縁系ループ　20
辺縁皮質領域　21
扁桃体　15, 16
扁桃体外側核　31
扁桃体基底外側核　31
扁桃体中心核　31
ペンフィールド　4

冒険プログラム　117
報酬回路　21
報酬予測誤差　22
縫線核群　16
ポジティブ心理学　152
補足運動野　49
ホムンクルス　5
ポール・マクリーン　14

## マ行

マイケル・グラチアノ　6
マインドフルネス　181, 182, 197
マインドフルネス-アクセプタンス技法　180
末梢起源説　179

みるスポーツ　96

ムシモール　34
無動　20

メカノレセプター　88
メンタルスキル　182

目的志向型行動　138
モノアミン神経系　16
モチベーション　21

## ヤ行

ヤコブレフ　15
ヤコブレフ回路　15

4チャンネル・フローモデル　187
44野　147
45野　147
46野　147

## ラ行

ラスマッセン　5
ランウェイテスト　24

力動性の高い遊び　70
リハビリテーション　45, 143
臨床心理学的手法　180

ルドゥー　13

連合的方略　162
連合野　138

ロペス　24

## ワ行

ワーキングメモリー　2, 21

**編者略歴**

**西野仁雄**（にしの・ひとお）

1941 年　大阪府に生まれる
1966 年　和歌山県立医科大学大学院医学研究科博士課程修了
現　在　NPO 法人 健康な脳づくり・理事長
　　　　名古屋市立大学名誉教授
　　　　医学博士

**中込四郎**（なかごみ・しろう）

1951 年　山梨県に生まれる
1977 年　東京教育大学大学院体育学研究科修士課程修了
現　在　筑波大学体育系・教授
　　　　博士（体育科学）

情動学シリーズ 5
情動と運動
　ースポーツとこころー　　　　　定価はカバーに表示

2016 年 3 月 25 日　初版第 1 刷

　　　　　　　編　者　西　野　仁　雄
　　　　　　　　　　　中　込　四　郎
　　　　　　　発行者　朝　倉　誠　造
　　　　　　　発行所　株式会社 朝 倉 書 店
　　　　　　　　　　　東京都新宿区新小川町 6-29
　　　　　　　　　　　郵 便 番 号　162-8707
　　　　　　　　　　　電　話　03（3260）0141
　　　　　　　　　　　Ｆ Ａ Ｘ　03（3260）0180
　　　　　　　　　　　http://www.asakura.co.jp

〈検印省略〉

Ⓒ 2016〈無断複写・転載を禁ず〉　　　印刷・製本 東国文化

ISBN 978-4-254-10695-4　C 3340　　　Printed in Korea

**JCOPY**　〈(社)出版者著作権管理機構 委託出版物〉

本書の無断複写は著作権法上での例外を除き禁じられています．複写される場合は，そのつど事前に，（社）出版者著作権管理機構（電話 03-3513-6969，FAX 03-3513-6979，e-mail: info@jcopy.or.jp）の許諾を得てください．

前福岡大 進藤宗洋・福岡大 田中宏暁・福岡大 田中　守編

## 健康づくりトレーニングハンドブック

69037-8　C3075　　　　Ａ５判　512頁　本体9500円

健康づくりの現場の指導者が自信をもって指導できるようその基礎知識と指導法を具体的・実際的に解説。〔内容〕運動処方作成の為の基礎知識（運動の為のエネルギーの発生・運搬・利用／運動を取巻く諸要因／健康関連体力の評価法と到達目標と運動処方）／健康づくり運動の実践指導法（健康づくり指導法／対象に応じた健康づくり指導法）／疾患の治療と予防に役立つ運動（内科的疾患者に対する運動処方の流れ／各疾患に対する運動処方）／健康づくりの支援システム／資料集／他

トレーニング科学研究会編

## トレーニング科学ハンドブック
（新装版）

69042-2　C3075　　　　Ｂ５判　560頁　本体22000円

競技力向上と健康増進の二つの視点から、トレーニング科学にかかわる基本的な事項と最新の情報のすべてがわかりやすいかたちで一冊の中に盛込まれている。〔内容〕素質とトレーニングの可能性／トレーニングの原則と実際／トレーニングマネージメント／トレーニングの種類と方法／トレーニングの評価法／トレーニングとスポーツ医学／トレーニングによる生体適応／トレーニングに及ぼす生物学的因子／トレーニングへの科学的アプローチ／トレーニングと疾患／用語解説／他

鹿屋体大 福永哲夫編

## 筋　の　科　学　事　典
―構造・機能・運動―

69039-2　C3575　　　　Ｂ５判　528頁　本体18000円

人間の身体運動をつかさどる最も基本的な組織としての「ヒト骨格筋」。その解剖学的構造と機能的特性について最新の科学的資料に基づき総合的に解説。「運動する筋の科学」について基礎から応用までを網羅した。〔内容〕身体運動を生み出す筋の構造と機能／骨格筋の解剖と生理／骨格筋の機能を決定する形態学的要因／筋の代謝と筋線維組成／筋を活動させる神経機序／筋収縮の効率／筋と環境／筋のトレーニング／筋とスポーツ／人体筋の計測／筋とコンディショニング

国立長寿医療研 鈴木隆雄著

## 日　本　人　の　か　ら　だ
―健康・身体データ集―

10138-6　C3040　　　　Ｂ５判　356頁　本体14000円

身体にかかわる研究、ものづくりに携わるすべての人に必携のデータブック。総論では、日本人の身体についての時代差・地方差、成長と発達、老化、人口・栄養・代謝、運動能力、健康・病気・死因を、各論ではすべての器官のデータを収録。日本人の身体・身性に関する総合データブック。〔内容〕日本人の身体についての時代差・地方差／日本人の成長と発達／老化／人口・栄養・代謝／運動能力／健康・病気・死因／各論（すべての器官）／付：主な臨床検査にもとづく正常値／他

杉崎紀子著

## 身体のからくり事典

64029-8　C3577　　　　Ａ５判　372頁　本体6000円
〔縮刷版〕64038-0　C3577　　四六判　372頁　本体4500円

人間のからだの仕組みは複雑でありながらみごとに統御され"からくり"に支配されてヒトは生きている。その複雑で巧妙なメカニズムを、一つの目でとらえ、著者自身の作成したオリジナルの総合図をもとにスプレッド方式（見開き２ページを片面図、片面本文解説）で173項目を明快に解説。医学・医療関係者、健康・運動科学等ヒトの身体を学ぶ方々に必携の書。〔内容〕身体機能の知識（58項目）／病気の基礎知識（66項目）／健康生活の基礎知識（32項目）／健康政策の基礎知識（17項目）

海保博之・楠見　孝監修
佐藤達哉・岡市廣成・遠藤利彦・
大渕憲一・小川俊樹編

## 心理学総合事典（新装版）

52020-0 C3511　　　　B5判　792頁　本体19000円

心理学全般を体系的に構成した事典。心理学全体を参照枠とした各領域の位置づけを可能とする。基本事項を網羅し、最新の研究成果や隣接領域の展開も盛り込む。索引の充実により「辞典」としての役割も高めた。研究者，図書館必備の事典〔内容〕I部：心の研究史と方法論／II部：心の脳生理学的基礎と生物学的基礎／III部：心の知的機能／IV部：心の情意機能／V部：心の社会的機能／VI部：心の病態と臨床／VII部：心理学の拡み／VIII部：心の哲学。

東京成徳大 海保博之・聖院大 松原　望監修
関西大 北村英哉・早大 竹村和久・福島大 住吉チカ編

## 感情と思考の科学事典

10220-8 C3540　　　　A5判　484頁　本体9500円

「感情」と「思考」は、相対立するものとして扱われてきた心の領域であるが、心理学での知見の積み重ねや科学技術の進歩によってヒトを支えていることを明らかにしつつある。多様な学問的関心と期待に応えるべく、多分野にわたるキーワードを中項目形式で解説する。測定や実践場面、経済心理学といった新しい分野も取り上げる。〔内容〕I. 感情／II. 思考と意思決定／III. 感情と思考の融接／IV. 感情のマネジメント／V. 思考のマネジメント

山崎昌廣・坂本和義・関　邦博編

## 人間の許容限界事典（新装版）

10273-4 C3540　　　　B5判　1032頁　本体29000円

人間の能力の限界について、生理学、心理学、運動学、生物学、物理学、化学、栄養学の7分野より図表を多用し解説（約140項目）。〔内容〕視覚／聴覚／骨／筋／体液／睡眠／時間知覚／識別／記憶／学習／ストレス／体調／やる気／歩行／走行／潜水／バランス能力／寿命／疫病／体脂肪／進化／低圧／高圧／振動／風／紫外線／電磁波／居住スペース／照明／環境ホルモン／酸素／不活性ガス／大気汚染／喫煙／地球温暖化／ビタミン／アルコール／必須アミノ酸／ダイエット／他

長寿研 鈴木隆雄・東大 衛藤　隆編

## からだの年齢事典

30093-2 C3547　　　　B5判　528頁　本体16000円

人間の「発育・発達」「成熟・安定」「加齢・老化」の程度・様相を、人体の部位別に整理して解説することで、人間の身体および心を斬新な角度から見直した事典。「骨年齢」「血管年齢」などの、医学・健康科学やその関連領域で用いられている「年齢」概念およびその類似概念をなるべく取り入れて、生体機能の程度から推定される「生物学的年齢」と「暦年齢」を比較考量することにより、興味深く読み進めながら、ノーマル・エイジングの個体的・集団的諸相につき、必要な知識が得られる成書

前九州芸工大 佐藤方彦編

## 日　本　人　の　事　典

10176-8 C3540　　　　B5判　736頁　本体28500円

日本人と他民族との相違はあるのか、日本人の特質とは何か、ひいては日本人とは何か、を生理人類学の近年の研究の進展と蓄積されたデータを駆使して、約50の側面から解答を与えようとする事典。豊富に挿入された図表はデータブックとしても使用できるとともに、資料に基づいた実証的な論考は日本人論・日本文化論にも発展できよう。〔内容〕起源／感覚／自律神経／消化器系／泌尿器系／呼吸機能／体力／姿勢／老化／体質／寿命／諸環境と日本人／日本人と衣／日本人の文化／他

# ◈ 情動学シリーズ〈全10巻〉 ◈
現代社会が抱える「情動」「こころ」の問題に取組む諸科学を解説

慶大 渡辺　茂・麻布大 菊水健史編
情動学シリーズ1
## 情 動 の 進 化
―動物から人間へ―
10691-6　C3340　　A5判 192頁 本体3200円

情動の問題は現在的かつ緊急に取り組むべき課題である。動物から人へ，情動の進化的な意味を第一線の研究者が平易に解説。〔内容〕快楽と恐怖の起源／情動認知の進化／情動と社会行動／共感の進化／情動脳の進化

広島大 山脇成人・富山大 西条寿夫編
情動学シリーズ2
## 情動の仕組みとその異常
10692-3　C3340　　A5判 232頁 本体3700円

分子・認知・行動などの基礎，障害である代表的精神疾患の臨床を解説。〔内容〕基礎編（情動学習の分子機構／情動発現と顔・脳発達・報酬行動・社会行動），臨床編（うつ病／統合失調症／発達障害／摂食障害／強迫性障害／パニック障害）

学習院大 伊藤良子・富山大 津田正明編
情動学シリーズ3
## 情 動 と 発 達・教 育
―子どもの成長環境―
10693-0　C3340　　A5判 196頁 本体3200円

子どもが抱える深刻なテーマについて，研究と現場の両方から問題の理解と解決への糸口を提示。〔内容〕成長過程における人間関係／成長環境と分子生物学／施設入所児／大震災の影響／発達障害／神経症／不登校／いじめ／保育所・幼稚園

東京都医学総合研究所 渡邊正孝・京大 船橋新太郎編
情動学シリーズ4
## 情 動 と 意 思 決 定
―感情と理性の統合―
10694-7　c3340　　A5判 212頁 本体3400円

意思決定は限られた経験と知識とそれに基づく期待，感情・気分等の情動に支配され直感的に行われることが多い。情動の役割を解説。〔内容〕無意識的な意思決定／依存症／セルフ・コントロール／合理性と非合理性／集団行動／前頭葉機能

東京成徳大 海保博之監修　前早大 小杉正太郎編
朝倉心理学講座19
## ストレスと健康の心理学
52679-0　C3311　　A5判 224頁 本体3600円

心理学的ストレス研究の最新成果を基に，健康の促進要因と阻害要因とを考察。〔内容〕I 健康維持の鍵概念（コーピングなど）／II 健康増進の方法（臨床的働きかけを中心に）／III 健康維持鍵概念の応用／ストレスと健康の測定と評価

東京成徳大 海保博之監修　早大 竹中晃二編
朝倉実践心理学講座9
## 運動と健康の心理学
52689-9　C3311　　A5判 216頁 本体3400円

健康のための運動の開始と持続のために，どのようなことが有効かの取組みと研究を紹介。〔内容〕理論（動機づけ，ヘルスコミュニケーション，個別コンサルテーションなど）／実践事例（子ども，女性，職場，高齢者，地域社会）

前北里大 宮原英夫・豊橋創造大 後藤勝正・豊橋創造大 田畑　稔監訳
## 加齢と運動の生理学
―健康なエイジングのために―
69044-6　C3075　　B5判 224頁 本体4800円

加齢のプロセスや高齢者の生活の質に焦点をあてた運動生理学のテキスト。健康な加齢，長寿をもたらす罹病率を減らす規則的な運動習慣の効果を解説。生体システムとその加齢による変化，加齢と栄養，トレーニングに対する生体の適応，など

前筑波大 勝田　茂監訳　東大 石川　旦訳
## 身体活動・体力と健康
―活動的な生活スタイルの推進―
69045-3　C3075　　B5判 292頁 本体6500円

運動不足は心身の機能を低下させ，身体に様々な問題を発生しやすくするが，適度な運動は疾病を防ぎ，心身を良好な状態にする効果がある。本書は健康維持に対する運動の効果について，健康科学，生理学，予防医学などの視点から解説した。

前京大 久保田競著
## ランニングと脳 （新装版）
―走る大脳生理学者―
69043-9　C3075　　A5判 168頁 本体1900円

ランニングが肉体だけでなく神経系によい影響を与える楽しいものであることを著者の体験を通して語る。〔内容〕顔／ランニングと心臓血管系／やせる／筋運動の種類とフィジカルフィットネス／渇き／陶酔状態／ランニングと性格／弊害／他

上記価格（税別）は 2016 年 2 月現在